부동산 투자의

이상현 지음

대전환

불확실성의 시대, 기준을 다시 세우다

ⵎORNADO
토네이도

일러두기

이 책에서 사용한 '건물'이라는 용어는 아파트, 오피스텔, 상가, 꼬마빌딩 등을 포함한 자산가치로 분석할 수 있는 모든 부동산을 의미합니다.

정책에 휘둘리지 않고
똑똑하게 투자하는 법

부동산 시장, 위기가 아닌 새로운 기회가 시작된다

정권이 바뀔 때마다 사람들은 부동산 정책이 어떻게 바뀔 것인지, 내 부동산은 어떤 영향을 받을 것인지 촉각을 곤두세운다. 당분간 부동산 시장이 어려울 것이라고 예측하는 사람들이 많지만, 필자는 전혀 다르게 생각한다. 앞으로 부동산 시장은 비로소 정상화되는 과정을 밟아나가게 될 것이다.

지속 가능한 도시의 발전과 그에 따른 부가가치 상승을 위한 첫 번째 단추는 부동산 자산에 대한 공정한 가치 평가와 거래다. 이는 주식 시장의 정상화가 역대급 코스피KOSPI 지수 상승으로 이어지는 것과 같은 이치다. 그런 의미에서 부동산 시장은 위기가 아닌 또 다른 기회로 우리에게 다가오고 있다.

그동안 부동산 투자와 관련해 다수의 컨설팅을 진행하면서 다양한 의뢰인들을 만났다. 그들 중 상당수는 이미 많은 데이터를 수집, 분석한 후에 컨설팅을 의뢰한 상태였기 때문에 필자 역시 준비를 단단히 하지 않으면 안 되었다. 하지만 이렇게 자산 취득을 위해 컨설팅까지 받을 정도로 열과 성의를 가진 분들은 소수에 불과했다. 대부분의 사람들은 그다지 큰 노력을 기울이지 않았고, 심지어 최소한의 조사나 분석조차 거른 상태로 과감하게(?) 자산을 취득하는 사람도 많다는 사실은 내게 다소 충격이었다.

그에 따른 필연적 결과로 필자가 부동산 관련 유튜브 채널 〈부동산공학〉을 운영하면서 받았던 이메일 가운데 상당수는 부동산 취득 이전의 고민보다 취득 이후에 발생한 문제들에 관한 것이었다. 건물 준공이 다가오면서 점차 드러나게 되는, 어찌 보면 예정됐던(?) 실망감, 또 기대했던 수준에 훨씬 못 미치는 임대 수익에 대한 문제 등 다양한 고민을 호소하는 분들이 많았다. 대부분은 세심한 고려 없이 성급하게 매입을 결정한 경우였는데, 예를 들면 분양 담당자의 혹하는 몇 마디 말만 믿고 그 자리에서 계약서에 도장부터 찍었거나, 친한 친구의 말만 믿고 건물 위치가 어딘지도 잘 모르는 상태로 덜컥 계약금부터 밀어 넣은 경우다. 혹자들은 도대체 어떻게 그럴 수 있느냐고 생각할지 모르지만 사실 이런 일들은 비일비재하다.

그렇다면 왜 사람들은 수만 원대 가전제품을 살 때는 수십 가지 상품을 놓고 '가성비'를 비교하는 공을 들이면서 정작 그것과는 비교할 수 없이 비싼, 수억 혹은 수십 억대 자산을 매입할 때는 그에 상응하는 고민을 하지 않는 걸까? 재화의 가격과 구매 결정에 들이는 시간이 비례한다면 100만 원대의 청소기를 살 때보다 10억 원대의 아파트를 구입할 때 대략 1,000배 정도의 시간과 노력을 더 들여야 하겠지만 실상은 그렇지 않다. 아니, 그렇게 하지 못한다고 표현하는 편이 더 정확할 것이다.

오늘날 현대인들은 점점 한 가지 문제에 집중할 절대적 시간이 부족해지고 있다. 하루에도 해결해야 할 수많은 문제가 눈앞에 산적해 있으며 이 모든 걸 해결하기에는 시간이 턱없이 부족하다. 그렇기 때문에 판단하기 어려운 복잡한 문제를 스스로 결정하기보다는 믿을 만한 대상, 예컨대 전문가나 AI에게 맡기려는 성향이 일반화되어 가고 있다. 이러한 전문가에 대한 의존적 경향은 특별히 많은 학습량과 경험량을 필요로 하는 전문적인 분야에서 더 많이 나타나는데 바로 건축, 도시, 부동산 같은 영역이다.

이에 대한 이해를 돕기 위해 공산품과 건축물의 차이를 예로 들어 보자. 공산품은 동일한 설계와 동일한 생산 과정을 거쳐 대량으로 만들어진다. 그러므로 경험적 가치를 공유하기가 수월한 편이다. 예를 들어 하나의 제품이 시장에 출시되면 많은 사람들이 써 보고 인터넷과 SNS를 통해 후기, 즉 제품에 대한 공론화된 평가를 쉽게 만들어 낸다.

하지만 부동산은 공산품과는 성격이 완전히 다르다. 우선 부동산은 땅을 기반으로 한다. 땅은 고유한 위치(입지)라는 특성을 가진다. 도시에서 살아가는 데 편리한 도로나 지하철 등 인프라 시설과의 거리나 대지의 형상, 지을 수 있는 건물의 용도와 규모(용적률과 건폐율, 최고 층수 등), 인접 대지와의 관계 등 영향을 끼치는 수많은 요소가 그 땅에 들어설 건물의 가치를 결정짓는다. 거기에 건물의 용도와 그에 맞는 계획적 품질, 시공업자의 숙련도에 따른 시공 품질까지 더해지면 비로소 건물의 최종적 가치가 결정된다. 따라서 부동산은 공산품과는 차원이 다른 복잡한 변수들을 가지고 있다고 볼 수 있다.

이처럼 부동산은 사용자가 소수이므로 그 경험을 타인과 공유하고 일반화하는 것이 쉽지 않고, 일반인 수준에서는 모든 걸 이해하기 어렵다는 분야적 특성을 가지고 있다. 바로 이 2가지 요소가 사람들이 부동산을 취득할 때 전문가에게 의존하는 성향을 높여 온 근본적인 이유라고 할 수 있다.

끌려다니지 말고 주도하는 자가 되라

부동산 투자는 결과도 중요하지만 그보다 더 중요한 것이 투자의 지속 가능성이다. 지속 가능한 투자를 하기 위해서는 투자하고자 하는 건물에 대해 충분히 알아보고 자기 스스로 결정을 내리되 그에 따른 결과를 후회하지 않을 만큼의 충분한 근거가 확보되어야 한다.

이는 부동산에 대한 전문성이나 경험의 문제가 아닌 자신의 결정에 책임질 수 있을 정도로 준비되었는가의 문제다. 어떤 결과든 자기 스스로 자의적으로 내린 결정인지, 아니면 타인에게 종속된 결정인지의 여부는 앞으로 내가 자본주의 시장에서 주도적 삶을 살 것인지 끌려다니는 삶을 살 것인지를 결정하는 중요한 본질적 문제이기 때문이다.

만약 투자가 실패하더라도 내가 직접 공부해서 판단한 것이라면 그 결과를 겸허히 받아들일 수 있다. 또한 스스로가 공부해 습득한 것이므로 앞으로의 미래에 대비할 수도 있으며, 이는 앞으로의 인생에서 판단의 기로 때마다 더 나은 의사결정을 할 수 있게 돕는 대단히 가치 있는 경험적 자산이 된다. 하지만 투자가 성공하더라도 그것이 그저 타인의 도움을 받은 것일 뿐이라면 잠깐의 금전적 이윤이 생겼을지라도 지속 가능성을 기대하기는 어렵다. 게다가 만약 남의 말을 듣고 한 투자가 실패하기라도 한다면 돈과 경험, 심지어 정신적 충격으로 인해 건강까지 모두 잃게 될 위험이 크다. 그러므로 부동산 투자를 하려 한다면 최소한 자신의 의사결정을 책임질 수 있을 정도까지 스스로 공부할 필요가 있다.

이 책은 적어도 그러한 학습 동기를 불러일으키고 또 공부할 마음의 준비가 된 초기 투자자, 소위 '부린이'들뿐만 아니라 이미 부동산을 취득한 경험은 있지만 기초가 부족한 이들이 기초 체력을 쌓을 수 있도록 근본적인 투자 방식의 전환을 목표로 집필했다. 미리 말해 두지만 이 책은 지름길을 제시하지 않는다. 필자는 느리지만 제대로 된 길을 추구하며 이러한 방향성은 비단 부동산뿐만 아니라 인생 전체에 일관되게 적용할 수 있는 삶에 대한 바른 태도라 믿는다.

이러한 관점에서 필자는 편법적이고 단기적인 고수익을 추구하기보다는 저평가된 지역 본연의 가치를 재평가하고, 과장된 호재로 장밋빛 미래만을 조망하기보다는 최악의 경우에 대비하고 투자 '리스크'를 줄일 수 있는 확률적 방법론을 제시할 것이다.

이러한 방식은 부동산의 총체라고 할 수 있는 도시의 구성과 작동 원리를 이해하고 그 안에서 어떻게 자본이 자리를 잡고 이동하면서 그 가치를 확장시켜 나가게 되는지에 대한 전반적인 이해도를 높여 줄 것이다. 그리고 그러한 이해도를 바탕으로 적어도 금리나 복합적인 시장 상황에 따른 부동산 시황 등의 외부적인 요인에 의해 쉽게 흔들리는 쭉정이 같은 자산을 피하고 비교적 탄탄한, 소위 '똘똘한' 건물 한 채를 찾을 수 있는 눈을 가질 수 있게 도와 줄 것이다.

1장

불확실성의 시대, 기준을 다시 세우다

2장

도시는 부동산 가격에 어떤 영향을 줄까?

3장

지금 주목해야 할
도약을 앞둔 도시 6곳

4장

똘똘한 한 채를
가려내는 기준(이론)

5장

비교하고, 선별하고, 결정하라(실전)

1장

불확실성의
시대,
기준을
다시
세우다

01

투자라고 믿었던
투기

투자는 불확실성을 감내하는 것,
투기는 확실한 것에 베팅하는 것?

올해 초 한 아침 라디오 프로그램을 듣는데 진행자가 어느 부동산 전문가 패널에게 '투자와 투기의 차이점'에 대해 물었다. 이에 그 전문가는 "투자는 불확실성을 감내하고 하는 것이고 투기는 확실한 것에 베팅하는 것"이라고 답했다.

그 말을 들으면서 제법 훌륭한 답변이라고 생각하면서도 다른 한편에서는 전적으로 동의하기는 어려웠다. 왜냐하면 만약 투기가 단지 확실한 것에 베팅하는 것이라면 소위 투기하는 사람들은 늘 돈을 많이 벌어야 하기 때문이다. 하지만 '확실한 정보'라는 말을 듣고 투기판에 뛰어들었다가 패가망신했다는 지인들의 이야기는 우리 밥상머리의 반찬, 그리고 술자리의 단골 안줏거리였다. 따라서 투기가 늘 확실한 정보에 투자하는 것이라고 보기는 어렵다. 그런 이유로 나는 투자와 투기를 이렇게 정의한다.

투자는 건전하고 과학적인 베팅

투기는 불건전하며 비과학적인 베팅

앞서 언급했던 라디오 프로그램의 부동산 전문가 패널이 언급했던 투기의 조건이 성립하려면 정보가 확실해야 한다. 하지만 그야말로 그 '확실한 정보'를 보유하고 있는 집단에서 정보가 누설될 가능성은 극히 드물다. 자신들의 이익을 담보해 줄 기밀을 불특정 다수와 공유하게 되면 'n분의 1의 원칙'에 따라 기밀은 더 이상 기밀이 아니기 때문이다. 다르게 말하자면 정보의 비대칭성은 비대칭 상태를 유지하고자 하는 힘이 강하다. 그러므로 누군가가 내게 큰 시세차액을 가져올 엄청난 기밀을 알려 주며 투자를 권유한다면 십중팔구 사기일 가능성이 높다.

게다가 만일 인허가권자나 공공기관 담당자에 의해 누설된 그러한 기밀 정보가 사실이라 하더라도 윤리적인 문제에 봉착한다. 예전에 LH공사의 택지개발사업 관계자들이 곧 발표될 신도시의 땅을 미리 매입해서 문제가 된 적이 있었다. 그런 경우야말로 '진정한 의미의 투기(?)'라고 볼 수 있지만 부정하게 취득한 정보로 사익을 취하는 짓까지 하면서 다른 이들에게 피해를 주는 행동은 부동산 투자의 정당성을 상실케 한다.

결과적으로 앞서 정의한 투기의 조건에 부합하는 '확실한' 정보는 시중에 거의 존재하지 않는다고 봐야 하고, 만에 하나 천운이 따라서 극비의 정보를 취득하더라도 이는 합법적이지 않은 정보일 가능성이 높다. 그러한 정보를 통해 이익을 얻는 것은 명백한 범죄행위이며 시간의 문제일 뿐, 반드시 좋지 않은 결과로 귀결된다.

따라서 '확실한 것에 하는 투자'로서의 투기는 오히려 확실하지 않은 정보를 맹신하는 게 될 수 있기 때문에 '비과학적'이며, 합법적이지 않을 가능성이 높기 때문에 근본적으로 '불건전'하다. 이와 상반되는 개념의 합리적인 투자는 '과학적'이어야 하며 또 합법적이므로 '건전'해야 한다. 과학적인 것은 설명 가능한 것이어야 하며, 보편타당한 것이기 때문에 여러 유사 사례에서 일반화할 수 있는 원칙을 추출할 수 있으며, 이 원칙은 여러 다른 경우에도 동일하게 적용될 수 있다. 따라서 이러한 과학적 투자는 그 가치가 매우 높으며, 우리가 궁극적으로 지향해야 하는 방향이기도 하다.

정보의 접근성 측면에서 최근 10여 년 동안 크게 달라진 점이 있다면 정부기관이나 지자체에서 파악할 수 있는 거의 모든 정보가 일반 대중에게 공개되었다는 점이다. 직접적인 시세차액으로 이어질 수 있는 민감한 정보를 제외한 거의 모든 정보가 마음만 먹으면 누구나 쉽게 찾아볼 수 있도록 개방되어 있다. 그러므로 이제 남들이 갖지 못한 정보를 찾아냈다고 좋아할 시대는 지났다. 오히려 넘쳐 나는 수많은 정보를 어떻게 연결하고 해석해서 가치 있는 정보로 재가공해 내느냐가 더 중요한 이슈다. 이런 수많은 정보를 해석하기 위해서는 해당 분야에 실무 경험이 풍부한 전문가만이 가질 수 있는 통섭적인 분석 능력이 필수적으로 요구된다. 하지만 안타깝게도 필자의 눈에 시중에 그런 전문가들은 극히 드물다.

투자가 '과학적'이 되기 위한 조건을 충족하는 퍼즐의 시작은 바로 이러한 통섭적인 해석을 통해 어느 도시에나 동일하게 적용할 수 있는 보편타당한 법칙을 찾아내는 것이다. 그러려면 현재 시중에 널려 있는 방대한 양의 데이터를 활용하여 그 안에서 핵심적인 맥을 짚어 내고, 도시의 큰 축을 움직이는 주요 법칙들에 대한 가설을 세우고 이를 검증해 나갈 수 있어야 한다.

02

설명할 수 없는 선택은
위험하다

건축물에 대한 본질적 이해

"대표님께서 건축학을 전공하셨더군요. 어쩐지 도시 분석을 건축물 분석하듯이 하셔서 너무 신기했습니다."

"기존의 부동산 하시는 분들하고는 완전히 다른 방식으로 분석을 하시는 것 같아 너무 신선했어요."

얼마 전, 필자의 유튜브 채널에 달린 댓글들이다. 필자는 5년제 건축대학을 졸업했고 국내에서 매출 규모가 가장 큰 건축사사무소에서 설계 실무를 경험했다. 누군가 내게 전문성의 근원을 물어 본다면 서슴없이 '건축설계 베이스'라고 답한다.

건축학과에서 가장 중요한 수업은 '건축설계'다. 필자가 대학생일 때, 일주일에 두 번 건축설계 수업이 있었다. 한 번에 소화해야 하는 공식적인 수업 시간은 5시간이었지만 실제로는 10시간 넘게 수업할 때가 많았다. 만약 과제가 있는 경우에는 다음 수업이 돌아오기 전까지 다른 과목은 신경도 못 쓴 채, 밤새 매달려야 할 정도로 양이 많았다. 건축학과 학생들은 그렇게 한 학기를 보낸다. 그리고 그런 학기를 꼬박 열 번을 무사히 넘겨야 겨우 졸업할 수 있다.

그런데 이처럼 건축학과 학생들이 학부 시절에 가장 많은 시간을 쓰는 건축설계 수업에서 배우는 핵심적인 내용은 의외로 간단한데, 바로 '논리 쌓기Logic Build-up'다. 예를 들어 한 학생이 주택 설계 과제를 제출한다 치면 교수님이 다가와서 이렇게 묻는다.

"왜 이 건물을 꼭 이 필지筆地에 지어야 하지?"

"왜 이 주택은 3층이어야 하지?"

"왜 건물을 이런 방향으로 앉혔지?"

"왜 이런 모양이 될 수밖에 없었지? 왜 그렇게 만들었지?"

이 모든 질문에 교수님의 고개를 끄덕이게 할 정도로 막힘없이 합리적으로 답할 수 있는 학생만이 고생해 만든 작품이 쓰레기통에 처박히는 운명에서 벗어날 수 있다. 따라서 훌륭한 건축가는 디자인 감각이 좋은 사람이기보다는 누구나 납득할 수 있는 강력한 논리 전개에 익숙한 사람이라고 할 수 있다.

논리 싸움에서 승리하라

이처럼 교수님의 끊임없이 이어지는 질문에 빈틈없이 답변하려면 내 손을 거쳐 탄생하는 모든 결과물들이 존재의 이유를 갖게 만들어야 한다. 그렇게 하려면 사물을 관찰하는 데 빈틈이 없어야 하고 누구보다 정확히 볼 줄 알아야 하며 그 본질을 관통하는 개념의 본류를 찾아낼 수 있어야 하는데, 이를 '통찰Insight'이라고 부른다.

건축학과 학생들이 배우는 첫 번째 설계 프로세스는 주어진 대지에 대한 분석이다. 쓸 만한 인사이트를 도출하기 위해서는 신축 건물의 도시 내 위치관계와 대지의 기본적 조건인 조망, 향向, 주변 건물들과의 역할관계 정립까지, 모든 것을 꿰고 날카롭게 벼릴 줄 알아야 한다. 그러면 다른 곳에는 없는 그 대지만의 문제점이 보이고, 이를 해결해야 하는 명분이 생기며, 그것이 바로 건축설계의 기본 논리가 된다. 그럴 때 비로소 전체 프로젝트의 맥이 되는 본류, 기본 콘셉트가 도출된다. 건축가는 그 필지에 대해서만큼은 대한민국의 그 누구보다도 많이 아는 소위 '필지 마니아'가 되어야 한다.

도시 내 신축 건물의 위치관계를 따지는 작업을 대지에 대한 광역적 분석이라고 한다. 보통은 지자체 단위의 행정구역 경계인 시계市界를 기준으로 하는데, 도시 중심지에서 얼마나 떨어져 있고 건물 용도와 관련 있는 시설까지의 거리는 어떠한지 등 지을 건물의 위계와 성격 관계를 규정하기 위한 것이다.

이런 광역적 분석을 하는 이유는 신축 건물의 당위성, 즉 건립 타당성을 검토하기 위해서이다. 국가적 자본을 투입하여 짓는 건물, 이를테면 관청이나 관공서를 지을 때 해당 부처 혹은 기획재정부에서 한국개발연구원KDI이나 한국조세재정연구원KIPF에 규모와 예산에 대한 검토를 의뢰해 타당성과 규모의 적정 여부를 확인하고 건립 당위성을 확보한다.

민간의 경우 건축가가 매 프로젝트마다 이런 작은 규모의 타당성 검토를 진행한다고 보면 된다. 그리고 나서 검토의 범위를 축소해 대지와 인접 대지와의 관계성을 검토한다. 대지가 어느 정도 넓이의 도로에 접해 있는지, 어떠한 향과 조망여건을 갖고 있는지, 인접 대지와의 고저 차 관계가 어떠한지 등을 따진다.

이런 일련의 검토 과정이 완료되면 대략적으로 건물을 어떤 방식으로 앉힐지 결정할 수 있게 된다. 차량이 어느 방향으로 진입해야 하는지, 향과 조망이 좋은 곳에 어떤 프로그램을 넣을 것인지 등을 고려하다 보면 자연스럽게 건물의 모양이 잡혀 나간다. 따라서 좋은 건축물이란 타당한 논리로 빈틈없이 똘똘 뭉친 논리의 집약체라고 할 수 있다. 건축 대가Maestro의 건축물이 시간이 흘러도 변함없이 명작이라고 불릴 수 있는 이유는 이런 반박할 수 없는 논리가 있기 때문이다.

논리적으로 설명할 수 있는 결과물은 아무래도 신뢰가 가기 마련이다. 설사 그게 지어낸 이야기라고 하더라도 힘을 가진다. 오늘날 우리 사회에서 스토리텔링이 있는 콘텐츠가 지니는 힘은 매우 크다. 그만큼 개연성 있는 이야기는 가치 있는 콘텐츠의 기본적 요건이 되었다. 반대로 논리적으로 비약이 있거나 설명이 불가한 것은 아무리 그게 진짜라 하더라도 좀처럼 신뢰가 가지 않는다.

게다가 더 중요한 것은 논리가 부족한 결과물에는 분명 당위성이 부족하고 오류가 많다는 사실이다. 과정상 논리가 탄탄하다고 해서 반드시 오류가 없다고 장담할 수는 없지만 반대로 논리적 비약이 있다면 오류 확률은 크게 높아질 수밖에 없다. 더군다나 단순히 학교에 제출하는 과제라면 교수님께 한 번 혼나고 끝날 일이지만 최소 수십 억 원 이상의 자본이 들어가는 건축 프로젝트와 같은 일이라면 더 말할 것도 없다.

또한 분명하게 설명이 가능한 것은 시시비비를 가릴 소지가 있으므로 개선의 여지가 있지만, 과정에 객관성이 확보되지 않았거나 논리에 비약이 있다면 결과물에 대한 올바른 판단의 기회조차 갖기 어려울뿐더러 개선의 여지는 더더욱 있을 수 없다. 따라서 부동산과 같은 고가의 건물자산을 분석할 때 건축설계에서 활용되는 분석 방법을 적용하는 것은 자산가치의 제고 측면에서 큰 도움이 된다.

이러한 방식은 건축물 자산에 대한 주관적 해석을 완전히 걷어내고 처음부터 끝까지 객관적인 지표에 따라 논리를 쌓아 나가는 과정, 다르게 말하면 부동산에 '정량적 분석 기법'을 적용하는 것이다. 합리적으로 논리를 쌓아 가는 과정이 무조건 정답을 담보한다고 할 수는 없지만 적어도 논리적으로 비약한 결과보다는 실패 확률을 몇 갑절 줄일 수 있다. 또한 그보다 더 중요한 것은 이러한 접근 방법이 지속적인 피드백을 통해 점차 정답에 근접할 기회를 제공해 준다는 점이다.

03

도시와 부동산의
기본 작동 원리

복잡해 보이지만 의외로 간단한 도시 원리

물질의 본질을 이해하는 가장 좋은 방법은 물질 자체를 철저히 분해해 보는 것이다. 우리가 매일 사용하는 휴대폰도 복잡해 보이지만 결국은 여러 개의 반도체 회로가 층층이 쌓여서 연결되어 있는 일종의 기판 조합에 불과하다. 따라서 이런 전자제품의 작동 원리를 자세히 알고 싶다면 하나하나의 회로 레이어를 이해하고 그 회로들이 서로 어떤 관계를 갖게 설계되어 있는지를 살펴보면 된다.

이러한 원리는 도시에도 그대로 적용해 볼 수 있다. 도시를 하나의 거대한 전자제품이라고 생각해 보자. 대지라는 회로판이 있고 각 대지마다 역할이 다른 반도체들이 위치한다. 이 반도체들은 저마다의 기능을 갖고 있고 또 상호작용을 하는 다른 칩들과 관계를 형성한다. 그리고 그 관계 빈도에 따라 칩 간에 정보를 주고받는 회로의 수와 정보를 감당하는 용량이 달라진다.

이처럼 한 도시의 관계 빈도는 인구유동량과 밀접한 관계가 있다. 휴대폰에서는 가장 많은 역할을 하는, 즉 가장 많은 연산을 수행하는 칩이 단연 가장 온도가 높다. 칩 내부를 이동하는 전자량이 다른 칩에 비해 월등히 많고 더 많은 회로들이 집적되어 있기 때문이다. 도시도 이와 같다. 도시 내에서도 특히 더 뜨거운 부분과 상대적으로 덜 뜨거운 부분이 존재한다.

예를 들면 도심지는 핵심적인 칩들이 모여 있는 가장 뜨거운 지역으로 도시의 핵이라고 볼 수 있다. 반대로 도심지에서 비교적 멀리 떨어진 지역은 비록 도시에서 특정한 기능은 담당하고 있더라도 사용 빈도 측면에서 위계가 떨어지기 때문에 상대적으로 도심지보다는 덜 뜨겁다. 재미있는 사실은 뜨거운 지역은 수요가치가 높고 뜨겁지 않은 지역은 상대적으로 수요가치가 떨어진다는 점이다. 그리고 우리는 자본주의 사회에 살고 있기 때문에 그 가치가 자연스럽게 부동산 가격이라는 숫자로 치환되는 것을 확인할 수 있다.

여기서 말하고자 하는 핵심은 부동산 가격, 즉 도시를 구성하는 수많은 건물들의 가치는 도시 내에서의 사용 빈도에 의해 1차적으로 결정되며, 이는 선행적으로 정해지는 도시계획적 요소들과 수요와 공급 등 유기적으로 반응하는 시장요소들의 수많은 레이어의 중첩 작용으로 정해진다는 것이다. 따라서 각 건물의 도시적 가치를 알고 싶다면 구성 레이어들을 하나씩 뜯어보고 분석해볼 필요가 있다.

또한 거꾸로 특정한 대지에 특정한 용도의 건물을 계획하고 있다면 대지가 갖는 도시적 가치요소 값에 건물의 계획적 가치요소를 추가해 향후 완성 이후에 건물이 갖게 될 가치도 조심스레 예측해 볼 수 있다.

도시적 가치(가치결정요소들의 합) = 입지가치 + 계획가치

이러한 논리를 이해하려면 도시를 구성하는 하드웨어적 인프라 요소들을 누구보다 잘 이해하는 건축가적 사고, 그리고 복잡한 영향관계를 주고받는 도시의 또 다른 중요 구성요소인 '사람'에 대한 깊이 있는 인문학적 식견이 필요하다. 또한 이러한 가치의 자본주의적 치환값인 '부동산 가격'이 어떻게 형성되고 변화하는가에 대한 깊이 있는 식견 역시 필요하다. 이러한 요소들이 적절히 조합될 때 비로소 도시와 건축물을 분석하는 데 필요한, 쓸 만한 통찰력을 얻을 수 있다.

도시의 가치를 결정하는 중대 요소들

이처럼 도시를 구성하는 레이어들을 이해하고 그 작동 원리를 알아내는 작업은 시작점을 찾기 어려울 정도로 모호해 보인다. 하지만 오히려 단순하게 생각해 보면 그리 어렵지만은 않다. 얼핏 보면 프랙털fractal의 그래픽 패턴은 매우 복잡하지만 단순한 구조의 유닛unit이 끊임없이 반복되면서 프랙털의 복잡하고 기묘한 구조를 이룬다는 사실을 이해하면 프랙털에 대한 막연한 공포심이나 신비감은 사라진다.

도시와 건물의 가치를 결정짓는 무한한 요소들도 생각보다 단순한 원리의 지배를 받고 있다는 가설을 세우면 쉽게 분석을 시작할 수 있다. 이를테면 도시의 가치를 결정짓는 기본적인 요소들에는 어떤 것들이 있을지 생각해 보자. 아래 당장 떠오르는 몇 가지 요소들을 적어 보았는데, 이는 건물의 용도와 상관없이 적용될 수 있는 것들이다.

1. 도시계획자가 설정한 도심지에 얼마나 근접해 있는가?
2. 한 번에 많은 사람들을 실어 나를 수 있는 대중교통에 얼마나 근접해 있는가?
3. 사회적 특성이 반영된 압도적 수요요소가 얼마나 많은가?

물론 부동산의 가치를 결정하는 데는 이 외에도 수많은 요소와 건물 용도별로 요구되는 특수한 수요요소들이 작용할 것이라고 추측할 수 있다.

예컨대 주거시설의 경우, 주변에 이용 가능한 병원의 서비스 수준과 그곳까지의 거리, 쇼핑과 문화환경의 질과 도달 거리, 아파트의 노후도, 아파트의 브랜드, 주변에 소음을 일으키거나 악취를 유발하는 유해시설 유무가 영향을 끼칠 것이다.

업무시설의 경우, 주변의 유사 업무시설 간의 밀집도나 물류를 소화하기 위한 터미널의 위치나 접근 가능한 고속도로 IC의 개수, 생산 등을 담당하는 인근 산업단지의 규모와 거리 등이 건물의 수요값에 영향을 줄 것이다.

마지막으로 상업시설의 경우에는 사람들이 날씨에 상관없이 거닐면서 쇼핑할 수 있는 실내 아케이드의 조성 규모, 사람들을 끌어들일 수 있는 핵심적인 '앵커 테넌트Anchor tenant'•의 유무, 상가를 이용할 잠재적인 수요 인구수 등 수많은 세부적 요소들이 있을 수 있다. 하지만 이런 요소들은 앞에서 언급한 3가지 핵심 요소에 비하면 상대적으로 그 중요도가 덜하므로 한정된 시간과 효율성을 고려하여 핵심 요소만 빠르게 체크하는 방식으로 건물의 가치를 어느 정도 짐작해 볼 수 있다.

그동안 필자가 대한민국, 특히 서울을 포함한 수도권에 위치한 수백 개의 아파트, 업무시설, 상가의 입지조건과 거래가격을 비교해 본 결과, 앞서 제시한 3가지 핵심 요소들이 전체 부동산 가격의

• 상권에 고객을 끌어모으는 시설로서 공연장, 미술관 등의 문화시설뿐만 아니라 최근에는 스타벅스, 올리브영 등 강력한 충성고객을 확보한 브랜드도 포함된다.

형성에 지배적인 역할을 한다는 사실을 발견했다. 그럼 이제 이 세 요소가 도시 내 필지와 건물의 자산가치에 어떻게 영향을 주는지를 구체적으로 살펴보자.

04

도시의 가치를 결정하는 3대 요소

도시 중심지와의 접근성

한 '도시의 중심지'란 그 핵이라 할 수 있는 도심과 하위 계열의 부도심 모두를 포함한다. 지방자치법 제2조에 따라 도시는 '시, 군, 구'로 나뉘는데, 이는 인구 규모에 따라 구분해 분류하는 것이다. 흔히 말하는 지방자치단체 혹은 기초자치단체라고도 하는 이기본 단위는 적으면 5만에서 많으면 100만 혹은 그 이상에 이를 정도로 도시별 인구 규모의 차이는 크다. 하지만 규모와 상관없이 어떤 도시든 그 안에는 '도심'이라고 부르는 핵과 이를 뒷받침하는 '부도심' 혹은 '지역중심' 등이 반드시 설정된다.

도시는 생리적으로 사람이 살고住 일하고工 교류하는商 행위가 효과적으로 이루어져야 하고 이를 위해서는 행정, 교통, 공원, 병원 등 공동의 인프라 시설이 필요하다. 하지만 도시 안에 이 모든 시설을 분산해 설치할 수는 없으므로 한정된 자원을 효율적으로 공유하기 위해 해당 시설들은 모든 사람이 접근하기 용이한 곳에 배치된다. 이렇듯 도시 공동 인프라는 가급적 많은 사람들에게 효율적으로 공유되기 위해 도시의 중심지 혹은 그러한 역할을 맡은 주요 거점에 근접해 설치되고 이를 이용하려는 사람들이 모여들게 되면서 도시의 밀도 또한 자연스럽게 높아진다.

그러므로 일반적으로 도심과 같이 그 도시의 중심지로 설정된 지역은 다른 곳에 비해서 토지가치가 상승하게 된다. 하지만 그렇다고 해서 모든 기능을 도심에만 부여한다면 오히려 도시의 확장성은 제한된다. 따라서 도심보다 한 단계 아래의 위계중심지를 설정해서 좀 더 많은 종속적 기능을 수행하도록 해야 한다.

세부적인 필지의 가치는 어떤 종류의 중심지에 얼마나 가까이 위치해 있느냐에 따라 결정된다. 도시 내 모든 개별 필지들 간의 질서는 이러한 도심과 그 하위 위계 거점지역의 관계에서 비롯되며, 우리 눈에 직접적으로 보이지는 않지만 그러한 위계 질서의 강력한 지배를 받고 있다. 따라서 입지적 가치를 파악함에 있어서 도시의 기본구조를 살피는 일은 매우 중요하다.

대중교통과의 접근성

대중교통은 여러 이동 수단을 포함하는데 그중 가장 중심이 되는 것은 시간당 수송량이 가장 많은 도시철도다. 혹시라도 도시계획자가 실수로 도심 지역에 도시철도를 연결하지 않았다고 가정해 보자. 이는 마치 메인 CPU에 충분한 용량의 회로를 연결하지 않아 효율이 극도로 떨어지는 컴퓨터를 만드는 것과 같다. 그런 제품은 시장에서 경쟁력이 없고 고객들에게 금방 외면 받게 될 것이다.

도시도 마찬가지다. 도시의 경쟁력은 인구에 걸맞은 적절한 지원 시스템에 달려 있는데 그중에서도 가장 중요한 것은 인구유동량을 충분히 소화할 수 있는 효율적인 교통수단이다. 사람들의 유동량은 대지의 가치 및 수요와 도시의 밀도 형성에 직접적인 영향을 미치기 때문에 대중교통과의 접근성이 부동산 가격에 미치는 영향력은 실로 대단히 크다.

지도를 펼쳐 놓고 보면 대부분의 도심은 도시의 중심부에 위치한다. 이는 도시 내 어느 곳에서든 최단 거리에 위치한다는 이점을 갖고 있기 때문이다. 도심에는 주로 고밀도의 상업시설이나 중심업무시설들이 위치하는데, 이는 기업활동과 깊이 관련되어 있다.

기업의 목적은 이윤 창출이고 이를 위해 가장 중요한 요소는 우수한 인력 자원의 확보다. 사람들이 선호하는 직장은 출퇴근이 편리한 곳이다. 경쟁력이 있는 기업은 우수한 인적 자원의 확보,

더 많은 이윤 창출, 급여 수준의 향상이라는 선순환 구조를 갖고 있다. 이러한 경쟁력을 갖춘 기업들은 더 우수한 인적 자원을 얻기 위해 상징성을 갖고 있고 교통이 편리한 도심을 선호한다.

하지만 엄밀히 말해서 기업이 선호하는 목표 지점이 반드시 도심만을 향한다고 볼 수는 없다. 도심이 아니지만 지리적인 요충지로서 교통인프라 집적도가 다른 지역에 비해 월등히 높은, 이른바 '광역환승거점' 역시 기업들이 선호하는 입지가 될 수 있다. 예를 들면 서울 동남권에 위치한 잠실 환승센터나 서남권의 김포공항 복합환승센터, 북서권의 상암 DMC 복합환승센터, 북동권의 청량리 환승센터가 이와 같은 역할을 하는 곳이다.

또한 도심과 직접 연결된 도시철도, 도시와 도시를 잇는 관문 역할을 하는 환승거점지가 아니더라도 도시 내 소규모 거점들을 잇는 단선 도시철도 노선이 들어가는 지역들만 보더라도 도시철도가 전혀 없는 지역과는 수요 측면에서 큰 차이를 보인다는 것을 알 수 있다. 특히 대도시의 경우 도시철도와의 연결 여부가 부동산으로서 일정 수준 이상의 상품 가치를 가질 수 있는 최소한의 기준이라고 봐야 할 정도로 교통은 매우 중요한 요소다. 따라서 특정 필지의 가치를 결정하는 데 대중교통과의 접근성, 특히 철도 교통인프라와의 접근성은 매우 중요한 수요요소다.

수변조망과 교육여건

앞에서 언급했던 2가지 요소는 보편적인 속성이라고 볼 수 있다. 반면 이와는 조금 다른 성격을 가진 특수한 수요 창출 요소를 살펴보고자 하는데, 바로 수변조망과 교육여건이다. 이런 요소들은 앞서 언급한 2가지 보편적 요소를 가볍게 무시하면서 예외적으로 엄청난 가격 형성 기여도를 갖는 경우가 많다.

이를테면 서울의 한강에 초근접한 아파트나 교육여건이 월등히 좋은 지역을 예로 들 수 있는데, 이런 곳들은 딱히 도심 영역에 포함되지 않았음에도 불구하고 시장 상황의 오르내림, 특히 오름세에 크게 반응한다. 심지어 지하철 노선 4~5개가 만나는 핵심적인 교통 요충지보다도 오히려 더 높은 가격 상승세를 보이는 경우도 심심찮게 나타난다.

누구나 서울에서 한강을 조망할 수 있는 아파트 한 채쯤 갖는 꿈을 가져 봤을 것이다. 그만큼 한국에서 한강이 내려다보이는 아파트에 산다는 것은 사회적으로 큰 의미를 갖는다. 이는 정부의 반복적인 규제에도 불구하고 한강 벨트 내의 아파트들이 상상을 초월하는 평당 가격을 갱신했던 사실만 봐도 알 수 있다.

이와 같이 한강 조망권의 아파트는 누구나 가질 수 없는 희소성이라는 특징 때문에 사회적으로 성공한 사람들이 누릴 수 있는 성공의 전리품으로 제격인 부동산 상품이다. 이는 비단 서울에만 국한된 현상이 아니라 바다조망이 가능한 부산의 고층 아파트들에서도 동일하게 나타나는 현상이며, 전국 어디를 가더라도 넓은 수변조망이 확보된 곳에는 돈 많은 사람들이 거주한다는 인식이 자리 잡고 있을 정도다.

이번에는 교육여건에 대해 알아보자. 서울 강남구 대치동은 누구나 다 아는, 자녀교육의 대표적인 성지다. 대치동은 서울에서도 급여 수준이 높은 우수한 직장이 다수 분포한 강남-서초권의 도심 지역인 만큼 이 지역에서 자녀교육에 지출하는 사교육비는 꾸준히 증가해 왔다. 이에 자연스럽게 우수한 수준의 학원이 여럿 들어서며 학원가가 형성되었고, 이 주변 아파트에 대한 수요 증가로 아파트 가격 역시 상승했다고 볼 수 있다.

한국인의 남다른 성공욕과 이를 과시하고자 하는 측면에서 보면 결국 수변조망성이나 우수 학군지에 대한 수요는 여러 가지 요소들과 복합적으로 연결되어 있다. 이러한 성향은 사회적 지위와 체면을 중시하는 한국인들에게서 특히 강하게 나타나는 특징이다. 이는 앞서 설명한 대지의 입지적 가치를 형성하는 요소들과는 그 성격이 조금 다르지만 대단히 영향력이 큰 독특한 수요요소다.

이처럼 앞에서 언급한 세 요소는 대한민국에 존재하는 모든 대지와 건물에 일관되게 적용할 수 있는 요소로서 부동산의 가격을 형성하는 가장 우세한 수요 유발 인자들이다. 이 3가지 범주에 견줄 만큼 영향력이 큰 제4의 가치요소를 찾기는 쉽지 않다. 따라서 이러한 요소들은 앞으로 우리가 각 건물을 동일한 기준으로, 상대적으로 평가하기 위한 기본 틀이자 기준이 된다.

감이 아닌
숫자가 필요한 이유

단순한 것에 답이 있다

부동산에 대한 동물적인 감각을 지닌 사람들이 있다. 그들은 건물에 대해 이리저리 분석하고 재 보지 않더라도 현장을 어느 정도 둘러본 다음 과감한 결정을 내린다. 그런데 놀랍게도 얼마 지나지 않아 그 건물의 가치가 금방 올라 높은 시세차액을 낸다. 미안하지만 이런 사람들은 타고난 재능을 갖고 있기 때문에 일반인이 그 비결을 배우고 싶어도 배우기 어렵다. 당사자도 어떤 이론이나 원칙을 따르기보다는 상황에 맞는 감각과 임기응변적인 대응을 하는 것이기 때문에 그 노하우를 다른 이에게 전수하기도 쉽지 않다.

필자에게도 그런 천부적인 동물적 감각이 있으면 좋으련만 그렇지 못했기 때문에 대부분의 일반인처럼 열심히 노력하고 경험을 쌓는 방법 외에는 도리가 없었다. 그래서 지금도 부단히 가설을 세우고 결과를 확인해 가면서 계속 배워 나가는 중이다. 동물적 감각을 지니고 있는 사람, 혹은 이 바닥에서 오랜 기간 경험을 쌓으면서 비기를 터득한 사람이 아닌 이상 부동산은 열심히 공부하는 것 말고는 답이 없다.

다만 초반에도 강조했듯이 이 책에서 필자가 제시하고자 하는 학습 방법은 느리지만 제대로 체득하는 길이다. 이런 방식이 매번 정답을 만들어 준다고는 볼 수 없다. 하지만 최소한 실패 확률을 줄이고 성공 확률을 점진적으로 끌어올려 주는 방식이라고는 확실히 말할 수 있다. 또한 우리가 발견하고 발전시키는 원칙들은 일반화할 수 있다는 장점이 있다. 그리고 세부적으로는 융통성 있게 각자 자기 자신에게 맞는 형태로 바꾸어 적용함으로써 나만의 부동산 공식으로 발전시킬 수 있다는 점 또한 장점이다.

사람들은 부동산에 대한 대단히 복잡한 비법이 있다고 생각할지 모르지만 오히려 단순한 것에 정답이 있다. 아무리 복잡한 기계도 결국 뜯어보면 기본 유닛은 매우 간단한 것에서부터 시작한다. 부동산도 결국 하나의 상품이기 때문에 원칙은 동일하다. 다만 부동산이 공산품과 다른 결정적 차이점은 바로 사람이 거주할 목적으로 만들어진 하나의 공간이라는 점이다. 그리고 이런 공간에 대한 필요, 즉 목적에 맞는 수요가 건물의 가치를 결정하기 때문에 정가라는 게 없고 시장 상황에 따라 수시로 가격이 변동된다는 점이 다르다. 부동산은 수요요소가 유효한 동일한 권역 내에서 그 공급량에 따라 최종적인 가격이 결정되기 때문이다.

부동산에 대한 동물적 감각을 지니지 못한 우리들이 갖출 수 있는 최선의 무기는 이러한 공간을 일일이 관찰하고 그 가치를 직접 측정하고 데이터를 축적해 가면서 더 나은 의사결정을 할 수 있도록 스스로를 업그레이드하는 것뿐이다.

전자제품을 고를 때 우리는 소위 '스펙 비교'라는 것을 한다. 사용 목적에 따라서 필요한 기능들이 있고 내가 중요하게 여기는 선택의 기준이 있다면 각 제품이 어떤 항목에서 강점을 갖고 있는지, 또 어떤 항목에서 약점을 갖고 있는지를 파악해야 한다. 이런 항목들을 표로 정리해서 항목별로 비교해 보고 어떤 제품이 장점 요소가 가장 많은지를 보고 제품을 구입하면 된다. 부동산에 대해서도 원칙은 동일하다. 군이 여러 어려운 경제 논리를 적용할 필요 없이 사람들이 좋아할 만한 요소들을 놓고 비교해 나가는 것부터가 분석의 시작이다.

예를 들어 A~C의 3가지 매입 건물 후보들이 있다고 한다면 아주 간단하게 비교 검토 작업을 시작할 수 있다. 우선 내가 가장 중요하다고 생각하는 부동산 평가요소를 선택한다. 만약 내가 지하철까지의 도보 접근성을 제1의 측정 항목으로 설정했다고 하자. 네이버 지도를 이용해서 아파트 출입구에서부터 실제로 도보로 지하철 출입구까지 걸어간다고 가정하고 그 거리를 측정할 수 있다. 그리고 각 건물별로 측정 결과값을 나란히 표에 적는다. 검토 결과, A가 300m, B가 400m, C가 500m로 나왔다. 이 분석 결과에 따르면 A 건물이 다른 후보지들과 비교했을 때 가장 가치가 높은 아파트라고 결론 내릴 수 있다. 이렇게 하면 적어도 3개 물건지*에 대한 지하철 도보 접근성 항목에 대한 평가는 끝났다.

숙련도에 따라 차이는 있겠지만 이 평가 작업을 하는 데 걸리는 시간은 불과 5분 내외다. 이런 작업은 바로 아이폰을 구성하는 기본 회로 유닛을 제작하는 것과 같다. 하지만 당연히 이 정도 분석 결과만 가지고 아파트 매입을 결정할 수는 없다. 부동산을 통해 경제적 수익을 만들어 내기 위해서 조금 더 다듬어진 뾰족한 결과값을 얻을 필요가 있다. 따라서 여기에 조금 더 많은 회로 유닛을 더해 보도록 하자.

이번에는 지하철별 오전 출근 시간의 배차 간격과 열차의 1회 수송량, 도심-부도심-지역중심 등 목적지 도시거점 간의 위계, 열차의 종류가 순환선인지 여부와 해당 노선에 급행열차가 운행되는지, 그리고 노선 거리상 도시와 도시를 연결하는 광역철도**인지 여부에 따른 부가적인 평가 점수를 더할 수 있다.

이러한 평가요소들을 더하는 데 중요한 원칙이 있다. 첫째로 항목이 단순 명료해야 하며, 둘째로 눈에 명확하게 보이거나 숫자로

- 계약서상 권리·의무가 발생하는 대상 부동산의 구체적 위치.
- ● GTX나 공항철도 등 도시를 오가는 열차.

설명이 가능해야 하고, 셋째로 반드시 논리적으로 설명이 가능해야 한다는 점이다. 비교 가능한 정량적 수치를 산출하는 것이 분석의 시작이므로 이러한 원칙에서 벗어나는 것들은 유효한 데이터로 활용할 수 없다.

제대로 된 원칙을 준수하여 수집한 자료는 단순해 보이지만 대단히 강력하며, 눈에 보이고 설명 가능한 데이터들이 쌓이면 누구도 쉽게 무너뜨리지 못하는 탄탄한 근거가 된다. 이런 기초적인 분석 작업과 산출된 결과값의 비교, 그리고 항목별 분석 결과에 대한 통찰력은 건물의 전체적인 가치를 판단하는 데 매우 중요한 기초 자료, 즉 기본 유닛이 된다.

건물에 대한 가격 성분 조직검사

앞서 언급했던 지하철 도보 접근성 외에도 건물의 용도에 따라서 수요에 영향을 줄 수 있는 다양한 요소들이 있고, 각 요소마다 건물의 가격에 미치는 기여도가 모두 다르다. 예를 들어 빵의 가격을 구성하는 요소들을 살펴보자.

빵의 가격에는 기본 재료인 물과 밀가루, 설탕 그리고 다양한 합성 재료, 기름 등의 식자재, 반죽 숙성과 베이킹에 들어가는 가스와 전기, 포장 비닐 수지와 인쇄비, 거기에다가 각종 인건비와 운송료 등의 간접비까지 포함되어 있다. 따라서 빵을 만들기 위해 들어간 비용요소들을 다양한 알파벳 값이라고 한다면 빵값은 (비용) = A+B+C+D+E··· 로 표현할 수 있다.

다만 각 요소의 비용이 모두 다르기 때문에 최종적인 빵값 형성에 대한 기여도 역시 모두 다르다. 이와 마찬가지로 건물의 값도 건물 수요요소들의 합산값으로 볼 수 있고, 또 한편으로는 각 요소별 기여도에 따라 다른 값을 적용하는 방식으로 건물의 가격을 재구성해 볼 수 있다. 각 요소별 상숫값을 산출하는 방법에 대해서는 마지막 장에서 구체적으로 다루기로 하고 여기서는 우선 기본적인 개념만 설명하고자 한다.

전국의 모든 아파트를 평당 가격에 따라 줄을 세우고 동시에 이와 평행하게 비교하고자 하는 가격 구성요소별로 측정한 값을 그 결과에 따라 줄을 세워 보면 앞서 분석한 평당 가격과의 관계가 어떠한지를 확인할 수 있다.

만약 아파트 가격에 영향을 끼칠 것으로 생각되는 요소가 10가지 정도가 되고 각 요소별 성능값에 따라 순차적으로 세워 둔 줄과 아파트 평당 가격에 따라 세워 둔 줄과의 일치율이 높으면 높을수록 해당 요소가 아파트 가격에 미친 기여도는 높은 것이고, 낮으면 낮을수록 당연히 기여도도 낮은 것이다. A 요소의 일치율이 100%, B 요소가 60%, C 요소가 40%라고 한다면 각각의 '싱크로율' 차이에 따라 가상의 상숫값을 적용해서 요소별 평당 가격을 분할하여 구분할 수 있다.

예를 들면 평당 4,000만 원 하는 아파트의 가격 구성요소가

A, B, C이고 각 요소별 기여도의 합이 100%라고 한다면 A 요소의 가중치는 5, B 요소는 3, C 요소는 2가 되고, A 요소의 평당가 기여도는 4,000만 원×5/10=2,000만 원, B 요소는 4,000만 원×3/10=1,200만 원, C 요소는 4,000만 원×2/10=800만 원이 되는 것이다. 이는 마치 우리 몸을 구성하는 체성분을 분석하듯이 건물의 현재 가격을 형성하는 구성요소들을 조직검사해 분해하는 방식이다.

이렇게 각 건물의 용도에 따라 구성요소들의 가치 기여도를 설정하면 새로운 아파트가 분양될 때, 기존에 적용했던 분석 요소의 평가 기준에 따라 값을 조사하여 넣기만 하면, 예상되는 적정선의 평당 가격 합산값을 산출할 수 있다. 그리고 그 값이 실제 평당 분양가와 얼마나 차이가 나느냐에 따라 합리적인 가격인지 아닌지를 판단할 수 있다.

그뿐만 아니라 유사한 성능값을 나타내는 건물들의 데이터와 비교해 보면 준공 후 평당 실거래가격이 어느 정도 선에서 조성될 것인지도 조심스레 예측할 수 있다. 또한 이런 요소값의 분포를 전국적으로 비교해서 구간화하면 적정 구간별로 등급화할 수 있고 추후에 빠르게 아파트 등급에 따른 가치판단과 비교 작업을 할 수 있게 된다.

만약 도시를 신의 관점에서 바라볼 수 있을 정도의 능력이 있다면 부동산 가격에 영향을 주는 모든 요소, 그리고 이와 동시적으로 연계된 모든 부가적인 요소들까지 고려해 그야말로 100%

완벽하고 오차가 없는 선택이 가능할지도 모르지만 그것은 마치 인간의 몸을 완벽하게 이해해서 모든 질병을 완벽하게 치료하고자 하는 것과 같다. 의료 기술의 발전이 위대한 것은 치료 가능성을 높이고 사망 확률을 줄인 것 때문이지 결코 100%의 완치율과 0%의 사망률을 이루었기 때문이 아니다.

건물 자체의 성능값을 수치화하고 등급화하여 검토하는 분석 방법은 건물들 가운데 최고의 수익률을 이뤄 주는 물건지를 고르는 것이라기보다는 오히려 실패 확률을 낮추는 데 그 목적이 있다. 또한 앞서 제시한 부동산 분석 방법론은 객관성의 확보와 지속적인 업데이트를 통해 정확도를 제고할 수 있다는 장점도 가지고 있다. 건물이 많이 지어질수록 데이터는 늘어나고, 상수는 날카로워지며, 정확도는 더 높아지게 된다.

그림1 건물 가격 성분 조직검사 개념도

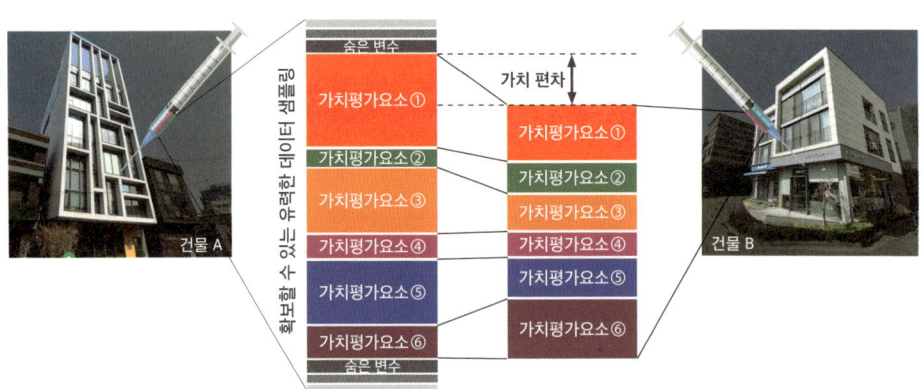

06

부동산 분석은
생각보다 단순하다

덧셈으로 스케치를 시작하다

필자가 처음으로 부동산 분석을 시작하면서 건축물이라는 동일한 대상을 바라보는 시각이 완전히 바뀐 것은 2019년도 즈음이었다. 그 이전까지 부동산에 대한 시각은 기업활동에서 개발의 대상, 즉 내가 종속된 회사의 발전을 위한 것이었다면 이후에는 투자의 대상, 즉 타인이 아닌 나와 내 가족을 위한 것으로 바뀌게 된 것이다.

당시는 유래 없는 초저금리 기간으로 상당량의 자본이 부동산으로 유입되던 시기였고 매일 자고 일어나면 소유한 부동산 가격이 올라 있던 때였다. 그래서 투자 여력이 허락하는 범위 내에서 계속해서 부동산 투자를 넓혀 나가던 시기였다.

특히 당시 가장 주목을 받던 투자 종목으로 지식산업센터가 있었다. 지금에야 모든 이가 입지와 가격 수준 등을 고려하지 않고 물불 안 가리고 분양 받은 지식산업센터가 불행의 시작이란 걸 알게 되었지만, 당시 초저금리 시대에 이만 한 투자 상품도 없었기에 지식산업센터의 불장火場은 끝을 모르며 타올랐다. 당시에는 국가적으로도 지식산업센터를 장려하는 분위기라 기업들이 너도나도 분양사업에 뛰어들 정도로 전국적으로 지식산업센터 투자가 유행했다.

그러다가 코로나19 사태로 전 세계적으로 건축 자재비와 인건비 등 부대비용이 급증한 탓에 건축 공사비가 천정부지로 치솟았고 수도권 내에 위치한 웬만한 지식산업센터의 평당 가격이 1,000만 원을 훌쩍 뛰어넘더니 이내 2,000만 원까지 치솟는 기염을 토했다. 서울의 경우 평당 분양가 4,000만 원에 육박하는 지식산업센터까지 등장하는 등의 신고가新高價 기록을 세웠다.

매입금의 80%, 많게는 90%까지 대출이 가능하다 보니 지식산업센터는 너도 나도 쉽게 뛰어들 수 있는 투자 시장이 되었고 투자자가 많다 보니 분양 물건지가 수도권을 중심으로 우후죽순으로 들어서기 시작했다. 매일 자고 일어나면 새로운 지식산업센터 분양 소식이 들려올 정도였다. 하지만 한편으론 분명 수요는 한정되어 있는데 공급이 터무니없이 많다는 불안한 느낌이 있었기에 언제가 될지 모르는 금리 상승에 대비해야 한다는 생각도 갖고 있었다.

문제는 그때까지만 해도 아직 지식산업센터 준공 건수가 많지 않았고 준공 후 임대가격과 매매가격이 형성된 지역적 데이터가 적었기 때문에 어떤 지식산업센터가 투자가치가 높은지 알 수 있는 방법이 적었다. 그래서 그때 처음으로 고안한 방법이 바로 수요요소 등급별 점수 산출과 합산 점수에 따른 지식산업센터 투자 등급화였다.

직접 매입한 지식산업센터들을 바탕으로 수요요소를 검증하고 가격 형성에 실제적으로 영향을 미치는 항목 중 어떤 것이 상대적으로 더 큰 영향을 미치는지에 대한 가설을 세우고 열심히 검토해 나갔다. 준공 후 가격 변화와 항목 점수의 상관관계를 비교해 합산 점수의 신뢰도를 높여 나가는 방식으로 기존 항목을 수정하고 필요한 경우 새로운 평가항목을 도입하기도 했다.

이런 방식을 통해 등급이 높고 낮은 지식산업센터를 구분해 나갔고, 투자 수익률상 위험도가 낮은 물건과 고위험군 지식산업센터를 감별하면서 전국 많은 건물의 가치를 등급화했고, 이를 유튜브 채널을 통해 공개했다. 당시 지식산업센터에 대한 가치평가 방법론이 전무했던 터라 많은 구독자들이 우리 채널을 통해 수익률과 관련된 정보를 얻고 도움을 받을 수 있었다.

어쨌든 여기서 중요한 점은 건물의 가치를 비교하는 데 있어 첫 시작이 복잡한 산식이 아닌 항목의 설정과 평가값의 산출, 그리고 이를 근거로 합산 점수를 내는 것이라는 점이다. 우선은 맞든 틀리든 첫 값을 직접 내 보는 것이 가장 중요하다. 합산값이 나오면 최소 두 물건지의 준공 후 가격이나 임대가격의 형성을 비교해 보고, 오차가 발생하면 수정 작업을 할 수 있다.

이해를 돕기 위해 간단한 예를 들어 보겠다. A 건물과 B 건물의 매입을 앞두고 선택을 위한 검토를 하고 있다고 치자. 여러 가지 비교해야 할 항목이 많겠지만, 여기서는 1시간 뒤에 계약을 진행하므로 2가지 요소만을 비교한 후 결정해야 하는 극한 상황을 가정해 보자.

매입해야 하는 건물의 용도는 드라이브인 지식산업센터, 즉 물류의 통행이 매우 중요한 특징을 갖고 있다. 따라서 임대 수요와 매입 수요 모두를 고려해서 첫 번째로 고려할 입지적인 평가항목은 원활한 물류 소화를 위해 건물이 자동차전용도로, 즉 도시고속도로와 얼마나 인접해 있는지가 된다. A 건물은 출입구에서 고속도로 진입 램프까지 1km 거리에, B 건물은 3km 거리에 있다. 우선 이 항목에 대한 평가만 본다면 A 건물의 매입 가치가 B 건물의 매입 가치보다 더 높다고 볼 수 있다. 하지만 건물의 가치를 구성하는 요소를 2가지 항목으로 가정했기 때문에 현재 가치판단의 정확도는 50% 수준이다.

두 번째, 지식산업센터는 기본적으로 업무시설이고 기업체가 입주하므로 직원을 고용해야 한다. 직원들이 직장을 선택할 때 가장 중요하게 생각하는 요소 중 하나가 대중교통 접근성인데, 특히 지하철에서 도보로 얼마나 가까이에 있는가를 중요하게 생각한다. 즉 피고용자는 지하철로 출퇴근하기 편리한 회사를 선호하므로 기업 입장에서는 인력 충원 측면에서 사무실 위치를 고를 때 이 항목을 가장 중요하게 생각한다.

A 물건지는 출입구에서 지하철 출입구까지 도보로 200m, B 물건지의 경우는 100m 떨어져 있다. 첫 번째 항목과 다르게 이 경우에는 A 물건지의 예상 수요가 B 물건지의 예상 수요보다 더 낮게 나타난다. 이와 같이 A 물건지와 B 물건지에 대한 비교 검토 결과, 두 항목에서 각각 우세한 정도가 다르기 때문에 확률상 어디가 더 유리할 것이라고 판단하기가 어렵게 된다. 이를 간단히 표로 정리하면 다음과 같다.

표1 A 건물과 B 건물의 성능 평가항목(가중치 미적용)

평가항목	A 건물 성능	B 건물 성능
1. 고속도로 접근성	2	1
2. 지하철 도보 접근성	1	2
소계	3	3

〈표 1〉은 항목별 가중치가 전혀 적용되지 않은 기본적인 분석

결과값이다. 온전하지는 않지만 대략적인 건물의 가치를 어렴풋이 가늠하게 해 주는 결과이며, 이는 초기 스케치 수준의 그림에 비유할 수 있다. 이제 이 분석표를 더 날카롭게 다듬기 위해 각 평가항목에 가중치 값을 적용할 차례다. 예를 들면 스케치를 채색해 그림의 완성도를 높이는 것과 같다.

곱셈으로 채색을 완성하다

초기에 설정한 수요에 영향을 미치는 요소들은 매우 다양하고, 이 중 건축물의 용도에 따라 무엇을 우선해서 선택할 것인지 정할 수 있다. 각 요소는 건물의 가치에 기여하는 바가 다르기 때문에 각각 별도의 가중치 상수를 적용해야 한다.

예를 들면 지하철 도보 접근성은 수요 측면에서 자차로 고속도로까지의 도달 거리에 비해 비교적 우위에 있을 것으로 예상할 수 있다. 따라서 만약 이 두 항목별 가치를 비교하고자 한다면 지하철까지의 도보 거리 항목의 점수에 적용할 상수를 고속도로까지의 도달 거리에 적용할 상수보다 더 크게 설정해야 한다.

우선 이를 쉽게 시작할 수 있는 방법은 정수 기준으로 상수를 적용해 보는 방법이 있다. 예컨대 지하철 도보 접근성 항목의 상수에 2를, 고속도로 도달 거리 항목에 상수 1을 적용하는 식이다. 이런 방식으로 적용된 가중치 표를 작성해 보면 다음과 같다.

표2 A 건물과 B 건물의 성능 평가항목(가중치 적용)

항목	(가중치 상수)	항목별 점수×(가중치 상수)	
		A 건물 성능	B 건물 성능
1. 고속도로 접근성	(1)	2×(1)=2	1×(1)=1
2. 지하철 도보 접근성	(2)	1×(2)=2	2×(2)=4
소계	-	4	5

보이는 바와 같이 가중치를 적용하지 않았던 초기의 점수 체계와 결과적으로 차이가 생겼다. 지하철 도보 접근성 항목의 가중치가 고속도로 접근성의 가중치보다 높게 적용되었기 때문에 결과적으로 B 건물의 투자가치가 A 건물의 투자가치보다 더 높게 나타나게 되었다. 이러한 방식으로 세로축으로 검토 항목들을 늘리고 가중치 상숫값을 세분화해 나가는 방식으로 건물의 자산가치를 점수화할 수 있다. 또한 구간에 따라 등급화화는 식으로 건물 투자에 활용할 만한 근거가 되는 데이터를 확보할 수 있다.

07

숲을
먼저 바라보자

부분만 보고 전체를 예측하는 오만함

우리가 다루는 부동산은 도시라는 범주에 포함된다. 건축은 흔히 휴먼 스케일Human scale•로 설명되지만 건축이라는 기본 유닛들이 모여서 만드는 더 큰 단위인 도시는 이를 넘어선다. 사람의 눈으로 도시 전체를 한눈에 보는 것은 어려운 일이다. 사람들이 주로 범하는 실수들 가운데 하나가 이런 휴먼 스케일에서 부분적으

• 인간 신체의 감각이나 움직임, 체격을 기준으로 한 공간이나 물체의 크기.

로 보고 느끼고 체험하는 것을 도시의 전체라고 생각하고 일반화한다는 점이다.

사람이 신의 눈높이에서 도시를 전체적으로 조망할 수 있고 그 작동 원리를 동시각적으로 보고 판단할 수 있다면 균형 잡힌 시각으로 오류 없이 도시를 인지할 수 있겠지만 이는 현실적으로 불가능하다. 신의 눈으로 보면 사람들은 개미처럼 자신이 가진 인지 수준으로 볼 수 있는 만큼만을 도시라고 정의하는 것으로 보일 것이다. 더 큰 문제는 사람들이 그러한 부분적이고 편협한 시각으로 도시 전체에 대해 논하고, 평가하는가 하면 심지어 자본을 투자하는 결정까지 내린다는 점이다.

앞서 설명했듯이 투기가 아닌 투자를 하기 위해서 우리는 도시에 대한 국지적인 시각과 관점에서 벗어나 맥락 전체를 아우르는 광역적 시각을 가질 필요가 있다. 그렇지 않으면 비과학적 범주에 함몰되어 또 다른 의미에서 투기의 한계 안에 갇히는 꼴이 된다. 이처럼 부분만 보고 전체를 예측하는 것은 매우 위험한 일이다. 마치 코끼리 꼬리를 만져 본 맹인이 코끼리를 엉뚱하게 정의하는 것과 같다. 이러한 인지 수준으로 투자할 경우에는 운이 좋으면 얻어 걸려서 고수익을 낼 수도 있겠지만, 반대의 경우 실패해서 매우 큰 어려움에 빠질 수도 있다.

적어도 도시의 전체 맥락을 알고 있는 사람은 최소한 그렇지 못한 이보다 실패할 확률을 확연히 줄일 수 있다. 그만큼 전체적인 맥락을 이해하는 것은 아무리 강조해도 지나치지 않다.

큰 그림을 보는 힘을 키워야 한다

여기에 매우 스케일이 큰 그림 한 폭幅이 있다고 하자. 다양한 인물이 등장하는 그림이지만 일부 인물의 얼굴만 제한적으로 보이게 하고 나머지는 가렸다고 하자. 각각의 인물들은 저마다 중요한 스토리를 갖고 있고 분명 인물들 간의 관계 또한 존재할 테지만 일부만 공개되어 있기 때문에 그림을 보는 사람들은 전체적인 맥락을 이해하기 어렵다. 부분적인 이야기도 나름대로의 의미가 있겠지만 그것만 갖고는 전체적인 맥락을 알 수 없고, 게다가 그 다음에 어떤 흐름으로 이야기가 전개될지는 더더욱 알 길이 없다. 만약 이 이미지의 일부분만 보고 전후 스토리를 예측한다면 분명 작가의 의도를 뛰어넘는 상상력 넘치는 엉뚱한 이야기가 유추될 것이다.

일반적인 그림은 갤러리에 서서 한눈에 볼 수 있기 때문에 그 안에 담긴 서사와 정보를 잘 파악할 수 있겠지만, 앞서 가정했듯이 부분적으로 일부분만 공개된 그림과 같이 사람이 한눈에 바라보고 인지할 수 없는 영역은 분명 이해하는 데 오류가 발생할 수 있다. 이와 같이 도시 내의 부분적인 정보들은 개별적으로는 나름의 의미를 가지겠지만 전체적인 도시의 흐름을 설명할 수는 없다. 그것은 일부분만 공개된 그림의 조각을 가지고 전체 그림을 논평하는 것과 다를 바가 없다. 게다가 우리가 경험한 도시 내에서의 단편적인 지식은 지역적 한계 때문에 도시 전체 모든 곳에 동일하게 적용된다고 말하기도 어렵다.

여기서 우리가 꼭 알아야 할 점은 도시는 하나의 거대한 생물과 같기 때문에 전체적으로 서로 관계를 맺고 거동한다는 사실이다. 도시 내에는 큰 장기도 있고 작은 장기도 있으며, 피를 나르는 혈관도 있고, 몸을 지탱하는 골격도 존재한다. 각각의 기관마다 그 역할이 있고 서로 영향을 주고받으면서 성장하고 쇠퇴한다.

좀 더 사실적인 예를 들어 보자. 서울시는 3개의 도심과 10여 개의 광역중심, 그 하위의 지역중심지들이 도시 전체를 지탱하는 구조를 갖추고 있다. 모든 도시 자본의 투입 밀도는 도심에서 시작해서 광역 도심을 따라 그 하위 도시위계지로 흐른다. 광복 이후 자주적인 도시계획을 시작한 이래로 대한민국의 모든 도시가 이와 유사한 방식으로 계획되고 성장해 왔다. 도시 내에 가장 밀도가 높은 상위 위계지를 설정하고 이런 위계지들을 잇는 도로와 철도를 개설해 나가는 방식으로 도시가 확장되어 갔다.

어느 도시이든 도심이 인구밀도와 유동량이 가장 높기 때문에 도심과 도심, 도심과 그 하위 도시거점들 간의 교통관계가 최우선으로 형성되고, 도심 주변으로 주거지가 형성되는 순리를 따르면서 도시가 확장되어 왔다. 그러므로 도시는 돌발적이고 우연적인 사건으로 급격하게 변하는 일이 거의 드물다.

지금 내가 살고 있는 지역이 갑자기 개발이 돼서 벼락부자가 되는 경우가 발생하더라도 엄밀히 따져 보면 그건 결코 운이 좋아서 그런 게 아니라 철저히 도시계획에 근거한 결과다. 상위 위계지로부터 파생된 도시의 흐름 가운데, 정부나 지자체의 의지에 따라 특정한 개발 흐름이 정해지고 내가 살고 있는 지역이 그 흐름의 축 위에 포함되어 있었기 때문에 자연스럽게 그 혜택을 본 것일 뿐이다. 따라서 거대한 유기체인 도시의 특정 지역에서 벌어지는 변화는 도시 내의 전체적 맥락과 변화 그리고 흐름을 파악할 때 비로소 감지할 수 있다.

하지만 이런 흐름이 모든 이의 눈에 다 잘 보일 리 없다. 뒤에서 언급할《도시·군 기본계획》이 그나마 도시에 관한 다양한 정보들을 친절하게 한 권의 책으로 제공하긴 하지만 각각의 챕터는 각 분야에 대한 전문적인 얘기를 할 뿐, 도시의 전체적인 흐름을 직접적으로 얘기해 주지는 않는다. 이런 흐름을 파악하기 위해서는 수많은 국토교통부 자료와 유관 정부기관에서 발간·공시하는 도시계획 도서 그리고 지자체별·광역시도별로 고시하는 지구단위계획, 심지어 지자체별 업무추진계획과 예산지출계획 등을 일일이 비교해 가며 검토해야 한다.

적어도 필자는 그런 방식으로 도시를 파악한다. 그렇다고 이 책을 집어 든 여러분에게 그런 힘든 길을 함께 걸어 보자고 요구하고 싶지는 않다. 그렇게까지는 아니더라도 최소한 독자들만의 방식을 구축할 수 있도록 도와주는 것이 이 책의 목적이다. 그럼 이제 실제로 이러한 분석 과정에 따라 어떻게 도시의 흐름을 파악하고 건물에 대한 투자로 이어지게 하는지를 알아보자.

08

부동산의 가치는
이미 정해져 있다

도시계획이 건축 자산에 영향을 준다

건물에 대한 이해에 앞서 먼저 건물이 속한 도시를 전체적으로 조망하고 그 흐름을 파악하는 것이 중요하다고 앞서 설명했다. 건물의 가치를 구성하는 요소는 비단 건축물의 계획적 가치나 대지의 여러 특징만으로 이루어지는 것이 아니다.

대지들의 군집인 블록, 그리고 블록과 블록이 모인 도시거점 혹은 용도지역, 그리고 그러한 도시거점이 구성하는 도시지역과 도시의 위계를 결정하는 광역권계획 및 이런 전국단위 개발위계를 결정하는 국토종합개발계획으로 인해 촘촘하게 영향을 받기 때문이다. 따라서 현명한 투자를 하기 위해서는 이처럼 확장된 범위에서 도시의 전체적 맥락을 이해하는 것에서부터 점차 좁혀 들어가면서 구체적 맥락의 이해로 이어지는 단계적 접근이 필요하다.

건물은 아무것도 없는 나대지에 아무렇게나 지어지는 것이 아니다. 상위 계획에서부터 필지의 구체적인 형상이 정해질 때까지 다양한 필요가 반영된 도시의 구조와 용도지역, 교통시설과 공원, 병원, 체육시설 등 도시계획시설의 필수 구성요소들이 더해져야 한다. 그다음, 세부적인 필지 형태가 정해지는 단계를 거치고 그것이 배분되어야만 비로소 건물이 지어지게 된다.

어찌 보면 건축가가 할 수 있는 일은 대단히 한정적인데, 이미 도시계획자가 정해 놓은 판과 법규의 테두리 안에서 건물을 설계하는 것에 불과하기 때문이다. 특정 건물이 왜 들어서게 되었는지를 종합적으로 이해하기 위해서는 필지가 구성된 블록과 그 상위 단계에서의 용도지역지구 설정, 도시 중심지 위계에 대한 이해로 거슬러 올라가야 한다.

가장 상위에 놓이게 되는 계획은 도시의 큰 방향성과 틀을 제시한다. 이는 도시계획상 가장 높은 위계에 속한다고 볼 수 있다. 상위 계획에서 한 번 정해진 방향성은 하위로 내려가면서 바뀌기가 어렵다. 하위 계획자는 상위 계획을 준용하고 계승할 의무가 있다. 그래야 일관성 있는 계획이 이루어질 수 있기 때문이다. 더욱이 이러한 각각의 단계적 도시계획은 결코 담당자가 자기 마음대로 만드는 것이 아니다. 관련 분야의 교수, 현업 전문가, 지역 주민이 포함된 포럼 및 계획안에 대한 주민 의견 수렴 및 공람 등 다수의 전문가 및 이해관계자들에 의한 공적인 검증이 수반된다. 이 때문에 위계가 높은 계획은 그 일관성이 비교적 잘 지켜지면서 하위로 내려오며 세분화되는 구조적 특징을 갖고 있다.

이러한 상위 계획이 완료되면 그보다 더 세부적인 하위 거점 단위의 상세한 도시선형계획이 이루어진다. 그다음에는 더 세분화된 섹터 내지 블록 단위 계획으로 확장되는데 이를 '지구단위계획' 혹은 '도시개발구역계획'이라고 부른다. 이런 단위 계획안에서 각 블록별 용적률과 건폐율, 최고 높이 등 도시의 규모와 밀도가 구체적으로 결정된다. 그러고 나서 블록 내부의 세부 필지가 형성되고, 건축가들이 이를 토대로 건물을 구체적으로 디자인하면 비로소 우리에게 건물자산으로 넘어오게 되는 것이다.

이러한 건물자산에 크게 영향을 주는 부분은 이미 도시계획에서 어느 정도 결정되는데 그 가운데 가장 중요한 요소는 바로 도시의 밀도, 즉 인구유동량이다. 이를 우리의 체험적인 관점에서 일컬을 때는 '도시 내 활기' 정도로 표현할 수 있다. '도시 내 활기'는 물론 도시계획적 요인 외에도 인위적이고도 문화적인 이벤트 요소에 의해 발생할 수 있다. 예컨대 특수한 문화시설이나 맛집 혹은 인플루언서와 관련된 특수한 사회현상에 의해 예측 불가능하게 발생되는 요소가 이에 해당한다.

하지만 대부분의 경우 이러한 도시의 활기는 도시계획 단계에서 이미 60% 이상 결정된다. 따라서 이러한 큰 틀에서 도시를 볼 수 있는 능력이 있는 사람들이라면 지구단위계획만 보더라도 대략 어느 지점이나 블록이 인구유동량이 높을지, 또는 어느 곳의 도시밀도와 가치가 높게 나타날지 금세 알아차릴 수 있다. 이런 곳이 도시 내에서 자본의 흐름이 몰려드는 1차적인 지점이 되기 때문에 도시계획을 읽는 법을 배우는 것은 부동산 투자를 공부하는 데 큰 도움이 된다.

거의 모든 데이터는 이미 공개되어 있다

우리나라는 명실상부 전 세계적으로 인정받는 디지털 강국이다. 특히 전자정부 서비스에 있어서만큼은 세계 최고라고 봐도 무방할 정도로 앞서 있다. 제대로 파고들어 본 사람들은 알겠지만 공공 데이터 측면에서는 거의 모든 정보가 대중에게 개방되어 있다고 해도 과언이 아니다.

불과 10년 전만 하더라도 특정 지역의 지구단위계획 결정도를 열람하려면 지자체 청사를 직접 방문해야 할 정도로 정보 공개가 불투명했었다. 하지만 지금은 시청이나 구청 홈페이지에 들어가기만 해도 거의 모든 자료의 열람이 가능하고 심지어 네이버에서 검색만 해도 어지간한 지구단위계획 결정도 정도는 쉽게 얻을 수 있을 정도로 정보에 대한 접근성이 개선되었다.

예전에는 정보가 제한적이었으므로 정보 취득 자체에 방점이 있었다면 최근에는 넘쳐나는 정보들 가운데 어떻게 인사이트를 얻을 것인지가 관건이 되었다. 예를 들면 특정 지구단위계획 결정도와 지구단위계획지침, 주요 교통 관련 도시계획시설 결정도, 지자체 업무계획서에 포함된 주요 도시계획시설의 규모와 준공 일정 등의 정보를 얻었다고 하더라도 각각의 데이터를 조합해서 용도에 맞게 분석한 2차 데이터를 도출할 수 있는 능력이 없다면 취득한 데이터는 무용한 것들이 된다.

그러므로 다양하게 생산되는 도시계획 관련 데이터를 수집하고 이를 볼 줄 아는 안목을 키운다면 큰 무기가 될 수 있다. 부동산을 필지 범위 내에 한정해 그 가치를 논하는 것은 1차원적이고 제한적인 분석에 불과하다. 이는 앞서 서술한 것처럼 부분적 이미지만 보고 전체적인 흐름을 유추하는 과오를 범하는 것과 같다. 하지만 도시계획을 위계에 따라 들여다보고 이해할 수 있게 되면 2차원적, 3차원적인 해석이 가능하고, 현재 필지에서 향후 도시 전체적으로 영향을 끼치게 될 요소들을 예측하여 선제적으로 대응할 수 있으므로 건물자산의 미래가치까지도 미리 내다볼 수 있게 된다.

뒤에서도 설명하겠지만 이러한 최상위 법정 도시계획과 하위 계획요소들이 잘 취합되어 있고 세부 내용을 상세하게 다루고 있는 책이 바로 지자체별로 발간하는《도시·군 기본계획》이다. 이것만 꼼꼼히 들여다봐도 비교적 쓸 만한 통찰력을 얻을 수 있다.

09

부동산의 가치를
숫자로 읽는 법

지역 선택을 위한 과정

부동산 공부를 시작할 때 가장 먼저 해야 할 것은 대상 지역에 대한 포괄적 이해라고 앞서 몇 차례 강조했다. 비단 부동산 매입을 위해서가 아니더라도 지역에 대한 공부는 다방면에서 여러모로 유용하다. 필자의 경우 서울시를 비롯한 전국의 모든 광역시와 인구 50만 이상 주요 대도시의 《도시기본계획》을 검토했고 현재도 계속해서 주요 도시들의 기본구조와 주요 개발 이슈들을 들여다보고 있으며, 이를 바탕으로 전국의 다양한 도시개발사업 관계자들과 관련 협업을 진행하고 있다.

이 책을 집어 든 당신의 연배가 어떻든 어떤 종류의 일을 하든 사회에서 만나는 사람들과의 대화에서 '부동산'이라는 주제는 적지 않은 부분을 차지할 것이다. 당신이 특정 지역에 대한 깊은 이해도를 갖고 있다면 어느 누구와 대화하더라도 쉽게 이야깃거리를 찾아낼 수 있고 손쉽게 대화를 풀어 갈 수 있으며 어느 대화에 끼든지 좋은 대우를 받을 수 있을 것이다. 지역에 대한 포괄적 이해는 도시계획적인 측면뿐 아니라 도시의 형성 과정과 경제구조, 인구 추이 등을 포함하기 때문에 대화의 주제를 끊임없이 확장해 나갈 수 있고, 당신의 입담과 인맥을 더욱더 풍요롭게 해 줄 것이다.

다시 본론으로 돌아와서 부동산 공부의 목적이 실제 사용할 건물을 매입하는 것이든 단순히 투자용 건물을 찾는 것이든, 우선은 지역 선택이 선행되어야 한다. 이를 위해서는 먼저 내가 알고자 하는 도시의《도시기본계획》부터 살펴봐야 한다.

《도시기본계획》은 5년 단위로 특별시, 광역시, 시 또는 군의 관할 구역에 대한 기본적인 도시 공간 구조와 장기적인 발전 방향을 제시하는 종합계획이다. 향후 도시의 목표를 제시하고 도시를 어느 정도까지 성장시킬 것인지, 어떤 산업을 중점적으로 육성할 것인지, 도시의 확장 범위를 어느 정도까지로 제한할 것인지 등을 포함하여 향후 20년의 계획을 담는다. 예를 들면 2023년에 고시된《2040 서울도시기본계획》은 2040년까지 서울 모든 도시의 방향성을 종합적으로 담고 있는 아주 중요한 책이다. 이 책만 제대로 이해한다면 적어도 서울시에 투자할 때 개발잠재력이 전혀 없고, 아무런 개발 여력이 없는 필지를 매입하는 엉뚱한 실수는 피할 수 있다.

만약 당신이 복수의 도시들 가운데 투자처를 고민하고 있다면 《도시기본계획》 전반부에서 다루는 도시의 현재 비전과 향후 인구계획, 그리고 신성장산업계획 등을 면밀히 살피고 전반적인 미래가치를 비교하여 투자할 도시를 선택할 수 있다. 이미 도시를 확정하고 구체적으로 복수의 거주지를 두고 투자처를 고민하고 있는 상황이라면 《도시기본계획》 중간 정도에 위치하는 '도시기본구상' 파트와 중후반에 수록되는 '도시인프라계획'을 유심히 비교해 보기 바란다.

또한 기존 도시구조에서 내가 눈여겨보고 있는 지역이 어떤 도시위계지의 영향을 받는지, 기존 도시구조와 비교했을 때 도시거점지 위계에 변동이 있는지 없는지, 새로 들어설 예정인 산업단지와 내가 놓치고 있던 신설 예정 교통인프라는 없는지 꼼꼼히 비교해 보아야 한다.

앞에서도 언급했지만 《도시기본계획》은 한 사람이 쓰는 책이 아니라 각 분야의 전문가들이 행정기관과 면밀히 협의해 가면서 써 놓은, 다양한 전문가들의 목소리가 녹아 들어간 매우 농축적인 책이므로 다른 여러 자료들을 찾는 수고를 덜어 준다.

이렇게 한 편의 교과서와 같은 《도시기본계획》을 마스터하고 나면 특별히 눈이 가는 지역들이 생길 것이고 고민의 범위를 좁혀 줄 것이다. 《도시기본계획》을 바탕으로 정량적으로 계산하여 지역을 선택하는 방법에 대해서는 다음 챕터에서 별도로 다루기로 한다.

필지와 건물 선택을 위한 과정

도시에 대한 전반적인 이해도가 높아지고, 선호하는 지역이 생기면 이제 해당 지역에서의 블록과 필지를 선택할 수 있다. 이 영역은 사실 도시계획과 건축계획의 중간 정도 단계라고 보면 된다. 이때부터는 소위 좌표라는 개념이 발생하는데 구체적 분석의 기점이 되는 W.P Work Point를 설정하고 이를 기준으로 수요와 관련된 주요 요소들의 성능 지표값을 측정한다.

이 단계에서는 먼저 내가 필요로 하는 건축물의 용도를 정해야하고 해당 건축물 간의 비교를 위한 수요요소를 선정한 후, 각 요소값의 가중치를 설정해야 한다. 이 작업이 끝나면 이제 구체적으로 건물별 측정값을 구하고 가중치 값을 곱한 합산값을 구한다. 이 작업에서 유효한 결과를 얻고자 한다면 전국에서 동일한 평가기준으로 얻은 샘플 데이터를 최소 50개 이상 확보하는 것이 필요하다.

예를 들면 지하철까지의 도보 접근성에 대해서 전국 50개의 샘플값을 구했을 때 최솟값이 30m, 최댓값이 2,030m라면 샘플의 구간값 범위는 최댓값에서 최솟값을 뺀 2,000m가 된다. 만약 이를 20개 구간으로 구분하고자 한다면 2,000m를 20으로 나눈 100m가 구간 단위값이 된다. 그러면 가장 성능값이 우수한 1등급은 30~129m, 2등급은 130~229m, 3등급은 230~329m (…) 20등급은 1,930~2,030m와 같은 식으로 구간값이 정해진다.

각 구간값별로 평가항목의 중요도에 따른 가중치가 적용된 점수를 부여하고 복수의 물건지를 측정하여 점수를 매긴다. 각 항목별 점수를 표로 정리하고 최하단은 합산값을 구하면 이 값 역시 최댓값과 최솟값을 구해서 구간별로 등급화할 수 있는데, 이렇게 도출된 각 건물별 점수와 등급을 비교하는 방식으로 투자 물건지를 1차적으로 선택할 수 있다.

아무리 좋은 건물이라도 가격이 본연의 값어치보다 과도하게 높게 책정됐다면 추후 가격 변동에 따른 손실을 볼 수도 있다. 따라서 우리가 최종적으로 해야 할 작업은 가성비 측정이다. 전국의 모든 용도별 건물은 저마다의 가격을 갖고 있고 이를 면적당 가격으로 환산할 수 있다. 먼저 산출했던 각 건물의 점수가 있으니 건물의 면적당 가격을 평가 점수로 나누면 점수당 가격이 나오는데 이 수치의 의미는 건물의 가치 1점을 얻기 위해 지불해야 하는 가격을 의미한다.

즉 A 건물의 점수당 면적 단가가 10만 원이고 B 건물은 5만 원이라면 A 건물이 B 건물보다 건물의 가치에 비해 가격이 더 높다는 것을 뜻한다. 이런 방식으로 건물 간의 가성비를 비교할 수 있을 뿐만 아니라, 분양 예정 건물의 경우에는 유사한 성능값을 가진 건물들 간의 시세와 비교해 보면서 향후 평당 가격이 어느 정도까지 상승할 수 있을지도 조심스레 예측해 볼 수 있다.

자, 이 정도면 전반적인 투자 설계도를 그려 볼 준비는 된 것 같다. 이제 좀 더 구체적으로 투자를 위한 도면을 그려 나가 보자.

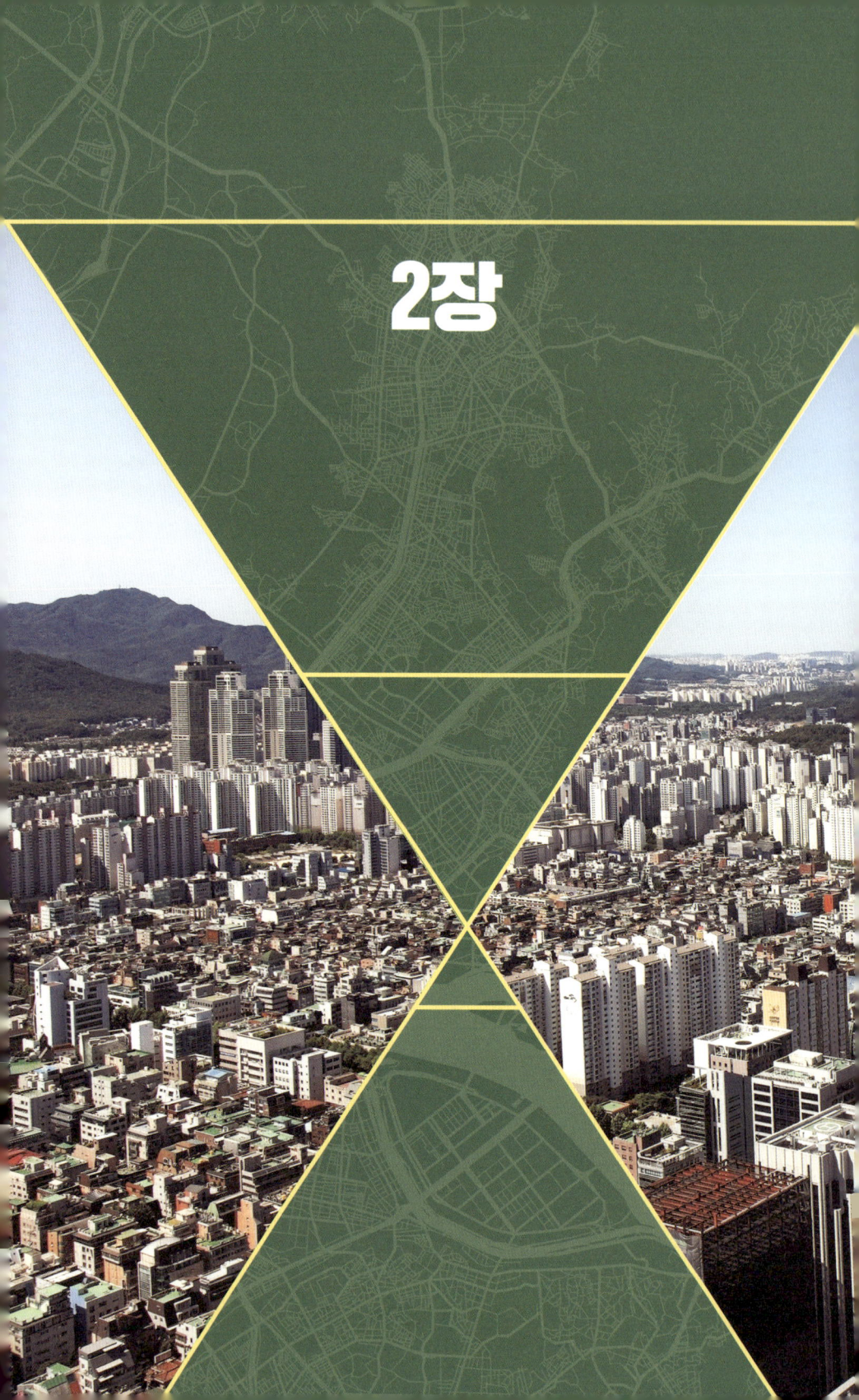

2장

도시는
부동산 가격에
어떤 영향을
줄까?

《도시기본계획》부터 펼쳐라

《도시기본계획》이란?

앞서 하나의 필지에 건물이 들어오기까지 여러 종류의 도시계획이 선행된다고 언급했다. 그림을 그리기 위해서 가장 먼저 구도를 잡아야 하고 그다음 개략적인 윤곽 스케치를 한다. 그리고 나서 세부적인 형상을 그리고 각 부분별로 채색한 후 최종적으로 세부적인 붓 터치로 보완하면 하나의 그림이 완성된다.

도시계획 역시 넓은 범위부터 시작해서 점차 좁은 범위로 계획을 구체화해 나간다. 상위 계획으로 올라갈수록 계획의 범위는 넓지만 내용은 구체적이지 않다. 반면 하위 계획으로 내려올수록 범위는 좁아지고 내용은 더 구체화된다. 이러한 계획적 위계 서열 가운데 중간 위치에 놓여 있는 것이 바로 《도시기본계획》이다.

《도시기본계획》의 정식 명칭은 《도시·군 기본계획》이며, '국토의 계획 및 이용에 관한 법률', 소위 국계법에 따라 그 필요성이 규정되어 있으며, 20년을 기준으로 작성하는 장기적인 계획이다. 《도시기본계획》 안에는 도시에 대한 지정학적, 역사적, 인문학적, 도시계획적인 설명과 함께 도시의 과거와 미래를 담고 있다. 그뿐만 아니라 도시의 형성 과정과 기본구조, 산업구조, 인구 추이 등을 면밀히 분석하면서 향후 도시가 성장하기 위해 지향해야 할 방향과 목표 그리고 도시계획적 해법을 제시한다.

《도시기본계획》은 각 지자체 홈페이지에 들어가서 검색창에 '도시기본계획'이라고 검색하거나 '고시 및 공고 게시판', 혹은 분야별 정보 메뉴 가운데 '도시계획과'의 내부 자료실이나 게시판에서 찾을 수 있다. 홈페이지에서 찾기가 어려울 경우 '정보공개청구'를 통해 자료를 받는 방법도 있는데, 생각보다 지자체의 대응이 빠른 편이므로 쉽게 받을 수 있다.

《도시기본계획》보다 상위에 있는 계획은 《도시광역계획》이다. 《도시광역계획》이 다루는 내용의 범위는 2개 이상의 도시로서 광역 단위 인프라 시설을 체계적으로 정비하기 위해 만들어진다. 물론 이 계획을 알고 있으면 모르는 것보다는 도움이 되겠지만 굳이 시간을 들여 가면서까지 따로 공부할 필요는 없다.

다만《도시기본계획》은 그 중요성을 몇 번이나 강조해도 지나치지 않다. 조금 더 상세한 실행계획을 알고 싶다면《도시·군 관리계획》을 보는 방법도 추천한다.《도시기본계획》이 전략계획 Strategic Planning이라면《도시·군 관리계획》은 실행계획 Action Planning 으로 이 둘은 형제관계 정도로 볼 수 있다.

예를 들면《도시기본계획》에서 어떤 특정한 비도시화 지역을 도시 지역으로 편입하기로 했다고 가정해 보자.《도시기본계획》에서는 지역이나 필지를 특정하지 않고 단순히 특정 생활권역 내에서 면적만을 적시하는 수준으로 계획을 제시하며, 그 면적에 준하는 도시화 예정 지역은《도시관리계획》에서 구체적인 위치와 면적을 특정한다. 우선 행정상 필요한 전략을 수립하는 것이《도시기본계획》이라면 그에 따른 후속 조치로 구체적 실행 내용과 방법을 담고 있는 것이 바로《도시관리계획》인 셈이다.

따라서 먼저《도시기본계획》을 충실히 익힌 다음, 세부적인 내용을 참고할 필요가 있다고 여겨진다면《도시관리계획》을 참고하면 된다. 이 책에서는《도시관리계획》에 대한 부분은 별도로 다루지 않고,《도시기본계획》에 대한 내용만을 충실히 다루어 보려 한다. 나중에 기회가 된다면 추가적으로《도시관리계획》역시 다루어 볼 예정이다.

《도시기본계획》은 최소 400페이지에서 많게는 600페이지가 넘는 두꺼운 책으로 방대한 정보를 담고 있다. 이 책이 이렇게 두껍게 작성된 이유는 도시를 운영하는 데 필요한 제반 분야에 대해서, 주요 시정 부처 및 민관의 모든 실행처가 업무에 참고할 수 있는 기본 지침과 내용을 모두 담고 있기 때문이다. 따라서 모든 내용을 이해하려고 할 필요가 없으며 단지 부동산을 분석하는 데 필요한 정보만을 적절히 취사선택해서 본다면 그것으로 충분하다.

《도시기본계획》은 주로 건축사사무소나 도시엔지니어링사무소에서 작성하지만 도시 내 모든 분야의 정보를 총망라하기 때문에 상위 계획 분석을 포함하여, 각 분야 전문가와 부처별 실무 담당자들이 치열하게 연구하고 협의하여 정리한 내용을 담고 있다. 오케스트라에 비유하자면 연주에 참여하는 모든 악기의 악보를 하나로 모은 지휘자용 '풀스코어Full Score'가 있는 것처럼 도시를 구성하는 다양한 인프라 요소들이 질서 정연하게 배열된 모습을 한눈에 볼 수 있게 만든 도시계획 버전 풀스코어가 바로 《도시기본계획》이라고 생각하면 된다.

또한 《도시기본계획》은 관할 지자체에 소속된 수많은 분야별 전문가들이 검토한 내용을 요약 정리하여 그 농축액만을 담아 낸 것이다. 만약 이 안에 포함된 주요 정보들을 개인이 일일이 조사하고 연구하여 검증하고 취합하려면 개인 역량에 따라 다르겠지만 적게는 수년, 많게는 수십 년이 걸릴지도 모른다. 심지어 대부분의 비전문가들은 시간을 아무리 들여도 만들어 낼 수조차 없다. 따라서 《도시기본계획》은 우리의 손품을 덜어 주는 고마운 존재이자 훌륭한 보물이다.

《도시기본계획》을 구성하는 수많은 챕터 가운데 꼭 봐야 할 부분만 추려 보면 다음과 같다.

도시의 형성 과정 / 도시기본구조 / 도시발전축의 설정 / 인구 현황 및 인구배분계획 / 신규 산업육성계획 / 생활권계획 / 신설 교통인프라계획 / 도시확장계획(시가화 예정 용지) / 도시재생사업계획

이는 《도시기본계획》에 공통적으로 들어가는 항목들 중 가장 핵심이 되는 것들만 뽑아 놓은 것이다. 지자체별로 《도시기본계획》의 목차와 구성, 순서는 모두 상이하므로 위에 언급한 항목과 제목이 유사하거나 내용이 일치하는 것 위주로 찾아서 들여다보길 추천한다. 만약 그래도 잘 모르겠다면 필자가 운영하는 〈부동산공학〉 채널에서 발행하는 '이곳을 주목하라' 콘텐츠를 시청하면 도움을 받을 수 있다.

우리가 《도시기본계획》을 공부해야 하는 가장 큰 이유는 도시를 이해하기 위해서다. 먼저 이 도시가 어떻게 형성되었는지를 알아야 그 근본적인 특성을 이해할 수 있고, 또 앞으로 어떤 식으로 도시 확장이 전개될 것인지 또는 도시발전축의 중심이 어떻게 바

뮐 것인지를 예측할 수 있다.

예를 들어 여기에 큰 나무가 한 그루 있다고 하자. 이 나무가 앞으로 계속해서 잘 자랄지, 어느 정도까지 자랄지 예측하기 위해서는 나무의 뿌리가 어떤 방식으로, 어느 정도 깊이까지 내려가 있는지, 또 실뿌리가 얼마나 풍성한지를 살펴야 한다. 도시의 경우도 마찬가지다. 《도시기본계획》에 대한 이해는 미래의 도시 모습을 예측하기 위한 중요한 지표가 된다.

물론 도시에 대한 전반적인 이해가 선행되지 않은 상태에서도 주요 세부 계획들을 살펴볼 수는 있다. 하지만 그런 것들만 선택적으로 본다면 단기적인 얕은 정보는 얻을 수 있을지 모르겠으나 도시에 대한 깊이 있는 통찰을 얻기는 어렵다. 예를 들면 이미 계획이 나와 있는 신설 도시철도계획과 주요 역사의 위치는 조금만 손품을 팔아도 쉽게 알 수 있다. 하지만 지하철 노선이 왜 이 지역으로 들어올 수밖에 없었는지, 도시 형성 과정과 관련하여 어떠한 사회적 요구가 있었는지 그 연결관계까지 이해한다면 지면에 나타나 있는 정보를 뛰어넘는, 그다음 단계에 대한 가능성까지도 유추할 수 있는 통찰력을 얻을 수 있게 될 것이다.

02

인구 변화는
가장 확실한 신호다

도시 유형을 살펴라

　도시를 살펴볼 때 가장 먼저 파악해야 하는 것은 이 도시가 앞으로 인구가 급격하게 늘어날 신흥 도시인지, 아니면 인구증가가 점차 둔화되는, 다시 말해서 확장 가능성이 없는 정체된 도시인지 여부를 파악하는 것이다. 일반적으로《도시기본계획》에서는 지역의 특성과 현황을 다루는 챕터에서 도시의 유형을 정의하는 경우가 많은데, 특히 이 장을 주의 깊게 살펴볼 필요가 있다.

　'도시·군 기본계획 수립 지침'에 따르면 도시의 유형은 성장 패턴에 따라 '성장형 도시'와 '성숙·안정형 도시' 크게 2가지로 구분한다. 이를 나누는 기준은 계획 수립 기준 연도부터 직전 3년간 주민등록인구, 산업 및 고용 증가율 그리고 주간활동인구 등이 지속적으로 증가했거나 향후 3년간 증가가 예상되는 경우다. 여기에 해당하는 도시는 계속해서 몸집을 키울 것이라고 판단되므로 '성장형 도시'로 규정한다. 반면 상기 항목 지표들이 3년간 지속적으로 증가하지 않았거나 향후 3년간에도 증가할 기미가 보이지 않을 경우는 '성숙·안정형 도시'로 규정한다.

먼저 '성장형 도시'로 규정하고 있는 도시는 산업구조상 미래가 유망한 산업체가 유입될 예정으로 국가에서 산업특구를 지정한 경우, 국가가 전략적으로 진흥하고 있는 산업구조를 갖고 있는 경우, 혹은 국토부에서 전략적으로 개발하는 신도시가 예정된 경우로서 지속적인 인구 유입이 기대되며 이에 따라 주거, 업무, 상업시설에 대한 잠재적인 수요가 높다는 특징을 갖고 있다.

그러므로 '성장형 도시'에서의 투자처를 물색할 때는 신규 산업단지계획, 택지개발지구 혹은 도시개발사업구역이 어디인지를 살펴야 한다. 아직까지 구체적인 택지개발지구나 도시개발사업구역이 특정되지 않은 경우라면 산업단지가 들어올 입지조건을 가진 곳을 주목해야 한다. 또한 도시 전체적으로 이미 개발이 진행된 곳보다는 지리적으로 평지면서 도로나 철도인프라가 가까이 있어 확장이 용이하고 기존 도시구역보다는 상대적으로 개발이 덜 된 지역을 살펴보아야 한다.

그에 비해 '성숙·안정형 도시'로 규정된 지역은 도시 내 산업구조가 이미 성숙된 상태로 새로운 산업단지가 들어올 가능성이 낮고 이미 고도로 발달된 도시구조를 가진 곳이다. 그러므로 새로운 개발 지역이 어디가 될지를 예측하기보다 기존 원도심의 도시재생사업이 어떻게 전개될 것인지를 살펴야 한다.

앞으로 대한민국의 인구는 감소세가 더욱 심화될 것이기 때문에 전체적으로 '성장형 도시'보다는 '성숙·안정형 도시'들이 많아질 것이다. 특히 도시가 형성된 지 오래된 곳일수록 이러한 구도심 지역의 낙후가 심화되는 경우가 많은데, 이런 성격의 도시는 개발 비용이 상대적으로 적게 들어가는 '콤팩트시티Compact city'를 지향하게 된다.

'콤팩트시티'란 이미 도시화가 많이 진행된 선진 도시들이 도시를 더 확장하기보다 기존에 잘 형성된 도시구조와 교통인프라를 활용하여 주요 역세권의 용도지역 기준과 건축 제한을 완화해서 복합 고밀도로 개발하는 트렌드를 말한다. 현재 서울특별시를 필두로 국내 주요 수부도시Metropolitan city 혹은 Principal city들이 기본적으로 이 방침을 채택하고 있는 추세다.

이런 '콤팩트시티' 개발 후보 지역들은 도시 내에서 유동인구가 가장 많은 지역, 즉 교통인프라가 집중되어 있는 곳인 경우가 대부분인데, 특히 '복합환승센터' 및 '복합개발사업'이 예정된 곳을 주목해야 한다. 복합환승센터 및 복합개발사업은 기존에 집중된 교통인프라 시설에서 발생하는 유동인구에 대응하여 업무, 상업, 주거시설을 공급하여 고밀도로, 수직적인 형태로 개발되기 때문에 개발잠재력이 매우 높다.

생활권별 상대적 인구증가율을 보라

앞서 언급한 것처럼 투자하려는 도시가 전체적으로 인구가 증가하는 '성장형 도시'라면 그 도시는 인구가 증가하면서 활기를 띨 가능성이 높다. 하지만 '성장형 도시'로 분류되었다고 하더라도 행정구역 내 모든 생활권과 행정동의 인구가 증가하는 것은 아니다.

도시 내 인구가 증가하는 원인은 크게 자연적 증가와 사회적 증가로 나뉘는데, 자연적 증가는 전 국토에 걸쳐 동일한 흐름으로 적용되는 국가적 출생률 추이에 따른 것이기 때문에 행정구역별로 크게 차이가 나지 않는다.

하지만 사회적 증가는 다르다. 그야말로 사회적인 요인, 예를 들면 신규 산업단지의 개발로 인해 외부 지역으로부터 인구가 유입되거나, 대규모 택지개발사업이나 도시개발사업으로 인해 신도시가 계획되면서 인구가 대규모로 늘어나는 경우다. 따라서《도시기본계획》에서는 이러한 인구 유입이 예상되는 택지개발지구나 도시개발사업지구별 사업 규모에 따른 가구 수를 추정하고 이에 따른 예상 인구를 산출하여 생활권별 인구증가계획을 설정한다.

각 생활권별, 연도별로 증가되는 인구가 산출되면 여기에 자연적 인구증가를 합산하여 도시 전체적인 인구 추이 표를 산출하게 된다. 따라서 우리가 인구증가계획을 볼 때는 이러한 '사회적 인구증가'와 관련된 지표 위주로 살피되 특별히 인구증가량이나 증가율이 높게 나타나는 생활권이 어디인지를 살펴봐야 한다.

《도시기본계획》 대부분은 이러한 인구 예측과 관련한 내용을 '인구배분계획'이라는 챕터로 구분하여 저술한다. 친절한 지자체의 경우, 생활권별 혹은 도시거점 단위 기준으로 연도별 인구 상승 규모와 증가 계획을 자세히 기술한다. 하지만 데이터를 구체적으로 제시하지 않고 인구계획 자체를 생활권별로 구분하지도 않는 지자체도 간혹 있는데, 이런 경우는 보고서 내에 포함된 예정 택지개발지구나 도시개발사업구역의 규모를 살피고 예상되는 유입 인구를 계산해 볼 수 있다.

만약 각 개발지구와 사업구역의 총계획인구수가 제시되어 있다면 좋겠지만 그렇지 않고 세대 수만 나와 있다면 《도시기본계획》 앞부분에 있는 '도시 내 인구 현황' 챕터에서 해당 도시의 평균적인 세대당 인구 데이터를 참고하여 계획 세대 수에 세대당 인구수를 곱하는 방식으로 개발지구와 사업구역 내 인구를 예측할 수 있다. 만약 세대당 인구 데이터가 없다면 통상적으로 계획 세대 수에 2.3~2.4명 정도를 곱하면 된다. 이는 지난 10년간 주요 택지개발사업지구나 도시개발사업구역에 적용된 세대당 평균 인원수 데이터에서 추출한 것이다.

최악의 경우는 이런 전체적인 인구증가율이 연도별 목표치로만 제시되고 전혀 세부적으로 구분되어 있지 않은 경우다. 이때는 좀 수고스럽지만 해당 지자체 홈페이지의 도시계획 분과에 들어가 현재 추진 중인 지구단위계획구역이나 도시개발사업구역 현황을 찾아보고 도시의 규모를 조사하여 주소지와 생활권을 일일이 비교해 맞춰 가며 인구증가계획표를 직접 작성해야 한다. 시간이 상당히 소요되긴 하겠지만 도시에 대한 이해도를 높여 주기 때문에 나름 유의미한 작업이라고 볼 수 있다.

도시 전체의 인구증가 추세와 상관없이 세부 지역별 인구의 증감 추이는 전혀 다른 양상으로 나타날 수 있다. 분명히 동일한 권역인데도 불구하고 어떤 생활권역은 인구가 증가함에 따라 주택 수요가 증가하지만, 또 어떤 권역은 인구가 보합保合하거나 심지어 자연적으로 감소하는 곳도 있을 수 있다.

세부 권역별 인구의 증감 추이를 분석할 때는 절대적인 인구증가량과 상대적인 인구증가율 두 지표를 모두 봐야 한다. 만약 이미 인구가 대단히 많은 도심지의 경우, 인구가 늘어나도 증가율 자체는 상대적으로 낮게 나타날 수 있는 반면, 완전히 새롭게 발생하는 도시거점의 경우, 기존 인구수가 적더라도 인구가 조금만 늘어도 증가율은 상대적으로 높게 나타나기 때문이다. 따라서 세부 권역별 인구 증감 추세를 정확하게 분석하기 위해서는 앞의 두 요소를 적절히 감안하여 보정하는 작업이 필요하다. 예를 들면 절대인구증가량과 상대적 인구증가율을 각각 구간별로 나눠 등급을 정한 다음, 평균적인 등급을 바탕으로 도시의 인구 추이를 정의 내리는 것이다. 이 부분에 대해서는 뒤에서 조금 더 자세히 알아 보자.

도시가 뻗어 나가는 방향을 주목하라

도시의 형성 과정이 중요한 이유

《도시기본계획》을 구성하는 많은 항목들 가운데 '도시의 지역적 현황 및 특성'이 있다. 이 챕터에서는 특별히 도시의 역사, 인문, 자연, 사회와 관련된 폭넓은 분야를 다룬다. 부동산과 관련하여 인사이트를 얻기 위해 굳이 이런 것까지 봐야 하느냐고 말할지 모르지만 시간이 된다면 소설책 읽듯이 찬찬히 읽어 보길 추천한다.

물론 신라시대부터 고려시대를 거쳐 조선시대와 근대에 이르기까지 바뀌어 온 도시 호칭이나 관할 구역의 변천에 대한 정보는 그다지 흥미롭지 않을 수 있다. 다만 일제강점기 이후부터 우리나라가 본격적으로 산업화시대를 거치게 되는 시기의 역사적 기록은 꼭 알아 둘 필요가 있다.

왜냐하면 현재 존재하는 대부분의 도시들은 당시에는 도시라고 하기 미흡한 수준이었지만 산업화가 본격적으로 진행되고 소위 '도시계획'이라는 것이 적용되면서부터 현재의 체계화된 계획적 도시로 발전되었기 때문이다. 특히 도시의 형성 과정 혹은 확장 과정이 연대기별로 정리되어 있는 부분을 발견할 수 있는데, 도시의 최초 시작점이 어디이며 어떤 계기로 형성되었는지를 파악하는 것이 중요하다.

예를 들면 천안시나 평택시같이 경부선 철도 역사가 중심이 되어 상권이 형성되면서 발달된 도시가 있는가 하면, 성남시나 고양시처럼 대규모 택지개발지구가 들어서면서 도시로 형성된 곳도 있고, 안산시처럼 국가산업공단이 들어서면서 배후도시*로 계획되어 형성된 경우도 있다.

이런 도시마다의 태생적 특성에 따라 최초로 발생된 도심의 위치는 지리적으로 도시의 중심 지점이 되기도 하고, 때로는 인접 도시와의 관계나 도시 형성에 지대한 영향을 끼친 인프라 요소의 위치 때문에 더러 도시 중심이 아닌 한쪽 방향에 편중되어 형성되는 경우도 있다. 이러한 도심은 시간이 지날수록 점차 그 위세가

* 산업단지 및 공업단지 등의 특성화 지역이 제 기능을 수행할 수 있도록 그 주변에 위치하여 주거·상업·문화·교육·의료시설 따위를 갖추고 있는 도시.

강화되어 기능이 공고해지는 경우가 많다. 하지만 반대로 국가적인 산업정책, 광역철도나 고속도로의 신규 건설 그리고 주변 도시의 발전 방향에 영향을 받아 도시의 확장 방향성이 변하고 그 위세가 약해지거나 심지어 새로운 도심이 출연하면서 도심이 2개로 나눠지기도 한다.

여기에서 중요하게 봐야 할 부분은 바로 인구증가로 인한 도시의 팽창 여부다. 산업이 쇠퇴하고 인구가 줄어드는 도시는 확장 여력이 없기 때문에 신규 투자처 후보지로 적절치 않을 수 있다. 새로운 도시거점이 발생하고 인프라가 증설될 수 있는 것은 바로 산업이 확장되고 인구가 늘어나기 때문이다.

따라서 중요한 것은 먼저 이 도시가 확장될 여력을 갖고 있는가를 파악하는 것이고, 그다음으로는 만약 확장된다면 어느 방향으로 뻗어 나갈 것인가를 파악하는 것이다. 도시의 태생부터 현재까지 주요 기점별로 영향을 미쳤던 사건들을 종합적으로 따져 봄으로써 도시가 확장되었던 이유를 찾을 수 있고, 가까운 미래의 확장 방향성도 조심스레 예측해 볼 수 있을 것이다.

예를 들면 성남시의 원도심은 1960년대 말 당시 서울시로의 출퇴근이 용이했던 지금의 중원구 쪽에 주택조성단지가 들어서면서 만들어졌지만 이후 1989년 분당 택지개발지구가 조성되면서 도심이 분당구 쪽으로 이동하게 된다. 뒤이어 2001년 판교 택지개발지구까지 들어서게 되면서 도시의 무게중심은 지정학적으로 완전히 현재의 도시 중심부로 이동했다.

만약 1960년대 당시, 성남시가 폭발적으로 늘어나는 서울시의 인구를 흡수하는 역할을 하게 될 운명을 예측하는 도시계획적 통찰력이 있었다면 어땠을까? 그 경우 북쪽으로 치우친 원도심이 아니라 당시 개발제한구역으로 지정되어 있던 남부에 위치한 분당과 중앙부에 위치한 판교 쪽이 개발될 수밖에 없다는 것도 예측할 수 있었을 것이다.

평택의 경우도 마찬가지다. 평택은 1900년대 초반 일제의 농업 수탈을 위한 철도 노선 부설에 따라 평택역을 중심으로 원도심이 형성되었고 1950년대 이후 한국전쟁으로 인해 미군기지가 들어서면서 평택역을 중심으로 한 원도심 기능이 강화되었다. 이후 평택항의 물류 소화력과 서울로의 접근성 등이 고려된 삼성전자의 대규모 반도체 공장 투자로 인해 지금의 고덕신도시 쪽이 새롭게 형성되었다.

만약 드넓은 평택시의 지정학적 여건을 볼 때 모든 경제적, 행정적 자원이 지나치게 동남쪽에 편중되어 있던 구도심의 역할이 언젠가 북서쪽으로 이동하는 도시적 요구가 있을 것임을 미리 읽을 수 있었다면 당연히 투자로 큰돈을 벌 수 있었을 것이다. 그뿐만 아니라 이후 평택은 기존 도심을 포함하여 송탄과 고덕신도시를 아우르는 선형의 복합도심 형태로 동쪽이 폭넓게 개발된 반면, 평택항을 중심으로 하는 서쪽은 물류인프라를 제외하고는 그다지 많이 개발되지 못했다. 따라서 장기적으로는 서쪽으로의 인프라 증설이 예상되므로 도시 영역 확장의 방향성이 동쪽에서 서쪽으로 진행될 것이라는 것을 예측할 수 있었다.

이렇게 도시의 태생적 히스토리와 지리적인 여건 등을 종합적으로 살펴보면, 도시의 성격을 파악할 수 있고 향후 가까운 미래에 어떤 방향성을 갖고 확장될 것인지를 예측할 수 있다. 많이 알면 알수록 선택을 위한 경우의 수는 줄어든다. 그러므로 최대한 자세하고 치밀하게 도시에 대해서 깊이 있게 알아볼 필요가 있다.

역사와 지리, 그리고 인문학 공부는 얼핏 보면 부동산 투자와 무관한 것 같다. 하지만 모두가 뻔히 예상할 수 있는 그저 그런 얘기들을 하고 있을 때 남다른 날카로운 통찰력을 발휘하는 사람이 되고자 한다면 도시에 대한 역사적 배경지식을 추구하는 데 시간을 아낌없이 투자하는 것이 좋다.

구도심 vs 신도심, 어디를 택해야 할까?

만약 새로운 기업체의 투자나 국가 정책에 따른 신도시 건설 등으로 인해 기존의 원도심이 아닌 새로운 길목에 거점지가 조성된다면 이는 무조건 호재이고, 그러므로 해당 지역의 필지를 빠르게 선점하는 것이 반드시 유리할까? 꼭 그렇다고 볼 수만은 없다.

도시는 공장에서 제품을 찍어 내듯이 뚝딱 만들어지지 않는다. 20층 규모의 아파트 단지를 건축하는 데에만 (물론 규모와 계획, 공법에 따라 다르겠지만) 최소 3년 이상의 시간이 걸린다. 하지만 도시의 건설 프로세스 중에서 아파트를 비롯한 분양형 건물이 들어서는 것은 도시 전체적인 맥락에서 보면 극히 일부에 불과하고 도시 조성 타임라인상으로 보더라도 이는 가장 후반부의 공정이다.

하나의 도시가 형성되는 과정은 대단히 큰 인내를 요한다. 먼저 도시가 들어선다는 정부의 발표가 있은 다음, 도시 조성에 필요한 기본적인 인프라 시설이 갖춰져야 하고 토지 조성 작업이 각 구획별로 마무리가 되어야 하는데 이런 작업만 하더라도 최소 5년 이상이 걸린다. 게다가 사업구역별로 입찰과 사업자 선정에 걸리는 기간 및 건설 공사 기간이 전부 다르기 때문에 도시가 제 기능을 하고 또 계획된 가구 수가 어느 정도 채워지는 데까지는 최소 10년에서 15년 혹은 20년까지도 걸린다. 사람이 만드는 상품 중에서도 도시는 단연코 제작 기간이 가장 길다.

이렇게 조성하는 데 긴 시간이 걸리는 도시적 특징에 따라 특정 도시에 대한 투자는 2가지 선택지로 나눌 수 있는데, 하나는 이미 개발된 완숙한 도심 지역에 대한 투자이며 다른 하나는 도시 확장으로 인해 새롭게 발전할 가능성이 있는 도시거점지에 대한 투자다.

도시는 처음에는 개발이 상대적으로 용이한 거점, 즉 기존 교통 인프라에 연결이 용이한 지점 중심으로 급격히 개발이 진행된다. 그러다가 점차 상대적으로 낙후된 지역 주민들이 지역균형발전을 요구하는 목소리가 커지게 되고, 이에 따라 인프라가 확장해 가며 점차 낙후 지역으로 개발 여력이 확장된다. 다만 이미 개발이 진행된 곳의 경우, 인구 감소로 인한 '콤팩트시티' 기조와 맞물려 점차 고밀도로 개발되므로 이미 오른 지가가 더 가파르게 오르는 양상을 보이게 된다. 그에 비해 상대적으로 낙후된 지역 가운데 신생 거점지로 설정된 곳은 특화 산업을 중심으로 새롭게 도시화가 진행되므로 기존 지가 대비 상대적으로 높은 지가 상승률이 나타나게 된다.

다시 말해서 기존 원도심의 고밀개발지역은 이미 지가가 오를 대로 오른 상황에서 용적률 증가 등으로 인해 추가적인 가치 상승이 발생하기 때문에 투자 가성비는 낮지만 개발 기간이 상대적으로 짧아 환급성이 뛰어나다. 반면 새롭게 도시 확장이 일어나는 지역은 원래 지가가 낮았기 때문에 개발로 인한 부가가치는 높지만 도시개발 기간이 상대적으로 길기 때문에 투자 환급성은 상대적으로 떨어질 수밖에 없다는 것이다.

따라서 현재 본인의 자금 사정과 원하는 수익 회수 기간 등을 고려하여 환급성이 상대적으로 좋은 원도심에 투자할지 아니면 가성비가 좋은 신생 도시거점지에 투자할 것인지를 면밀히 살핀 다음 자신에게 맞는 투자처를 택해야 한다.

04

도시는 정해진 틀 안에서 움직인다

태생적으로 결정되는 도시거점의 위계 신분

국토는 균형 있게 개발되어야 한다. 국토 어느 영역에 살든 모두가 평등하게 편리한 삶을 살 권리가 있다. 하지만 아이러니하게도 국토의 개발은 평등할 수 없다. 도시개발에 있어 빈부격차는 대한민국에 분명히 존재한다. 이것은 국토 개발을 위해 투입할 수 있는 자원이 한정되어 있기 때문이며 자본 투입 대비 발생될 효과가 클 것으로 예상되는 지역적 우선순위에 따라 인프라 투자의 순서와 양이 정해지기 때문이다.

당장 지방과 수도권만 비교해 봐도 이 점을 알 수 있고, 심지어 수도권과 서울시를 비교해 보더라도 개발상의 위계 서열과 그 차이로 인한 빈부의 격차가 존재한다는 사실을 분명하게 확인할 수 있다. 이러한 원리는 큰 범주인《국토개발계획》이나《광역권계획》뿐 아니라《도시기본계획》에서도 동일하게 적용된다.

도시 내에는 먼저 우선적으로 개발해야 할 지역과 차순위로 개발해야 할 지역이 분명히 존재한다. 도시 내 인프라 시설의 구축과 증설을 위한 자본을 투입하기 위한 우선순위는 기본적으로 도시의 기본구조를 따른다. 도시별 기본구조는 도시의 뼈대Structure이며 가장 중심이 되는 핵Core에서부터 2차 중심지인 부도심Sub-core, 그리고 그 이하 거점 위계지들이 촘촘하게 도시를 떠받치는 형태의 프레임으로 구성되어 있다.

도시 프레임을 구성하는 가장 최상위 거점지역을 '도심'이라고 부른다. 도심은 '핵'이라고도 하며 도시에서 가장 중추적인 역할을 하는 곳이다. 이러한 도시의 핵은 인구밀도와 교통인프라 집적도, 그리고 '국토의 계획 및 이용에 관한 법률'에 따라 용도지역상 허용하는 용적률이 가장 높은 지역이다. 이러한 도심을 일컫는 또 다른 용어로는 CBDCentral Business District, 중심업무지구가 있는데, CBD는 교통이 편리하고 허용용적률이 높기 때문에 기업활동이 용이하다. 따라서 도시를 지탱하는 대부분의 주요 기업체들의 사옥이 밀집된 지역이기도 하다.

CBD는 기업체의 수와 유동인구가 가장 많은 곳이기 때문에 기업활동과 상업활동으로 인한 부가가치가 가장 많이 발생되는 지역이기도 하다. 따라서 도시 전체적으로는 인프라 시설의 개발 및 증설의 필요성이 대두된 경우, 즉 인구증가로 인한 내외부적인 필요조건이 발생된 경우 최우선적으로 도심을 먼저 고려하게 된다. 서울에 정차하는 GTX 주요 역사들이 도심에 위치한다는 사실이 이를 방증한다.

더구나 대한민국처럼 점차 인구가 감소하는 추세에 있는 경우, 도시 거주민을 위한 새로운 도시거점의 확대를 위해 새롭게 도로와 철도, 도시 구획을 증설하는 비용보다 기존 도시 인프라 시설을 활용하고 그 밀도를 수직적으로 증가시키는 이른바 '콤팩트시티'를 지향하는 것이 비용적인 측면에서 훨씬 유리하다. 그러므로 기존의 도심을 위시한 도시 중심 거점의 중요성은 더욱더 힘을 얻게 될 것이다.

이러한 주장을 뒷받침하는 실질적 예로 서울시에서 정책적으로 추진되고 있는 '역세권활성화사업'을 들 수 있다. 역세권활성화사업은 서울시에 조성된 300여 개에 달하는 지하철역을 중심으로 직각거리 350m 이내에 걸쳐 있는 일단의 토지구역 용도지역을 상향해 개발 가능한 용적률을 늘려 도시개발밀도를 획기적으로 증가시키는 개발지원정책이다. 이러한 사업 역시 드넓은 서울의 행정구역 안에서 도시밀도 상승에 따른 인프라 지원의 우선순위가 어떠한지를 단적으로 보여준다.

그림 2 서울시 역세권활성화사업의 가능 범위

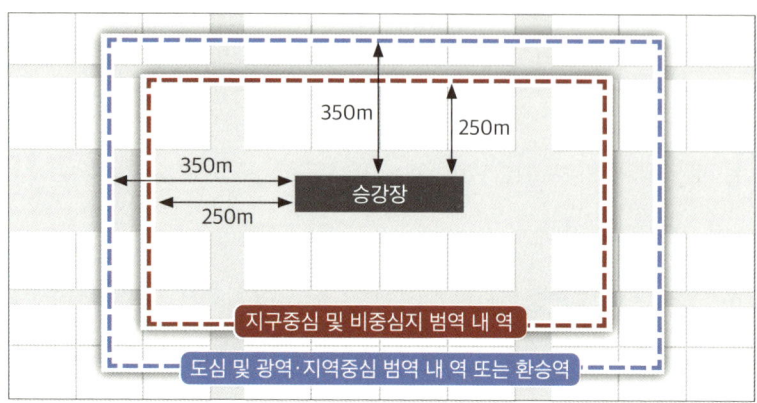

350m

250m

350m

250m

승강장

지구중심 및 비중심지 범역 내 역

도심 및 광역·지역중심 범역 내 역 또는 환승역

출처: 《서울특별시 역세권활성화사업 운영 기준》 2023년 6월 26일 개정판

서울시는 지난 1990년 1,096만 명을 정점으로 현재까지 매년 인구가 감소하고 있는 대표적인 '성숙·안정형 도시'다. 따라서 서울시도 새로운 도시거점을 확장하기보다는 기존에 개발되고 보급된 인프라를 최대한 활용하고 도시밀도를 수직적으로 확장하는 콤팩트시티를 지향하고 있다.

이에 따라 서울시는 앞으로 점차 도시밀도 상승 측면에서 빈익빈 부익부 현상을 더 크게 겪게 될 것이다. 즉 이미 개발된 곳의 밀도는 더욱더 상승할 것이고, 그에 비해 상대적으로 인프라가 부족한 지역은 현재보다 밀도가 증가할 가능성이 적다는 말이 된다. 도시밀도가 증가하지 않으면 토지의 가치는 오르지 않거나 오르더라도 다른 지역에 비해서 그 폭이 상대적으로 작을 수밖에 없다.

신분 상승? 도시위계가 변화하다

앞서 살펴본 도시를 지탱하는 기본구조 체계인 '도심-부도심-지역중심'의 위계는 일반적으로는 변화 가능성이 낮지만 간혹 위계가 바뀌는 경우도 나타난다.

인천광역시의 경우《2040년 인천도시기본계획》보고서에서 제시하는 바에 따르면 기존 계획상 도심으로 설정되어 있던 청라와 가정이 청라-부도심과 가정-지역중심으로 1~2단계 격하된 것을 예로 들 수 있다. 부산광역시의 경우에는 오히려 기존에 연계거점(낮은 위계)이던 하단, 사상, 덕천, 기장이 모두 도심으로 격상되었다. 이러한 도시위계의 변화는 도시발전축 설정에 따라 거점의 중요도가 전략적으로 바뀜에 따라 발생하고, 또한 새롭게 부상하는 도시거점으로 인해 오히려 쇠퇴하는 도시거점도 생기게 된다.

중요한 것은 이러한 도시위계와 질서가 재편된다 하더라도 실제로 우리가 도시밀도의 변화를 체감하는 데까지는 상당한 시간이 걸린다는 사실이다. 따라서 우선 공식적으로 이러한 도시의 질서가 바뀐다는 사실을《도시기본계획》을 통해 접하게 되면 장기적으로 어떤 방식으로든 위계가 높아지는 지역에 대해 주의를 기울이고 지자체가 어떤 방식으로 그 계획을 이루어 갈지 구체적인 실행계획을 예상해 보아야 한다.

《도시기본계획》에서 이러한 사실을 발견했다면 우선은 변화의 극초기에 들어갔다고 볼 수 있기 때문에 시장을 선점할 수 있다.

하지만 아직까지는 개발 가능한 범위가 너무 넓기 때문에 이를 구체화해 나가는 과정을 잘 추적하여 실제 투자 가능한 범위 안에 들어올 때까지 부지런히 손품과 발품을 팔아야 한다.

표3 주요 광역시별 인구수와 도시거점지 구성

구분	서울*	부산	인천	대구	대전	광주	울산
인구수	900만	320만	300만	230만	140만	140만	110만
도심	3	10	3	1	3	2	2
부도심 (광역중심)	7	-	5	4	-	4	4
지역중심	12	5	8	5	6(6)**	11(2)***	5
지구중심	53	-	12	-	9	-	-

출처: 주요 광역시 《도시기본계획》

* 서울시는 '부도심'을 '광역중심'으로, 부산광역시는 '지역중심'을 '연계거점', 대구광역시는 '지역중심'을 '성장유도거점'으로 표기하고 있음.

** 대전광역시에는 6개의 '지역중심' 외에 2개 특화거점과 4개 관문거점이 있어 별도로 괄호 표기하였음.

*** 광주광역시에는 지역중심 외 2개의 특화중심이 있어 별도로 괄호 표기하였음.

05

핵심은
생활권계획에 있다

《도시기본계획》 안의 작은 도시기본계획

《도시기본계획》 안에는 흩어져 있는 다양한 분야별 계획과 도시발전의 정책 방향성을 축소된 지역적 범위로 한눈에 보여주는 섹션이 있는데 바로 '생활권계획'이다. 이는 각 《도시기본계획》별로 '생활권계획' 혹은 '생활권 발전구상'이라 다르게 칭한다.

'생활권'이란 통근·통학·쇼핑·여가·친교·업무·공공서비스 등 주민의 일상적인 생활이 이루어지는 공간적 범위를 말하는데 예를 들면 우리가 어떤 지역으로 이사를 갔을 때 주거권 내에서 누릴 수 있는 모든 인프라와 행정시설 및 상업시설 등을 영위하는 공간적 범위가 된다. 생활권은 크게 '권역생활권'과 '지역생활권'으로 나뉘는데, 권역생활권은 지형, 하천, 도로 등의 자연적·물리적 환경뿐 아니라 도시의 성장 과정과 영향권, 중심지 기능과 토지이용계획, 행정구역과 학군, 주거지와 거주 인구적 특성 등을 고려하여 큰 범위로 구분된 생활권이다.

서울시의 경우 900만 명의 인구를 갖고 있으면서 5개의 생활권으로 구분되므로 1개 권역생활권이 평균적으로 180만 명 정도의 인구로 구성되어 있다. 그에 비해 서울 인구의 3분의 1 수준인 인천광역시의 경우 300만 명의 인구를 갖고 있으면서 8개의 권역생활권으로 구분하고 있어 평균적으로 약 38만 명 정도를 생활권 기준 인구로 보고 있다. 또 인구 100만 규모의 고양특례시의 경우 5개의 권역생활권으로 구분하고 있어 평균적으로 약 20만 명을 권역 인구 기준으로 세우고 있다.

따라서 권역생활권의 기준 인구는 도시의 규모에 따라 달라지며 인구가 많을수록 큰 규모를 갖고 인구가 적을수록 그 규모가 작아지는 양상을 보인다. 이는 인구가 많을수록 도시 인프라의 규모나 수가 더 많아지고 하나의 인프라가 미치는 영향력이 크기 때문에 더 많은 사람들이 하나의 생활권을 구성할 수 있다는 것을 보여준다. 그렇기 때문에 도시가 클수록 더 강력한 인프라 흡인력을 가지게 되므로 인구밀도는 더 높아지고 그에 따라 유동인구의 양이 더 늘어나므로 지가 또한 더 높아질 수밖에 없다.

지역생활권은 보행일상권의 단위로 대부분 균일하게 인구 10만 명 내외의 3~5개 행정동으로 구성되며, 그야말로 주거지에서의 근린생활권과 관련된 개발의 방향성과 소규모 인프라 시설에 대한 계획 등을 포함하고 있다.

따라서 특정 도시에 대한 투자를 고려하고 있다면, 굳이《도시기본계획》의 모든 내용을 다 섭렵하지 않더라도 '생활권계획'만 훑어보면 중요한 정보들을 어느 정도 압축해서 파악할 수 있다. 쉽게 말해서 지역 개발과 관련된 요약본 정도로 이해하면 된다. 생활권계획은 뒤이어 나오는 자치구의 '시정계획서'나 '도시관리계획' 등 구체적인 하위 및 관련 계획의 수립 방향을 제시하는 지침 역할을 하게 되는데, 특히 개별적인 도시개발사업에 직접적으로 영향을 주기 때문에 매우 중요하다.

또한 생활권계획은 노후된 지역에 대한 도시재생사업과도 밀접하게 연관되어 있다. 국지적으로 '정비예정구역' 등을 지정하여 정비사업을 추진할 경우, 주변 지역과의 연계성이 약화되고 합리적인 사업 범위의 지정이 어려울 뿐만 아니라 도시 그 자체를 고려하기보다 사업성 위주의 개발이 추진되는 등의 여러 한계에 부딪히게 된다. 따라서 종합적인 고려 사항이 담겨 있는 생활권계획은 도시 내 다양한 도시재생사업들을 한눈에 볼 수 있고 정비예정구역 및 단계별 추진 계획을 효과적으로 추진할 수 있게 돕는 중요한 자료라고 할 수 있다.

생활권계획의 핵심, '권역별 발전구상'

생활권계획의 모든 내용을 하나의 지도에 표기한 그림이 바로 '권역별 발전구상'이다. 이 발전구상도에는 도시구조의 주요 내용, 도시발전축의 관계, 예정된 교통인프라 노선, 도시 내 중점개발사업 및 프로젝트 등이 상세하게 표기되어 있다.

이 중 가장 먼저 챙겨 봐야 할 부분은 도시에서 설정하고 있는 중심 거점지가 어디인가이다. 앞서 설명했던 도시기본구조 챕터에서는 도시구조에 따라 설정되어 있는 도심, 부도심, 지역중심 등의 거점지가 도식적인 다이어그램으로만 나타나 있어 지리적인 정보와 일치되지 않아 지역에 익숙하지 않은 경우 이해하기 어려울 수 있다. 하지만 생활권계획에는 이러한 도시기본구조상의 주요 거점지가 지도상에 중첩되어 표현되기 때문에 직관적으로 관심 지역이 도시거점에 속하는지, 얼마나 멀리 떨어져 있는지를 파악할 수 있다.

두 번째로 봐야 할 부분은 도시발전축이 어떻게 설정되어 있는가이다. 이 부분도 도시기본구조 챕터에 나타나 있지만 역시 도식화된 다이어그램이기 때문에 이해하기 어려울 수 있다. 하지만 도시발전축은 그 설정 범위가 권역을 넘나들기 때문에 '권역별 발전구상도'상으로는 전체적인 개발축의 형태가 나타나지 않을 수 있다. 따라서 반드시 도시발전축의 전체적인 다이어그램과 함께 병렬로 비교해 가며 살펴볼 필요가 있다.

이러한 도시발전축은 도시구조상의 주요 중심 거점지들을 연결하는 가상의 축으로 어찌 보면 개념적 선형 범위라고 볼 수 있지만 이곳에 그어진 선은 훗날 고속도로나 철도노선, 최소한 간선도로 형태로 물리적으로 실현될 가능성이 높다.

따라서 도시발전축이 설정되어 있다면 그러한 다이어그램에서 색칠된 발전축상에 놓인 지역에 신설 도로나 철도 역사가 발생할 가능성이 높기 때문에 발전잠재력이 높은 후보 지역이 될 수 있다.

또한 '국가철도망계획', '대도시권 광역교통위원회', 기타 광역시나 지자체 단위에서 시행하는 다양한 종류의 도시철도계획 가운데, 확정되었거나 어느 정도 가시권에 들어온 사업의 경우 노선도가 그대로 권역별 발전구상도에 표시되기 때문에 여러 자료를 찾아서 취합할 필요 없이 바로 활용할 수 있다.

마지막으로 권역에서 공들여 추진하고 있는 중점개발사업들을 체크해 봐야 한다. 권역 내에는 여러 가지 크고 작은 개발사업이 진행 중일 테지만 발전구상도에 표기되는 사업들은 기본적으로 투자비용이 적지 않고, 천문학적인 규모의 국비와 지자체 재정이 투입되는 경우가 많다. 따라서 이러한 사업들의 구심점이 어디인지를 먼저 파악한 다음 더 자세한 세부적인 정보는 지자체 홈페이지나 업무추진계획 등을 통해 얻을 수 있다.

그림 3 생활권계획의 사례   출처:《2035 성남도시기본계획》

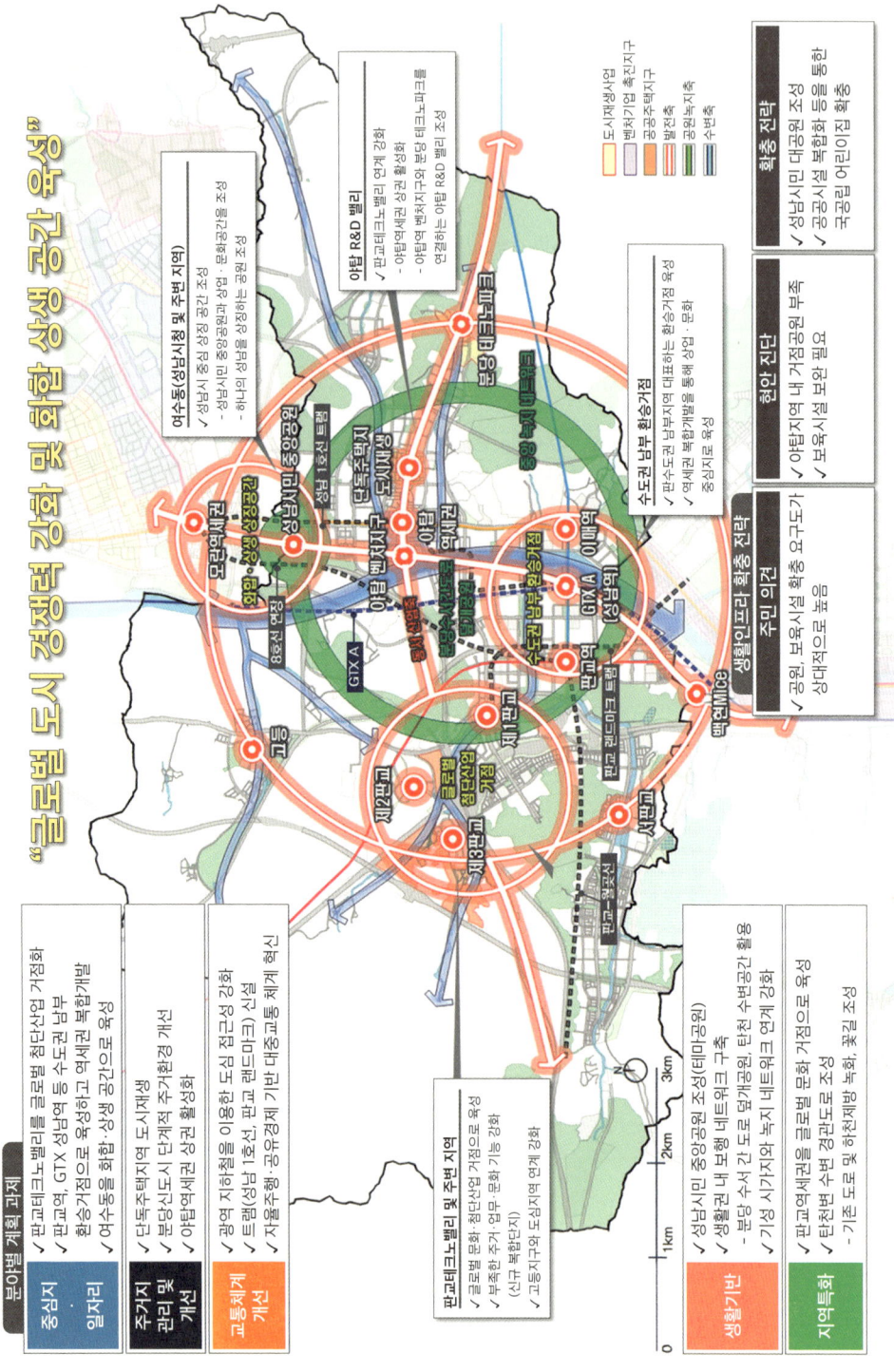

"글로벌 도시 경쟁력 강화 및 화합 상생 공간 육성"

분야별 계획 과제

중심지
- 판교테크노밸리를 글로벌 첨단산업 거점화
- 판교와 GTX 성남역 등 수도권 남부 환승거점으로 육성하고 역세권 복합개발
- 여수동을 화합·상생 공간으로 육성

일자리

주거지 관리 및 개선
- 단독주택지역 도시재생
- 분당신도시 단계적 주거환경 개선
- 야탑역세권 상권 활성화

교통체계 개선
- 광역 지하철을 이용한 도심 접근성 강화
- 트램(성남 1호선, 판교 랜드마크) 신설
- 자율주행·공유경제 기반 대중교통 체계 혁신

여수동(성남시청 및 주변 지역)
- 성남의 중심 상생 공간 조성
  - 성남시민 중심 공공활동과 상생·문화공간 조성
  - 하나의 성남을 상징하는 공원 조성

야탑 R&D 밸리
- 판교테크노밸리 연계 강화
- 야탑역세권 상권 활성화
- 야탑역 벤처지구와 분당 테크노파크를 연결하는 야탑 R&D 밸리 조성

수도권 남부 환승거점
- 분수도권 남부지역 대표하는 환승거점 육성
- 역세권 복합개발을 통해 성남 중심지역 육성

확충 전략
- 성남시민 대운동 조성
- 공공시설 복합화 등을 통한 구움립 어린이집 확충

현안 진단
- 야탑지역 내 거점공원 부족
- 보육시설 보완 필요

생활인프라 활충 전략 주민 의견
- 공원, 보육시설 활용 요구도가 상대적으로 높음

판교테크노밸리 및 주변 지역
- 글로벌 문화·첨단산업 거점으로 육성
- 부혜권 주거·업무 문화 기능 강화 (신규 복합단지)
- 교통지구의 도심지역 연계 강화

생활기반
- 성남시민 중앙공원 조성(테마공원)
- 생활권 내 보행네트워크 구축
  - 분당 수서 간 도로 입개공원, 탄천 수변공간 활용
- 기성 시가지와 녹지 네트워크 연계 강화

지역특화
- 판교역세권을 글로벌 문화 거점으로 육성
- 탄천변 수변 경관도로 조성
- 기존 도로 및 하천제방 녹화, 꽃길 조성

0   1km   2km   3km

06

인구배분계획으로 흐름을 읽자

《도시기본계획》에서 목표 인구의 의미

모든 도시는 성장을 지향한다. 인구배분계획은 앞으로 이 도시 내에서 인구가 어느 정도까지 증가될 것인지를 유입 인구와 유출 인구의 합산값으로 산출한다. 인구배분계획에서의 증가 요인은 크게 2가지인데 첫째는 자연적 인구증가, 둘째는 사회적 인구증가다. 이 중에서 사회적 인구증가가 중요한 요소라는 것을 앞에서 이미 설명한 바 있다. 사회적 증가 인구는 택지개발사업, 도시개발사업, 재개발사업 등 각종 도시개발계획이나 산업단지 조성으로 인해 일자리가 증가함에 따라 새롭게 유입되는 인구를 말한다. 여기에서 각 사업별로 계획가구 수가 산정되고 가구당 평균적인 세대 구성 인수를 곱하면 증가되는 인구량이 산출된다.

예를 들면 계획가구가 1.5만인 도시에 평균적 세대 구성 인수가 2.4명이라면 최종적으로 늘어나는 인구는 1.5(가구)×2.4(가구당 인구)=약 3.6만 명이 된다. 이러한 사회적 인구증가는 도시 성장의 의지를 보여주는 요소임과 동시에 해당 도시 내에서 어느 지역 위주로 인구가 늘어나고 그에 따라 도시가 확장될지 여부를 나타내는 중요한 지표다.

인구배분계획상의 상대적 인구증가 지역을 보라

인구배분계획은 자연적 인구증가분과 사회적 인구증가분을 합산하여 산출하고 주로 생활권별로 인구배분계획 수치를 제시한다. 이때 2가지 수치를 볼 수 있는데, 하나는 총 몇 명의 인구가 증가하게 되는지를 나타내는 '절대인구 변화량'이고 다른 하나는 이전까지의 인구에 비해서 몇 퍼센트 정도의 인구증가율이 나타나느냐의 '상대인구 변화율'이다. 이 두 지표는 인구가 증가하느냐 줄어드느냐의 관점에서는 동일하게 성장과 쇠퇴를 나타내지만 엄밀히 말해서 전혀 다른 용도로 사용될 수 있다.

예를 들면 기존의 도시구조 위계상 '도심'이었던 지역이 있다고 한다면, 이미 보유하고 있는 인구가 많기 때문에 절대적인 인구증가가 크더라도 상대적 인구증가율 자체는 그다지 높게 나타나지 않는다. 그에 비해 기존에 거점지가 아니었다가 새로운 도시 정책에 따라 거점지로 선정이 되었거나 거점지 위계 단계가 몇 단계 상승한 지역의 경우, 절대적인 인구수 자체는 크게 늘지 않더라도 기존 도심 지역의 인구증가율에 비해서는 월등히 높은 증가율 수치를 나타낼 것이다.

이렇게 인구증가에 따른 영향력을 판단하기 위한 근거를 채택함에 있어서 기존 인구의 규모에 따라 '절대적 인구증가량' 수치로 적용할 것인지, 아니면 '상대적 인구증가율' 수치로 적용할 것인지를 판단해야 한다.

기존보다 거점지 위계가 상승한 지역의 경우라면 새로운 계획 인구 위계에 걸맞은 토지 용도지역의 정비나 인구 이동에 따른 교통인프라(도시철도 및 도로교통 체계)가 신설됨으로써 상대적으로 도시 팽창이 크게 발생하기 때문에 이로 인한 지가상승률 역시 크게 나타날 수 있다. 따라서 이러한 곳을 분석하기 위해서는 '절대적 인구증가량'을 통한 비교보다는 오히려 '상대적 인구증가율'을 활용하는 편이 나을 수 있다.

그에 비해서 이미 인구가 적정 수준에 올라 있던 도심의 경우, 인구증가율에 따른 비율 비교는 크게 의미가 없을 수 있다. 따라서 이런 지역의 경우 절대적 인구증가량을 활용하는 편이 더 합리적일 수 있다.

인구배분계획의 종합적 활용법

그렇다면 앞에서 본 바와 같이 인구배분계획을 통해 얻게 된 '절대인구증가량'과 '상대인구증가율'을 갖고 도시 내 주요 거점들 간의 인구 변화에 따른 잠재력 순위를 구하는 방법을 알아보자.

표4 천안시 인구배분계획에 따른 생활권별 인구 변화 잠재력 예시

2025~2035	절대인구 증가량	순위	상대인구 증가율	순위	득점	합산 순위
중심 생활권	26,472	2	128.7%	3[*]	2+1=3	2위(공동)
북부 생활권	140,199	1	258.9%	1	3+3=6	1위
동부 생활권	14,398	3	129.3%	3[*]	1+1=2	3위
남부 생활권	14,406	3	248.9%	2	1+2=3	2위(공동)

배점: 1위=3점, 2위=2점, 3위=1점

출처: 《2035년 천안도시기본계획》

* 중심 생활권과 동부 생활권의 상대인구증가율은 큰 차이가 없어 같은 순위로 설정하였음.

〈표 4〉는 천안시 《도시기본계획》에 나타난 인구배분계획상의 수치를 토대로 종합적인 생활권별 인구 변화에 따른 개발잠재력 순위를 산출한 것이다. 목표 연도인 2035년까지의 증가 인구수인 절대인구증가량 순위를 먼저 구하고 상대인구증가율 순위도 별도로 구한다. 각각의 순위가 나타내는 의미가 조금씩 다르기 때문에

각 순위에 점수를 부여하고 합산하여 두 수치상의 평균을 내는 방식이다. 예를 들어 북부 생활권의 경우 절대인구증가량 수치는 중심 생활권에 비해 무려 7배나 많지만 상대인구증가율을 비교해 보면 2배로 차이가 줄어든다. 그 이유는 기존 중심 생활권이 도심에 속하기 때문에 기존 인구가 월등히 많기 때문이다.

아무리 인구가 폭발적으로 증가하더라도 기존 도시 중심 지역의 높은 지가 상승률을 따라가기는 어렵기 때문에 일대일 대응하여 비교하기에는 무리가 있다. 따라서 절대인구증가량만 놓고 보면 잠재력이 대단히 높은 것처럼 보이지만 이는 기존에 상대적으로 낮았던 지가에 기인한 것이지, 절대로 도심에 비해서 가격이 더 많이 오른다는 것을 뜻하지 않는다. 이처럼 하나의 수치만 갖고 평가하면 왜곡이 발생할 수 있다. 그러므로 절대인구증가량과 상대인구증가율 수치의 평가를 적절히 보완하는 것이 필요하다.

조금 더 정확한 평가를 하기 위해서는 각 항목별 수치 차이를 구간별로 나누고 각 구간을 등급화하여 가중치를 매기는 방식이 필요하다. 예를 들어 절대인구증가량의 경우 14만 명이 1위, 2.6만 명이 2위라면 인구수의 영향력을 비율로 반영하여 1위에 14점, 2위에 3점을 부여하거나, 비율상으로 14/3 = 4.6점, 3/3 = 1점 즉 1위 지역에 4.6점, 2위 지역에 1점을 부여하는 방식이 적절할 것이다. 이러한 가중치 점수를 적용하는 이유는 인구에 따른 실제적 영향력을 비교적 정확하게 반영하기 위한 것으로 종합적 인구 변화에 따른 잠재력 순위의 신뢰도를 높여 주는 역할을 한다.

07

일자리가 생기면
집값이 움직인다

새로운 일자리가 얼마나 발생할 것인가

도시의 상주인구를 결정하는 2가지 요인이 있는데, 첫 번째는 도시 내에 얼마나 많은 일자리가 있는가, 두 번째는 인근 도시에 얼마나 많은 일자리가 있는가이다. 결국 첫 번째도 일자리, 두 번째도 일자리라는 얘기다. 즉 알아보고자 하는 도시, 혹은 해당 도시 주변으로 통근이 가능한 동일 권역 내에 얼마나 많은 기업체들이 있느냐가 도시의 상주인구를 결정하고 또한 상주인구는 곧 주택 수요를 형성하는 직접적인 요인이 된다는 뜻이다.

기업체는 도시의 성장 동력원이다. 중소기업보다 대기업 중심으로 발전한 대한민국의 경우, 대기업이 한 도시에 미치는 영향력은 실로 막대하다. 대기업의 반도체 공장 하나가 도시 전체를 먹여 살릴 정도로 많은 인구 유입을 일으키는 경우가 왕왕 있는데 그 대표적인 사례가 경기도 평택시다. 평택시는 삼성전자의 실적과 투자 계획에 따라 유입 인구가 직접적인 영향을 받는 도시다.

대기업 공장이 도시 영역 안에 유입되면 기업 구조의 특성과 맞물려 많은 연계 업체들이 함께 유입된다. 따라서 대기업 공장 하나가 유치되면 해당 기업의 종업원만 유입되는 것이 아니라 2차 벤더, 3차 벤더 등 수많은 협력업체 역시 함께 유입되므로 결과적으로는 엄청난 인구 유입 효과를 가져온다.

《도시기본계획》에는 이러한 도시의 경제를 책임지는 기업체들에 대한 정보가 비교적 잘 정리되어 있다. 물론 모든 기업체에 대한 정보가 기록되어 있지는 않지만 지역 경제에 큰 영향을 미칠 만한 대기업이나 국가산업단지, 일반산업단지가 어디에 어느 정도 규모로 들어설 예정인지에 대한 정보를 제공한다. '기타 부문별 계획'의 '경제 파트'에 별도로 이러한 신설 예정 산업단지에 대한 내용이 정리되어 있거나 생활권계획에 이러한 내용이 녹아 들어가 있는 경우도 있다. 만일 찾는 내용이 없거나 최신 정보를 반영하고 싶다면 지자체 홈페이지에 들어가 산업단지와 관련된 섹션을 찾아볼 수도 있다.

경기도에서 가장 많은 사업체를 보유하고 있는 화성시를 예로

늘면 시 홈페이지에서 '기업·투자' 메뉴를 통해 들어가면 조성이
예정된 산업단지의 위치, 규모, 토지이용계획 등을 확인할 수 있
다. 화성산업단지관리사업소 홈페이지에 들어가면 좀 더 상세한
정보를 얻을 수 있는데 주요 산업단지별 배치계획, 토지이용계획,
관리 기본계획에 대한 정보를 상세하게 볼 수 있다.

이처럼 도시 성장의 바로미터라고 할 수 있는 '신설 예정 산업
단지계획'은 《도시기본계획》의 예정 산업단지계획을 모두 다루고
있지는 않지만, 도시에 큰 영향을 줄 수 있는 굵직굵직한 산업단
지들 위주로 정보를 담고 있기 때문에 지역적 선택을 위한 정보로
서는 손색이 없다. 다만 투자의 범위를 더 좁혀 동 단위나 블록 단
위에서의 입지 검토를 위한 정보 수집 차원이라면 좀 더 세부적인
정보가 필요할 것이다. 이를 위해서는 해당 지자체 홈페이지나 지
자체에서 운영하는 산업단지관리처 홈페이지를 통해 좀 더 자세
한 정보를 얻을 수 있다.

산업단지의 규모와 종류별로 영향력이 다르다

산업단지는 그 종류와 규모에 따라 해당 도시의 주거시설 수요
증가에 미치는 정도가 달라진다. 주거시설 수요에 영향을 미치는
주요 산업단지의 종류로는 국가산업단지, 일반산업단지, 도시첨
단산업단지, 농공단지, 외국인투자지역, 자유무역지역, 경제자유

지역 등을 들 수 있다.

이 가운데 가장 크고 영향력 있는 것은 국가산업단지인데, 보통 국가의 기간산업, 첨단과학기술산업 등 국가가 전략적으로 육성하거나 개발을 촉진할 필요가 있다고 여기는 지역에 지정되는 대규모 산업단지다. 지역별로 규모와 부가가치 생산의 규모가 다르겠지만 국가산업단지는 다른 산업단지보다 그 규모 면에서 월등히 크고 영향력 또한 막강하다. '산업입지 및 개발에 관한 법률'을 보면 산업단지 종류별로 지정 규모를 좀 더 명확하게 알 수 있는데, 가장 상위에 있는 것이 국가산업단지이며 그다음이 일반산업단지, 도시첨단산업단지, 그리고 농공단지 순으로 위계가 설정되어 있다.

전국 산업단지 가운데 고용 인원이 가장 많은 곳인 서울디지털산업단지(G밸리)의 경우 단지 전체 고용 인원이 14만 2,434명(2024년 3분기 기준)으로 전국 전체 국가산업단지 총고용인 수인 97만 1,344명의 14.7% 정도를 차지할 정도로 규모가 크다. 이처럼 산업단지가 새롭게 들어옴으로써 근로자가 유입되고, 그로 인해 주택 수요가 증가하게 되는데, 이를 정량적으로 정리하면 도시 내에서 어느 지역에 수요가 가장 많이 발생할지 알 수 있다.

예를 들면 산업단지별 조성 규모에 따라 예측되는 영향력을 구분하고 점수화하는 방법을 쓸 수 있는데, 각 산업단지별 면적을 기준으로 구분하는 것이 가장 보편적인 방법이라고 볼 수 있다. 하지만 대지가 넓더라도 실제 건축 연면적 자체는 용도지역에 따

표5 신설 예정 산업단지 영향에 대한 가점 예시

산업단지	연면적 규모(평)*	순위	가점
○○국가산업단지	30,000	1	3
××일반산업단지	20,000	2	2
△△도시첨단산단	10,000	3	1

* 기본적으로 단지 면적을 가점 기준으로부터 하되 데이터 확인이 가능하다면 연면적 기준으로 비교할 것을 추천.

라 다르기 때문에 대지가 넓다고 해서 유입되는 근로자 수가 무조건 그에 비례한다고 볼 수는 없다.

　일반공업지역이나 준공업지역에 들어서는 산업단지의 경우 주로 단층의 공장이 들어서기 때문에 조성 면적 자체만으로도 충분히 그 규모를 비교할 수 있다. 하지만 도시 안에 들어서는 도시첨단산업단지의 경우에는 상대적으로 고층화 양상을 보이기 때문에 할 수 있다면 조성 연면적 기준으로 규모를 비교하는 것이 좋다.

08

신설되는 교통인프라를 확인하라

도시철도, 부동산에 가장 큰 영향을 주는 요소

《도시기본계획》을 전혀 모르는 사람이라도 부동산 호재라 하면 단연 신설되는 지하철 노선을 떠올릴 것이다. 뒤에서 더 자세히 다루겠지만 도시 안에 있는 건물 가격에 영향을 주는 주요 요소들을 그 기여도에 따른 비율로 나타낸다면 교통인프라에 대한 접근성 수준이 가장 큰 비중을 차지할 것이다.

교통인프라 요소는 크게 철도교통인프라와 도로교통인프라로 나뉜다. 철도교통인프라를 좀 더 세분화하면 도시철도와 광역철도로 나눌 수 있다. 도시철도와 광역철도의 차이는 철도의 운행 범위가 도시에 한정되는지, 도시와 도시를 이어 주는 역할을 하며 운행 범위가 도시 영역을 뛰어넘는지 여부다.

먼저 도시철도는 도시 내에서 운행하는 궤도 차량을 의미하며 지상철과 지하철로 구분할 수 있다. 지상철은 토공사 비용을 크게 들이지 않고 철차륜 열차 및 고무차륜 열차 등 경량화된 트램(경량전철)을 활용할 경우 사업 결정을 위한 투자 대비 경제성 평가인 B/C값의 분모 값을 크게 줄여 주고, 투자에 대한 개발 당위성을 얻기가 용이하므로 최근 다양한 지자체에서 선호하고 있다.

하지만 이러한 경량전철은 우리가 일반적으로 지하철이라고 부르는 중전철에 비해서 수송량과 속도 측면에서 한계가 있고, 더구나 지상으로 달리는 경우에 도로와 간섭된다. 이를 피하기 위해 고가레일로 설치하게 되면 도시 경관에 좋지 않은 영향을 끼치기 때문에 여러모로 제한적인 호재로 볼 수 있다.

그에 비해 중전철의 경우 경량전철에 비해 월등히 높은 비용이 소요되므로 경제성과 타당성을 따지는 B/C값이 1 이상 나오기가 어려운 경우가 많다. 다시 말해 어느 지역이나 쉽게 가질 수 없는 희소성 있는 교통인프라 요소라 할 수 있다. 광역철도는 도시와 도시 간 인구를 수송하는 '도시 간 열차Inter-city train'이기 때문에 상당한 수송량을 가지며 역 간 간격이 일반 도시철도보다 더 길고 표정속도(표준속도)도 훨씬 빠르다.

이처럼 교통인프라 수요는 더 많은 사람이 이용할 수 있을 때

더 크고, 그에 따라 주변 지가에 더 많은 영향을 미친다. 따라서 철도교통인프라가 부동산에 끼치는 영향을 순서대로 나열하면 광역철도 〉 중전철 〉 경량전철 순으로 나타낼 수 있다.

《도시기본계획》에서는 이러한 다양한 교통인프라 시설을 비교적 빠짐없이 적시하고 있다. 특히 앞서 언급한 지자체 예산만으로는 이룰 수 없는 광역도시철도 같은 경우는 국가철도망계획이나, 광역철도계획, 도시철도망 구축계획 같은 상위 계획을 종합하고 지역 정보와 결합해 좀 더 구체적인 정보로 제공한다.

따라서 《도시기본계획》의 교통인프라계획만 잘 살펴보더라도 손품을 줄이고 시간을 절약할 수 있다. 하지만 《도시기본계획》이 고시되는 데에는 취합, 공람, 승인 등 절차상 기간이 길기 때문에 최신 정보가 일부 누락될 수도 있다. 따라서 좀 더 최신의 정보를 확인하고 싶다면 직접 상위 계획들을 일일이 찾아서 체크하고, 국토부 보도자료, 철도기본계획 승인 여부, 예비타당성조사 승인 여부 등을 지자체 고시자료 및 기타 언론기사 등을 찾아보면서 중복 체크해 볼 것을 추천한다.

도시철도 같은 교통인프라 시설의 구축은 기획부터 준공까지 많은 시간이 걸리고 사업의 각 단계마다 부동산에 점진적으로 영향을 준다. 예를 들면 백지 상태에서 지자체에서 특정 노선의 신설을 추진한다는 기사가 뜨면 1차로 해당 노선이 들어설 유력 후보 지역의 주변 지가가 들썩인다. 그다음으로 해당 노선의 신설 여부가 국가철도망계획 혹은 광역철도계획, 도시철도계획 등에 반영이 되면 다시 한번 지가가 들썩인다. 그리고 기본계획이 승인되고 착공이 카운트다운에 들어갈 때 지가가 한 번 더 오르며, 착공 시점에 한 번, 그리고 소란스러운 공사가 한창 진행된 후 개통이 되는 시점까지도 지가는 점진적으로 오른다. 거기서 끝이 아니다. 지하철이 준공된 이후에도 몇 년간은 실제로 지하철을 이용하는 사람들이 만족감을 느끼고 자연스럽게 편리하다는 여론이 형성되면서 지가가 조금씩 더 상승한다.

이처럼 지하철 신설 이전과 개통 후 몇 년 후의 부동산 가격 차이는 각 단계별 마일스톤Milestone, 이정표에 따라 계단식으로 오름세를 보이게 된다. 따라서《도시기본계획》에 나타나 있는 지하철이 들어서는 것이 확정되었거나 현재 공사가 진행 중이라고 하더라도 여전히 향후 가격이 상승할 여력은 충분하다는 사실을 기억하자. 그러므로 모든 가능성 있는 신설 예정 도시철도에 관심을 가질 필요가 있다.

도로교통인프라 시설

도로 종류별로 부동산에 미치는 영향력 위계를 순서대로 나열해보면 고속도로(자동차전용도로 혹은 광로급도로) 〉간선도로(대로급도로) 〉이면도로(중로급도로) 순으로 나타난다. 부동산에 실질적인 영향을 미치는, 소위 호재라고 할 수 있는 도로는 고속도로인 자동차전용도로 정도이지만 실상 고속도로가 지나간다고 주변의 모든 대지가 영향을 받는 것이 아니라는 사실은 누구나 잘 알 것이다.

노파심에 말하지만 예전에 토지 투자가 인기 있던 시절에 도시계획을 전혀 모르는 분들을 대상으로 나들목(IC)이 수 km 떨어진 고속도로 바로 옆의 대지를 아주 비싼 값에 파는 웃지 못할 사건들이 왕왕 있었다. 위성사진이나 도시계획도만 보면 필지 바로 옆에 붉은색으로 도로가 표시되어 있으니 좋은 땅이라고 착각할 수 있지만 막상 현장에 가 보면 차량이 도로에서 필지로 진입할 수 없는 맹지盲地, landlocked land를 샀다는 사실에 크게 당황하게 된다. 고속도로는 건축법상 접도조건에 부합하는 보차혼용도로가 아니라 자동차전용도로이므로 건축행위가 불가능하다. 따라서 고속도로는 접도조건으로 볼 수 없고, 대지와 IC와의 거리관계만이 지가에 영향을 미친다는 사실을 다시 한번 강조한다.

《도시기본계획》의 최대 장점은 상위 계획과 기본계획이 하나로 중첩된 형태의 가시적인 데이터를 제공한다는 점이다. 현재 공사 중인 도로뿐 아니라, 향후 국가나 지자체에서 추진 예정인 계획도로까지도 비교적 상세하게 적시하고 있다. 고속도로 IC 예정지에 대한 정확한 지번이나 좌표가 나타나 있지 않은 경우 도시계획시설 결정이 난 도로에 한해 〈토지e음〉 사이트에 접속해서 도시계획을 열람할 수 있다. 이때 '교통광장'으로 표기된 부분을 확인할 수 있는데, 십중팔구 그곳이 고속도로 나들목이 된다.

이처럼 도로교통상 신설 계획이 있거나 IC가 들어서는 경우,

그 외 간선도로(대로급도로), 이면도로(중로급 이하 도로)로 인한 요소들도 차등적으로 점수화하여 도로 종류별로 그로 인한 영향력을 도출할 수 있다.

표6 도로 종류별 영향력 계산 예시

영향 도로 종류	가점	개소 수	영향력 점수
고속도로(IC)	3	1	3×1=3
간선도로	2	3	2×3=6
이면도로	1	2	2

그림4 고속도로 나들목을 나타내는 교통광장시설의 표시 예시

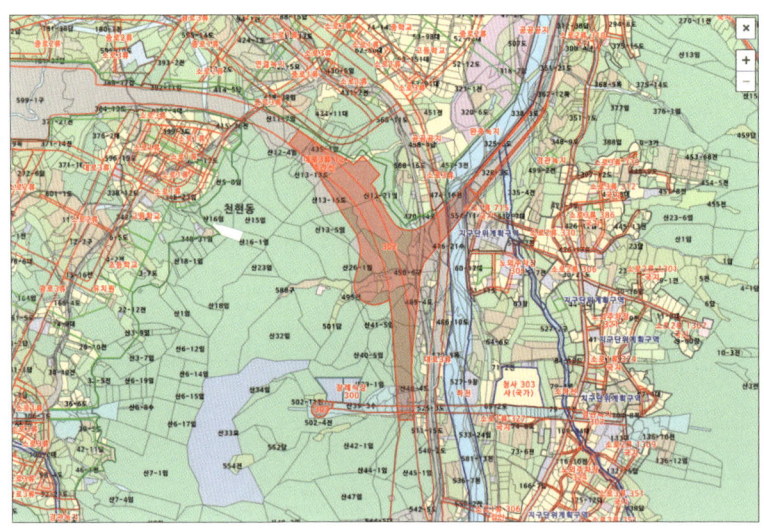

출처: 국토교통부 〈토지e음〉

09

도시잠재력
평가란?

도시잠재력평가, 어디에 써먹는 건가요?

'구슬이 서 말이라도 꿰어야 보배'라는 옛 속담이 있다. 예전처럼 정보가 부족하던 시기에는 정보 자체가 큰 가치를 지녔지만 지금과 같이 고속도로에 초당 몇 대의 차량이 지나가고 있는지까지 실시간으로 데이터가 공유되고 있는 시대에서는 현상 정보 자체는 큰 의미가 없다.

정보가 가치를 가지려면 목적에 맞게 취합되고, 그에 맞는 인사이트가 도출되어야 한다. 어떤 현상에 대한 원 데이터Raw data를 1

차 데이터라고 한다면, 특정한 가설을 갖고 이러한 데이터를 가공하여 하나의 인사이트를 도출한 것을 2차 데이터라고 한다.

앞서 설명했던《도시기본계획》에서 얻을 수 있는 다양한 정보들은 1차 데이터에 속한다. 물론 이런 각각의 데이터를 하나씩 갖고도 부동산 투자에 활용할 수는 있다. 하지만 이 책의 초반부에서도 말했듯이 부동산의 가격을 구성하고 있는 다양한 요소와 각 요소에 영향을 미치는 내외부적인 요인Factor들은 그 기여도가 제각각이고 서로 밀접하게 관계성을 가지면서 부동산 가격을 형성하게 된다. 그러므로 하나의 요소만을 갖고 부동산의 미래 가치를 판단하는 데는 무리가 따른다.

앞서 살펴본《도시기본계획》에서 중요하게 본 각각의 요소들은 부동산 가격에 중대한 영향을 미치지만 정량적인 경험치를 추출한 것일 뿐이다. 그렇다면 이제 이러한 1차 데이터를 활용하여 2차, 3차, N차 데이터로 가공해 내는 작업이 필요한데, 이러한 작업이 바로 '도시잠재력평가'이다.

도시잠재력평가의 기본 개념은 상대적 평가 체계라 할 수 있다. 즉 절대적인 가치의 평가값을 구하는 것이 아니라 비교 가능한 영역 안에 있는 다수의 대상들 간의 추출 가능한 수치 합산값을 비교하고 그 가운데서 가장 높은 값을 고르는 방식이다. 좀 더 자세하게 정의하자면 1) 잠재력을 알고자 하는 국토의 영역 범위 안에서 2) 긍정적 영향을 끼치는 요소들의 합산값을 구하고 3) 각 합산값들을 비교함으로써 위치 선정의 판단 근거를 만드는 것이라

하겠다.

이러한 도시잠재력평가의 기본 단위는 행정동으로서 대략 인구 1만~2만 명 규모의 밀도를 갖는 영역 범위로 한다. 따라서 매입하고자 하는 부동산이 속한 행정동의 개발 여력을 파악하고 동일 권역 내 복수의 행정동을 비교하는 근거 자료로 활용할 수 있다.

10

도시잠재력평가 방법

도시구조상 어느 거점지에 포함되었는가

도시잠재력평가에서 가장 먼저 파악할 부분은 도시기본구조이다. 조사 범위에 있는 행정동이 해당 도시 안에서 어떤 도시거점에 포함되느냐를 보는 것이다. 도시기본구조는 하나의 신분과 같다. 도심에 속하는지 부도심에 속하는지 지역중심에 속하는지 아니면 어떤 거점에도 포함되지 않는지에 따라 기본적인 토지의 가치가 결정된다.

이를 파악하기 위한 방법에는 크게 2가지가 있다. 하나는《도시기본계획》상에서 '도시기본구조'와 '생활권계획' 챕터를 비교하면서 도심이나 부도심 같은 특정 거점지에 포함되는 행정동을 직접 찾아내는 방법이다. 또 다른 하나는 서울시에 한하여 별도의 도시계획 포털 사이트를 통해 거점지 영역을 직접 확인하는 방법이다.

거점지가 확인이 되면 각 거점지에 위계 순으로 가점을 부여한다. 예를 들면 도심에 포함될 경우 3점, 부도심에 포함될 경우 2점, 지역중심일 경우 1점 등을 주는 방식이다. 이러한 위계별 가점은 각 도시별로 거점 위계지역의 개수에 따른 관할 행정동의 수 등을 종합적으로 고려하여 가중치 점수를 달리할 수 있다.

도시발전축 영향력

둘째로 도시발전축의 영향력을 봐야 한다. 도시기본구조에서 도시의 핵과 주요 거점들이 정해지면, 각 거점을 잇는 발전축이 형성된다. 도시의 확장 방향이나 주변 도시와의 관계 설정에 따라 주축과 부축이 형성되는데, 이때 발전주축으로 설정되는 도시 내 거점들은 향후 도시의 확장성이나 개발의 방향성이 반영되어 어떠한 형태로든 전략적 인센티브를 받게 된다.

발전주축은 주로 도심을 포함하고 도시의 핵심적인 사업에 따른 산업클러스터의 형성이나 유사관계에 있는 인근 도시의 거점축과 연결되는 성격을 갖게 된다. 발전부축은 그 외 도심과 연결되거나 도심 외 주요 거점들 간의 연결관계를 보여주며 이곳 역시 인센티브의 영향을 받는다.

이러한 발전주축과 발전부축은 개념상의 다이어그램 화살표에 불과해 보이지만 시간이 지남에 따라 물리적인 교통축으로 발전 되거나 거점과 거점 사이 길목에 핵심적인 산업단지 클러스터가 형성되는 등으로 물리화되는 경우가 많다.

인구증가 영향력

셋째, 도시에서 설정하고 있는 단계별 인구 목표에 영향을 주는 주요 생활권별 인구증가계획에 대한 평가다. 앞서 인구배분계획 을 설명하면서 2가지 방법인 절대인구증가량과 상대인구증가율 의 비교에 대한 부분을 설명한 바 있다. 이 2가지 값으로 보정된 지역 인구의 증가 가능성을 확인하여 해당 지역이 팽창하는 지역 인지 축소되는 지역인지를 확인해야 한다.

중점개발사업 영향력

넷째, 중점개발사업에 의한 영향력이다. 정책적으로 국가나 시 에서 100억 원 이상의 금액이 투입되는 개발사업을 주로 살피는 것이 좋다. 예를 들면 택지 주변 수공간의 개발, 각종 산업개발특구의 지정, 대규모 도시개발사업구역의 지정, 신설 산업단지 유치계획 등이 이에 해당한다.

이러한 대규모 자본이 투입되는 개발은 해당 지역의 토지가치를 상승시키는 효과를 가져오기 때문에 해당 사업의 규모와 개수에 따라 차등적으로 점수를 부가한다. 예를 들면 3만 평 이상 국가산업단지의 영향을 받는 경우 3점, 1만 평 규모의 개발특구로 지정된 지역일 경우 1점, 지자체에서 도시의 생활환경 지원을 위해 수변에 데크나 조망시설 등을 개발하는 경우 0.5점 등으로 점수를 주는 방식이다.

신설 교통인프라 영향력

다섯째, 신설 교통인프라에 따른 영향력 평가다. 신설되는 도시철도의 유무에 따라 광역철도, 중전철, 경량전철 등 수송량과 수송 거리별로 높은 위계에서 낮은 위계 순으로 점수를 매긴다.

도시철도가 촘촘하게 들어서는 서울시와 같이, 하나의 행정동에 2개 이상의 도시철도가 지나가는 경우나 3개 이상의 도시철도가 하나의 역에 중첩되는 경우는 별도의 가점을 부가하여 그렇지 않은 지역과 차별화하여 평가한다. 또한 철도교통과 버스교통 또는 항공교통Urban Air Mobility, UAM을 함께 이용하는 복합환승센터가 위치하는 지역은 추가로 별도의 가점을 부여한다.

도로교통의 경우 고속도로가 신설되는 경우 IC의 위치를 파악하여 영향권 안에 포함되는 동에 가점을 부여하고, 간선도로가 신설되면 고속도로 IC보다 낮은 가점 순으로 점수를 부여한다.

도시재생사업 영향력

마지막 평가항목은 재개발·재건축사업의 영향력 평가다. 주로 개발된 지 오래된 도시, 특히 원도심과 같이 오래전에 개발되었으나 점차 시설이 노후화되면서 쇠퇴하고 있는 상권 등을 활성화하기 위해 시행되는 재개발사업이나 노후 아파트의 용적률을 높여서 새롭게 개발하는 재건축사업 등이 이에 해당한다.

이러한 사업들 역시 해당 필지의 지가뿐 아니라 주변 지역의 개발 가능성에 대한 기대치를 높여 주기 때문에 인접 블록에 전반적으로 긍정적인 영향을 미친다. 평가 방법은 재개발사업지, 재건축사업지의 면적 혹은 개발 후 세대 수별로 차등적으로 점수를 부여하고 여기에 각 행정동별로 사업지의 개소 수를 곱하여 점수를 매긴다.

그 외 추가적인 평가항목들

지금까지 소개한 주요 항목들 외에도 도시에 따라 추가적인 가점 항목을 적용하면 평가의 신뢰도를 더 높일 수 있다. 예를 들면 서울시의 경우 시에서 중점적으로 추진하고 있는 도시가치 제고 사업으로 '더 그레이트 한강The Great Hangang 프로젝트'가 있다. 이 프로젝트는 비교적 긴 생명력을 갖고 장기적으로 추진되고 있는 사업으로 주로 서울을 관통하여 흐르는 한강과 4대 권역천, 그 외 소규모 지류천들의 수변 공간을 개발하여 정주환경을 개선하고 관광 개발화해 도시가치를 높이고자 하는 사업이다.

또 하나의 예로 지상철 지하화사업이 있다. 서울시는 더 이상 도시가 팽창할 여력이 없이 포화된 상태로 대규모 개발 부지를 찾기 힘들다. 이러한 상황에서 하나의 대안으로 떠오른 것이 이미 오래전에 조성되어 현재까지 방치되다시피 한 슬럼화된 지상철도 구간을 활용하는 방안이다.

이러한 지상철도 부지는 서울시의 지상 면적 가운데 꽤 많은 비중을 차지하고 있는데 문제는 이들이 주변 대지의 가치를 저하시키고 도시를 단절하는 등 도시가치에 부정적인 영향을 주고 있다는 점이다. 이에 따라 서울시는 도시 혐오시설 가운데 하나인 주요 지하철 고가차로나 지상철도 구간을 지하화하려는 계획을 갖고 있으며 장기적으로 이 인근의 대지들은 사업의 직접적인 영향을 받게 될 것이다.

하지만 철도를 지하화하는 사업은 천문학적인 예산을 필요로 하므로 실현되는 데 상당히 오랜 시간이 걸릴 것이다. 따라서 이 부분에 대해서는 장기적인 안목으로 접근해야 하기 때문에 가점을 부가할 때에도 다른 사업에 비해서 상대적으로 낮은 점수를 매기는 것이 합리적일 것이다.

가점 조정 작업으로 최종 결과 도출하기

이렇게 각 항목에 대한 평가가 끝나면 1차적으로 각 동별로 합산값을 산출한다. 이 작업만으로도 대략적으로 어느 행정동에 호재 요소가 집중되어 있는지 직관적으로 확인이 가능하다. 하지만 아직 각 요소별 최고 점수에 대한 변별력이 없는 상황이기 때문에 가점 조정 작업을 진행하여 좀 더 정확도를 올릴 필요가 있다.

예를 들면 새롭게 중전철이 들어오게 된 경우와 재개발사업이 확정된 경우에 동일한 가점을 적용할 수는 없다. 가점 수준을 어느 정도로 차이를 줄 것인가에 대해 정확한 근거를 마련하여 값을 적용하기는 어렵다. 가장 설득력 있는 방법은 해당 호재를 조성하기 위해 들어가는 '비용의 차이'를 고려하여 점수에 적용하는 것이다.

예를 들면 재개발사업지에 들어가는 비용을 구하고 지하철 사업의 총예산을 역의 개수로 나눈 값을 비교해 볼 수 있다. 약 5,000평 규모의 대지를 개발하는 비용이 평당 5,000만 원 수준이라면 총 개발 비용은 약 2,500억 원이다. 10개 노선으로 구성되는 지하철의 개발 비용이 약 4조 원이라고 한다면(2025년 상반기에 기본계획이 승인된 9호선 연장–강동·하남·남양주선 8개 역사 노선의 조성 예산이 약 3.8조 원이다) 역 1개당 개발 비용은 4,000억 원 수준이 된다.

따라서 재개발사업에 투입되는 자본은 2,500억 원이고 지하철 역사 1개소를 조성하기 위한 비용이 4,000억 원이기 때문에 가점 비율은 2.5대 4 수준으로 계산할 수 있다. 이렇게 조정된 각 항목별 가점을 합산한 값에 따라 행정동들의 가치값 총합을 가장 큰 것에서부터 작은 것 순으로 줄을 세워 순위를 매기면 그것이 곧 향후 개발에 의한 잠재 가치의 순위가 된다.

이는 동일한 조건으로 호재 요소들을 객관적으로 점수화하여 합산한 정량적인 값이므로 절대적인 값이라고 할 수는 없다. 하지만 수없이 많은 요소들이 복합적으로 관계를 맺고 가격에 영향을 주는 복잡성을 지닌 부동산 시장에서 비교적 믿을 만한 참고 자료로 활용할 수 있고, 현재로서는 필자가 가장 신뢰하는 객관적인 투자 지역 선택 방식이다.

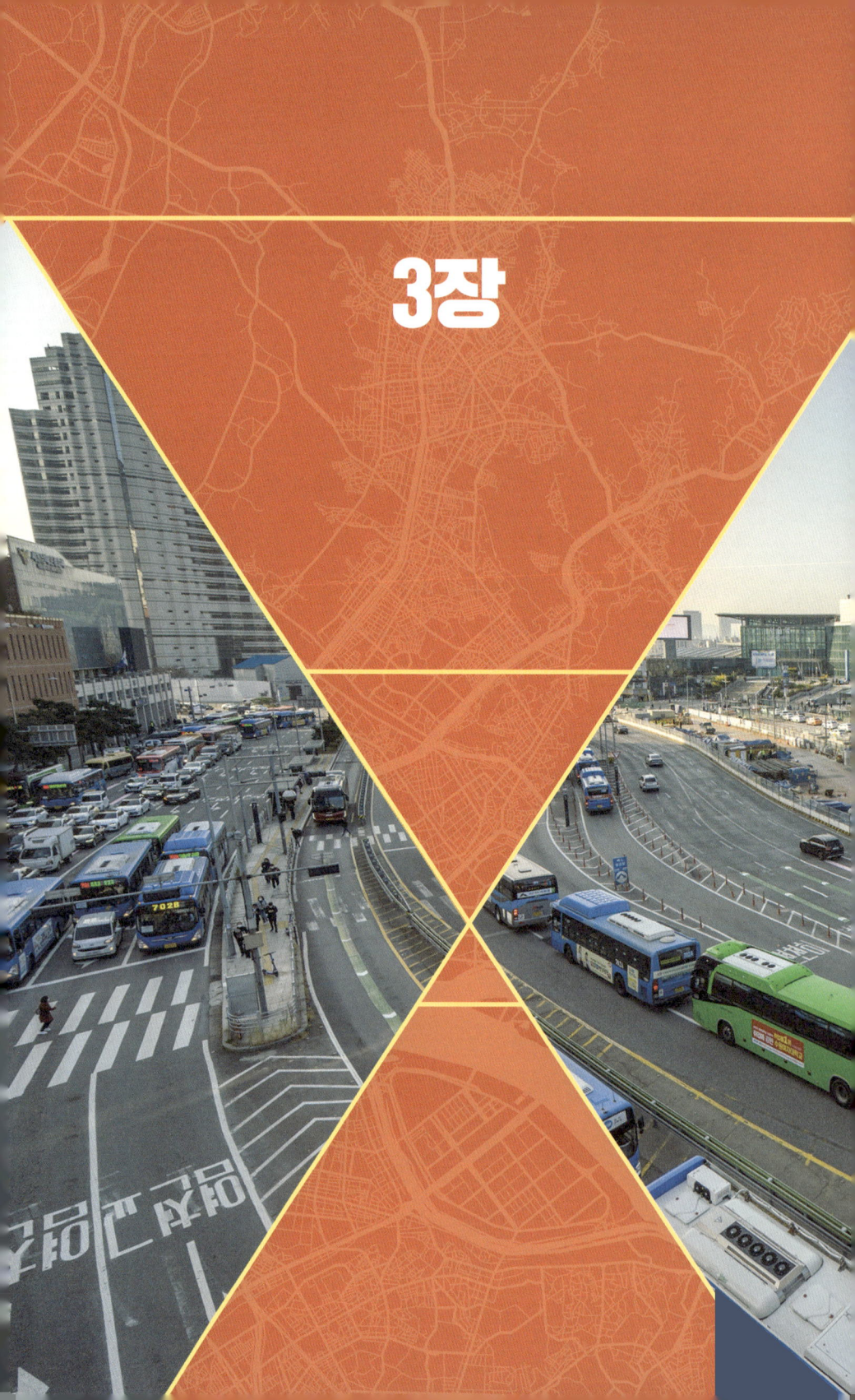

3장

지금
주목해야 할
도약을 앞둔
도시 6곳

01

지역 선정 기준

이번 장에서는 앞서 설명했던 주요 도시별 도시잠재력평가를 적용하여 각 도시의 주요 행정동 가운데 미래가치가 가장 높게 나타나는 곳들을 몇 군데 추려 보고자 한다. 그에 앞서 먼저 짚고 넘어갈 몇 가지 원칙들이 있다.

도시잠재력 순위는 상대값이다

먼저 도시잠재력평가는 절대적인 가치를 도출하기 위한 방법이 아니라는 점을 다시 한번 강조하고 싶다. 지난 장에서 도시잠재력평가의 방법에 대해 구체적으로 설명했었는데 이는 부동산의 자산가치 변화에 긍정적인 영향을 주는 다양한 도시계획적 요소들이 어느 곳에 가장 많이 집중되어 있는지 정량적으로 누적·측정하는 방식이다.

따라서 평가 결과는 각 평가요소의 중요도에 따라 가중치를 곱한 값의 누적치가 가장 높은 지역부터 오름차순으로 순위를 매겼다. 그러므로 지자체 간 잠재력평가 결과상 1위 행정동들의 가치를 비교하는 것은 무의미하다. 먼저 알고 싶은 도시를 선정하는 것이 우선이고 해당 도시의 도시잠재력평가 순위는 해당 도시 내에서만 유효하다는 점을 다시 한번 밝힌다.

도시 선정 기준

사실 도시잠재력평가를 위해서 어떤 도시를 선정할 것인지 많은 고민을 했었다. 마음 같아서는 대한민국의 모든 도시를 다 다루고 싶었지만 지면과 시간의 제약에서 자유롭지 못한 것이 못내 아쉬울 뿐이다. 먼저 이 책에서 도시잠재력평가의 예시로 다룰 도시를 선택하기 위한 몇 가지 핵심적인 원칙을 〈표 7〉과 같이 설정했고, 이 원칙에 부합하는 수도권 6개 도시를 선정했다.

표7 도시잠재력평가 후보지 선정

구분		서울시계 직접 접함	인구증가 (최근 5년, 만 명)	GTX 확정 노선 (A,B,C)	3기 신도시 포함 여부	소계	선정
도시잠재력평가 5선(수도권) 선정 기준							
서울	동대문구	O	-0.41	B C	-	2	⊙**
인천	연수구	-	1.3	B	-	2	
	서해구	-	9.2*	-	-	1	
수원	권선구	-	-0.6	C	-	1	
용인	기흥구	-	0.56	A	-	2	
고양	덕양구	O	1.6	A	창릉	4	⊙
화성	동탄구	-	11.4	A	-	2	
성남	수정구	O	-0.68	-	-	1	
부천	오정구	O	0	B	대장	3	⊙
안양	동안구	O	1.6	-	-	2	
경기	과천시	O	2.2	C	과천	4	⊙
	광명시	O	-2.04	-	광명시흥	2	
	군포시	-	-1.79	C	-	1	
	김포시	O	1.3	-	-	2	
	남양주시	O	1.9	B	왕숙	4	⊙
	양주시	-	5.9	C	-	2	
	오산시	-	1.2	-	-	1	
	의정부시	O	-0.04	C	-	2	
	하남시	O	3.6	-	교산	3	⊙
	파주시	-	4.5	A	-	2	
	평택시	-	6.2	-	-	1	

* 원고를 작성하던 시점에 인천광역시 서해구로 분구는 확정되었지만, 아직 시행되기 전이라 별도의 인구 통계가 존재하지 않았으므로 분구 이전의 서구 기준으로 작성함.

** 서울특별시에서 유일하게 도심이 아니지만 GTX-Triangle(GTX 간 환승역 3곳을 이은 영역)에 포함되는 곳으로 그 잠재력을 고려하여 선정함.

첫 번째 기준은 서울시계와 직접적으로 접해 있는지 여부다. 우리나라는 늘 새로운 정부가 들어설 때마다 새롭게 내놓은 부동산 정책에 의해 시장이 불안정해지면서 집값이 상승했던 경험을 갖고 있다. 특히 집값 파동의 근원지는 서울 강남이며 강남이 만들어 내는 시그널이 서울을 비롯한 주변 수도권 도시들로 넓게 퍼져 나가는데 이를 소위 '낙수효과' 혹은 '풍선효과'라고 부른다.

어떤 이유로든 서울의 집값이 오르거나 혹은 집중적인 규제를 받아 거래량이 감소할 경우, 가장 먼저 연동되어 집값의 변화를 보이는 지역은 바로 서울시계 최접경 도시들이다. 이들은 행정구역이라는 가상의 경계를 걷어 낼 때 광의적 의미에서 서울권이라고 할 수 있는 도시들로서 시장에서 높은 가치를 인정받고 있는 지역들이다. 따라서 미래의 도시가치 변화에 있어 가장 중요한 요소가 서울과의 거리라는 점을 고려했다.

두 번째 요소는 인구증가율이다. 대한민국의 전체적인 인구는 앞으로 지속적으로 감소하게 될 것이 분명하다. 도시의 가치는 결국 토지와 그 위에 올려진 건물에 대한 수요에 의해 결정되기 때문에 수요자의 수가 준다는 것은 곧바로 가치의 하락으로 이어진다는 것을 의미한다. 따라서 인구가 감소하는 도시는 특별한 이유가 없는 한 건물 가치가 물가상승률 이상으로 오르는 것을 기대하기 어렵다고 보았다.

세 번째는 확정된 수도권광역급행철도GTX 노선 역사 보유 여부다. 서울의 낙수효과가 강하게 나타났던 주요 도시들의 특징을 살펴보면 대부분 서울과 경계를 직접 접하고 있거나 서울로의 교통이 편리한 곳이었다. 따라서 철도교통 가운데 표정속도와 수송량에 따른 영향력이 가장 클 것으로 예상되는 GTX 확정 노선을 고려하였다.

마지막으로 네 번째는 3기 신도시와 같은 대규모 택지개발지구 보유 여부다. 국가에서 정책적으로 개발하는 택지개발지구는 10만~20만 명 정도의 인구 유입 효과를 가져오므로 소도시가 순식간에 중규모 도시로 도약할 수 있게 하는 중대한 요소다. 도시 인구가 증가하면 그에 따른 도시인프라 도입이 수반될 수밖에 없기 때문에 도시 및 대지가치 상승이 필연적으로 뒤따르게 된다.

우선 이 책에서는 수도권 주요 도시들로 그 범위를 한정하고 위의 4개 사항 중 1개 이상 해당하는 도시들을 비교해 많은 항목이 중첩되는 6개 도시를 선정했다. 서울에서 특별히 동대문구를 포함한 것은 영등포구나 중구 그리고 강남구같이 도심을 포함하지 않으면서도 GTX 정차 노선을 2개 이상 보유한 유일한 곳이기 때문이며 향후 다른 서울 지역에 비해 성장잠재력이 높다고 보았기 때문이다. 동대문구 이외 경기도 5개 도시들 가운데 특례시는 고양특례시 덕양구가 포함되어 있고, 그 외 도시는 경기도 부천시 오정구, 과천시, 남양주시, 하남시 4개 지역을 평가했다.

한 가지 짚고 넘어가자면 이번 평가에 포함된 도시들이 다른 도시에 비해서 발전잠재력이 절대적으로 높다는 뜻은 아니며, 마찬가지로 포함되지 않았다고 해서 발전잠재력이 낮은 것도 아니다.

다만 서울시에 가깝거나 광역도시철도가 있어 서울로의 대규모 수송이 가능하거나 도시 인구가 급격히 상승할 가능성이 있는 대규모 택지개발지구가 계획되어 있을 경우 다른 도시에 비해 대지가치가 상승할 확률이 상대적으로 높다는 사실을 반영한 것이다.

02

서울시 동대문구

　서울시 동대문구를 도시잠재력평가 첫 번째 도시로 선정한 이유는 앞서 언급한 바와 같이 GTX 트라이앵글에 포함된 유일한 비도심권 지역이기 때문이다.

　동대문구는 서울시 동북 생활권을 대표하는 도시로 오래전부터 청량리역을 통해 서울시의 관문거점도시로서의 역할을 해 오던 중요한 입지적 가치를 가진 곳이다. 최근 청량리역 민자역사를 가 본 적 있는 사람들은 알겠지만 과거의 청량리역과 그 주변의 낙후된 도시 이미지와는 달리 전혀 다른 모습으로 빠르게 변화해 나가고 있다.

그림 5 서울의 GTX 트라이앵글 구역

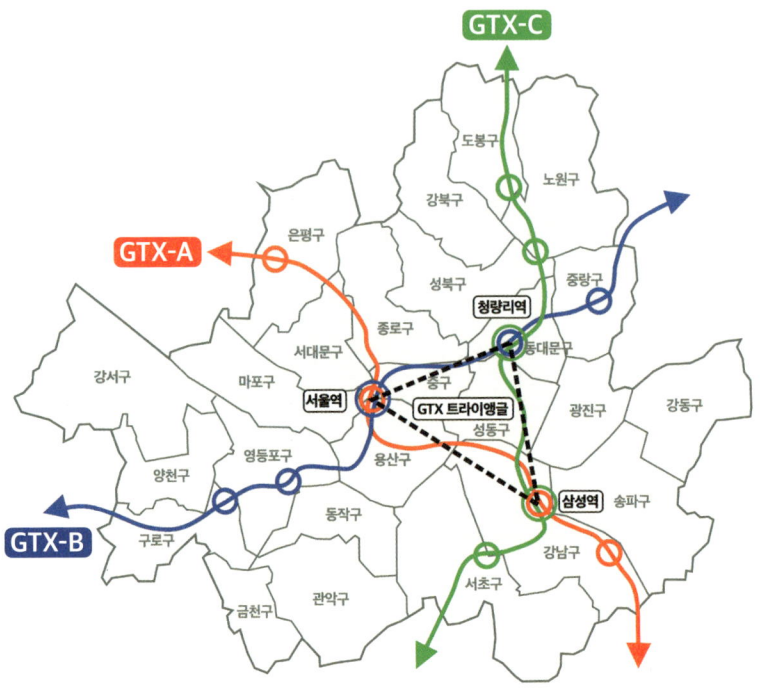

동대문구의 특징

동대문구는 2025년 10월 기준으로 34.4만 명의 인구를 보유하고 있는데 이는 서울시 25개 구區 가운데 16번째 수준으로 상대적으로 많은 인구 규모는 아니다. 하지만 인구밀도 측면에서는 얘기가 전혀 달라진다. 동대문구의 인구밀도는 2만 4,072.85명/㎢로 서울에서 두 번째로 인구밀도가 높은 자치구다. 그러나 이처럼 높은 인구밀도에도 불구하고 용적률이 높은 고층건물이 그다지 많지 않은 상황으로 도시가 노후화, 슬럼화되고 건물들이 상대적으로 촘촘하고 복잡하게 들어서 있어 도시 환경이 그다지 쾌적하지 않았으며 그로 인해 도시가치 상승 여력도 높지 않은 곳이었다.

하지만 최근에 청량리역에 GTX-B, C 노선과 더불어 KTX열차 노선이 신설되는 등 다양한 철도교통인프라 집적도가 높아졌고 청량리역을 중심으로 다수의 재건축사업이 성공하면서 도시 이미지가 완전히 탈바꿈했다. 특히 서울시에서 추진하는 '역세권 활성화사업'의 도움으로 용도지역의 상향 및 건폐율과 용적률의 증가가 가능해졌고, 이러한 재건축 붐은 청량리역 후면 지역인 전농동으로까지 재건축 범위를 확장시키면서 도시는 급격한 발전 국면으로 전환하고 있다.

동대문구의 특징은 3가지 정도로 정리할 수 있는데, 먼저 첫 번째는 대학교 캠퍼스 밀집도가 다른 구에 비해서 상대적으로 높다는 점이다. 이문동의 한국외국어대, 전농동의 서울시립대, 청량리동의 KAIST 서울캠퍼스, 회기동의 경희대가 있고, 동대문구와 근접해서 고려대학교와 한국예술종합학교가 위치하고 있으므로 산학연사업에 유리한 조건을 갖고 있다. 따라서 동대문구에는 산학연클러스터가 발달되어 있으며 이는 동대문구의 지속적인 일자리 증가와도 관계가 있다.

두 번째는 수변요소가 풍부하다는 점이다. 동측의 중랑구와 면하여 서울의 4대 권역천 중 하나인 중랑천을 접하고 있으며 청계천, 성북천, 정릉천의 3개 지류하천을 접하고 있다. 따라서 도시 쾌적성을 높여 주는 친수시설 등 수변 개발과 관련된 사업이 다른 구에 비해서 상대적으로 많은 편이다.

세 번째는 다른 구와 차별화되는 대규모 철도 노선을 이용할 수 있는 청량리역이다. 청량리역은 서울에 있는 몇 안 되는 6중 역세권 노선으로 현재는 서울 1호선, 경의중앙선, 수인분당선, iTX, KTX(강릉선, 부전선)가 연결되어 있고 앞으로 GTX-B, GTX-C, 면목선, 강북횡단선이 연결되면 총 10개 노선을 이용할 수 있는 서울 최대 환승 역세권이 된다.

이러한 철도노선의 이점에 더하여 현재 철도와 이격된 별도의 위치에서 운영 중인 버스환승센터가 철도와 합쳐진 형태의 복합환승센터로 개발될 예정이다. 이로 인해 청량리역세권의 부가가치는 지금보다 더욱 높아질 것이다.

잠재력 1위, 전농1동(행정동)

앞 장에서 설명했던 도시잠재력평가 방식에 따라 동대문구를 평가해 보면 전농1동이 가장 잠재력이 높은 지역으로 나타난다.

우선 동대문구에는 총 4개의 도시거점이 있는데 서울시에서 두 번째로 위계가 높은 '청량리왕십리-광역중심'과 '동대문-지역중심' 그리고 '전농-지구중심', '장한평-지구중심'이 있다. 그중 전농1동은 동대문구 안에서 가장 위계가 높은 청량리왕십리-광역 중심에 속하며, 도시거점의 위계가 높을수록 도시인프라 집적도와 도시밀도가 더 높게 설정되는 근거가 된다.

서울시는 총 4개의 핵심개발축을 설정하고 있는데 그중에서 동대문구와 직접 관련이 되는 축은 성수·건대-왕십리-청량리-홍릉-광운대-창동·상계로 연결되는 '청년첨단혁신축'이다. 이러한 발전축은 축상의 중심 거점과 이를 이어 주는 영향축으로 구성되는데 이는 도로, 철도, 산업 및 연구시설 등으로 물리화되는 경우가 많다. 특히 이 청년첨단혁신축의 중심 거점 중에는 청량리왕십리-광역중심이 포함되어 있기 때문에 동대문구 안에서 청년첨단혁신축의 영향을 가장 많이 받는 지역 역시 전농1동이 포함된다.

동대문구의 중점개발사업 가운데 제1번은 역시 '청량리역 복합개발사업'이다. 청량리역에는 GTX-B, GTX-C, 강북횡단선, 면목선이 연결될 예정이며 거기에 더해서 버스교통을 연결하는 청량리역 복합환승센터를 조성할 예정이다. 여기에는 교통시설뿐만 아니라 문화·상업·주거 복합시설이 조성되며 전농1동은 그 영향 한가운데 들어가게 된다.

서울시는 지상에 분포되어 있는 많은 면적의 지상철도 구간을 장기적으로 지하화하려는 계획을 갖고 있다. 특히 2024년 상반기에 '전철 1호선 등 도심 지상철도 지하화를 위한 특별법안', 소위 '철도지하화특별법'이 국회를 통과하면서 사업이 점차 탄력을 받고 있다. 그 가운데 동대문구는 청량리역에서 신이문역 구간의 지상철을 지하화하려는 계획을 구체화하고 있는데, 이로 인한 수혜지역에 역시 전농1동이 포함되어 있다.

또한 전농1동에는 서울시립도서관이 들어설 예정이다. 서울시립도서관은 연면적 약 7,500평 규모의 대형 도서관이며 전농동 691-2,3,9 일대에 신축될 예정이다. 이는 지역을 넘어선 권역거점 규모의 도서관이기 때문에 인근 지역의 교육여건과 위상을 획기적으로 높일 수 있는 대표적인 교육환경 개선형 도시인프라 시설으로 볼 수 있다.

마지막으로 현재 동대문구에서 가장 많은 재개발·재건축사업이 진행되고 있는 곳 또한 전농1동이다. 2025년 11월 기준으로 총 7개 사업이 진행 중이다. 재개발·재건축사업은 성공적으로 완료될 경우 그 인근의 도시적 가치까지 높여 주므로 재개발·재건축사업이 많을수록 도시가치가 상승할 여력이 더 높아진다.

그림6 서울시 동대문구 도시잠재력 중첩도

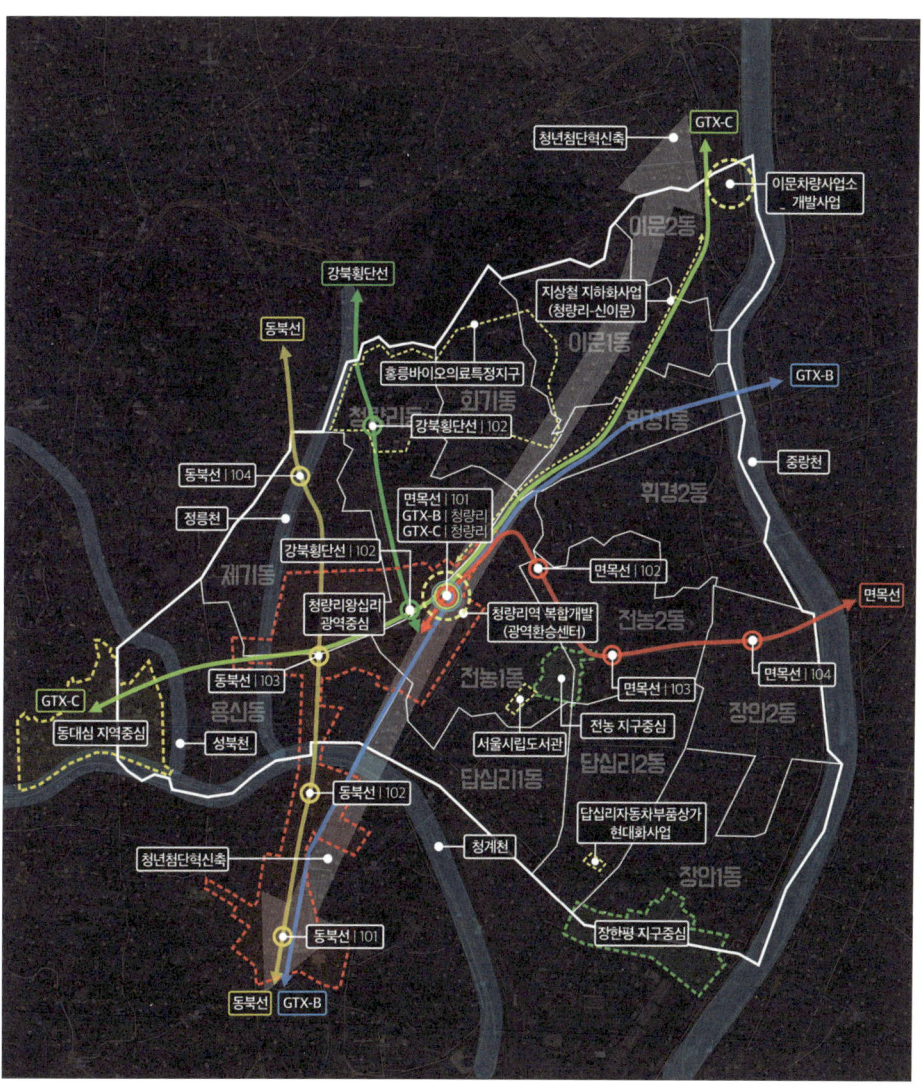

* 상기 표기된 주요 사업 및 철도계획은 추진 과정에서 변경될 수 있음.

3장 지금 주목해야 할 도약을 앞둔 도시 6곳　145

경기도 고양특례시 덕양구

고양특례시는 경기도에서 수원시에 이어 두 번째로 인구 100만 명을 넘긴 경기 북부의 수부首府도시다. 고양특례시는 2014년 인구 100만 명을 돌파한 이후 계속해서 증가하다가 2021년 이후부터 인구 보합세를 보이고 있다. 하지만 3기 신도시인 '창릉지구'에 10만 명 이상의 인구가 추가로 유입되고 다양한 철도교통인프라가 속속 들어올 예정이기 때문에 장기적으로 계속해서 인구가 증가할 것으로 예상되는 지역이다.

고양특례시는 전체 면적의 50% 이상이 개발제한구역으로 지정되어 있어 도시개발에 많은 제약이 있었고 특히 1기 신도시인 일산을 중심으로 개발이 집중되었다. 그러다 보니 한동안 일산 중심의 단일 도심 편제를 계속해서 유지해 왔었다. 하지만 최근 3기 신도시 창릉지구가 도심으로 격상되면서 고양시의 도시위계상 무게중심이 동측의 덕양구 쪽으로 분산 이동되면서 자연스럽게 덕양구의 가치가 새롭게 조명되고 있다.

특히 향동과 덕은지구 등 서울 접경지역의 계속적인 도시개발, 결정적으로 GTX-A의 개통으로 서해선, 경의중앙선, 서울 지하철 3호선, 교외선의 5중 역세권으로 격상된 대곡역을 중심으로 한 대규모 도시개발사업(대곡역세권 지식융합단지)이 추진되고 있어 덕양구에 대한 개발압력은 계속해서 상승하고 있는 추세다.

덕양구의 특징

덕양구는 행정구역상 매우 넓은 면적을 갖고 있는데 이 중 상당수는 산과 경사지로 구성되어 있다. 이러한 지형적 영향으로 서울특별시와 인접하고 있음에도 불구하고 평평한 대지로 구성된 서쪽 일산에 비해 발전 속도가 상대적으로 열위에 있었던 것은 분명하다. 그럼에도 삼송, 지축, 원흥지구 등의 신규 택지개발지구가 지속적으로 증가함에 따라 계속해서 인구가 증가해 왔는데, 2024년 KOSIS 기준 48만 2,446명으로 서울특별시와 주요 광역시를 제외한 전국의 일반 구 가운데 가장 많은 인구를 보유한 도시가

되었다.

최근에는 인구 10만에 육박하는 3기 신도시인 창릉지구가 새롭게 조성되면서 서쪽에 위치한 일산 도심에 더해 창릉신도시가 새롭게 도심으로 채택되어 덕양구의 도시인프라 시설이 급격하게 증강되었다. 또한 고양특례시 최대 도시철도 복합역세권으로 급부상한 대곡역을 중심으로 대곡역세권 지식융합단지를 비롯한 다양한 도시개발사업이 추진되면서 그동안 갖고 있던 상대적 개발 열위 지역이라는 인식을 벗어나 빠르게 성장하고 있다. 이러한 덕양구의 도심축 설정과 더불어 서울로의 길목 입지라는 이점이 더해지면서 향후 덕양구의 가치는 계속해서 부각될 것으로 보인다.

잠재력 1위, 능곡동(행정동)

능곡동은 고양시 도시구조상 대곡-부도심에 속한 지역으로 기본적인 도시위계가 높다는 이점을 갖고 있다. 이러한 위계는 사실상 일산과 창릉을 연결하는 지점에 위치한 지정학적 조건과 관련이 있다.

능곡동은 GTX-A 노선을 포함한 5중 역세권인 대곡역을 보유하고 있다. 향후 여기에 더해 서울 지하철 9호선, GTX-F 노선이 추가로 연결될 가능성이 높은데 그렇게 된다면 최종적으로 7중 역세권으로 경기 서북부 최대 환승거점지가 된다. 이러한 환승거점지는 단순히 교통결절점만으로 끝나지 않고 도시인프라 증설과 새로운 업무시설 및 택지개발단지 개발로 이어져 시너지 효과를 높이게 되는데, 현재 대곡역을 중심으로 추진 중인 계획인구 2만 1,620명 규모의 '대곡역세권 지식융합단지' 개발이 바로 그것이다. 고양특례시는 2026년 중으로 대곡역세권 지식융합단지 지구 지정을 추진하고 있다.

또한 능곡동에서는 도시환경정비사업도 활발하게 진행되고 있다. 특히 능곡 재정비촉진구역 6구역은 2,700여 세대, 45층 규모의 대단지 아파트 단지로의 전환을 눈앞에 두고 있다. 이 사업이 성공적으로 완료될 경우, 주변의 능곡 재정비 촉진 2, 3, 5구역과 더불어 일대 도시가치를 상승시키는 요소로 작용할 것으로 보인다.

잠재력 2위, 창릉동(행정동)

2025년 진행된 《2040 고양도시기본계획》 공청회 자료에 따르면, 고양시는 기존 일산 중심의 단일 도심에서 창릉-도심이 더해진 2도심 체제로 바뀔 예정이다. 이로 인해 가장 큰 혜택을 보는 지역이 바로 창릉동이다.

창릉신도시는 창릉동, 화전동, 홍도동 및 행신4동 일부와 화정2동 일부에 걸쳐 조성된다. 도시의 중심이라고 할 수 있는 중심상업지역과 유동인구가 가장 많을 것으로 예상되는 GTX-A 창릉역이 이곳에 위치하고 있다. 따라서 창릉동은 창릉신도시를 구성하고 있는 다른 행정동들에 비해 더 높은 가치를 갖는 곳이라고 볼 수 있다. 신도시 중심상업지역에 위치하게 될 GTX-A 창릉역에는 추가적으로 고양은평선이 들어올 예정이다. 이는 서울시 은평구와 고양시청을 이어 주는 노선이며 향후 일산으로의 연결까지도 추진하고 있기 때문에 창릉신도시의 거점 영향력을 더 높여 줄 것이다.

그림7 고양특례시 덕양구 도시잠재력 중첩도

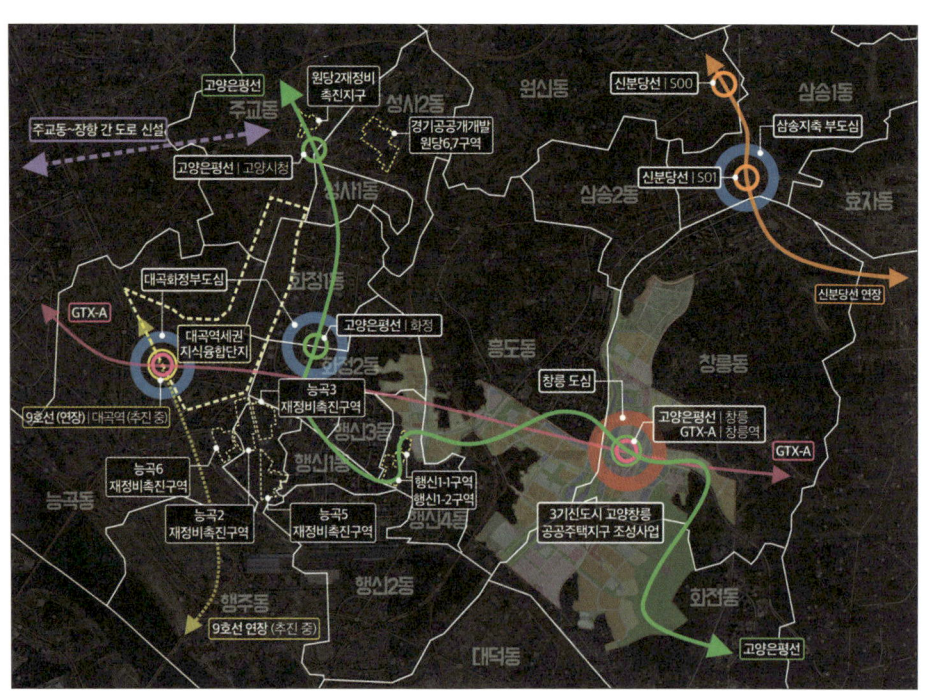

* 상기 표기된 주요 사업 및 철도계획은 추진 과정에서 변경될 수 있음.

04

경기도 부천시 오정구

부천시는 구한말 개항기부터 지금의 서울과 인천을 연결하는 교통상의 거점도시로 발전해 온 오래된 역사를 가진 도시다. 따라서 도시의 발전은 경인선 철도를 따라 거점화·도시화되는 과정을 거쳐 왔는데 주로 부천역과 소사역을 중심으로 원도심이 형성되었다.

이후 1990년대 1기 신도시인 중동신도시, 2000년대에 연이어 상동지구까지 들어오게 되면서 중·상동 지역이 도심으로 설정되었고, 부천시의 도시위계는 남쪽에서 북서쪽으로 이동했다. 그 결과 부천시는 중상동-도심, 부천소사-부도심, 춘의-부도심의 1

도심 2 부도심 체제로 발전하게 되었다.

원도심과 신도심이 위치하는 소사구와 원미구에 비해 북쪽의 오정구는 상대적으로 개발상 열위에 있었다. 그러나 최근 3기 신도시인 대장지구가 들어오게 되면서 기존 삼정-지구중심이 대장·오정-부도심으로 격상되면서 부천시는 1 도심 3 부도심 체제로 전환되게 되었다. 이로써 그간 비어 있던 북쪽의 거점이 새로이 확보되었다. 3기 신도시 대장지구가 들어오면서 도시위계가 상승하고 이를 지원하기 위한 대대적인 교통인프라 증설 계획으로 그동안 변두리로 여겨졌던 북쪽 오정구의 가치가 새롭게 조망받고 있다.

오정구의 특징

오정구는 면적 자체가 그리 넓지 않아 8개 법정동으로 구성되어 있다. 따라서 새로운 도시인프라가 들어온다고 가정했을 때 도시에 미치는 개발 영향의 편차가 그다지 크게 나타난다고 볼 수는 없다. 하지만 워낙에 도시화 자체가 이루어지지 않았던 지역이라 택지개발지구화로 인한 지목地目의 변경, 또 국가 단위의 대규모 교통인프라 시설 유입으로 인해 특정 동 중심으로 큰 대지가치 변화를 맞게 된 것이 사실이다.

이러한 변화의 중심을 차지하고 있는 곳은 주로 대장동과 오정동을 중심으로 조성되는 계획인구 4만 4,000명 규모의 3기 신도시 대장지구이며 여기에 대한 교통대책으로 새롭게 유입되는 대장–홍대선, GTX–D, GTX–E 노선을 중심으로 도시구조가 새롭게 재편될 것으로 보인다.《2040 부천도시기본계획》은 대장 지역을 GTX–D와 대장–홍대선을 기반으로 부천 북부의 광역교통 중심지(GTX 역사 중심 복합환승센터화) 및 인천 계양과 서울 마곡을 잇는 신산업벨트의 중심 거점도시로 개발하겠다는 의지를 적시하고 있다.

또한 오정구는 부천의 3대 부도심 중 하나인 춘의–부도심에도 일부 걸쳐 있다. 특히 이 지역중심에는 향후 2개의 GTX 노선이 더해지면 4중 역세권이 되는 부천종합운동장역이 있다. 이곳은 역세권 융복합개발사업과 복합환승센터가 추진되는 부천시의 광역교통 거점이 되기 때문에 앞으로 도시밀도가 급격하게 상승될 것으로 예상된다. 추가적으로 2025년 상반기에는 현재 오정구의 동서를 가로지르는 경인고속도로의 지하화가 확정됨에 따라 그동안 단절되었던 오정구 남북이 연결됨으로써 전반적인 도시가치가 상승하게 됐다.

잠재력 1위, 대장동(법정동)

《2040 부천도시기본계획》에 따르면 오정구에는 대장신도시를 중심으로 하는 대장·오정-부도심과 춘의-부도심, 원종·고강-지역중심 등 3개의 도시거점 중심 지역이 있다. 대장동은 그중 가장 도시위계가 높은 대장·오정-부도심을 포함하고 있다.

부천시의 발전축 가운데 오정구와 관련된 축은 '미래산업 성장축'으로 제1축은 인천계양-대장-종합운동장-원종·고강-서울·마곡을 연결하며 제2축은 대장-중·상동(영상문화단지)-송내를 지난다. 대장동은 이러한 두 축상에 모두 포함되는 결절점에 위치하고 있기 때문에 가장 큰 영향력을 받는 지역이다.

대장동에 가장 큰 영향을 주는 사업은 누가 뭐래도 계획인구 4만 4,000명에 달하는 3기 신도시 부천대장 공공주택지구다. 이 택지개발지구 안에는 약 16만 9,000평 면적의 도시첨단산업단지가 조성될 예정이기 때문에 높은 일자리 수요가 기대된다. 또한 이러한 신도시를 지원하기 위한 교통대책으로 2030년 개통 예정인 대장-홍대선과 2035년 개통을 목표로 하는 GTX-D, E라인이 추진 중에 있다. 따라서 대장동은 대단히 높은 개발압력을 받고 있으며 이러한 다양한 호재로 인한 영향력은 개발잠재력 차순위 지역과도 큰 격차를 보이고 있다.

잠재력 2위, 여월동

여월동은 부천의 3대 부도심 가운데 하나인 춘의-부도심의 영향을 받는 지역이다. 향후 춘의-부도심은 서해선과 서울 지하철 7호선에 더하여 GTX-B, D 노선이 더해진 4중 역세권인 부천종합운동장역을 중심으로 발전하게 될 예정이다. 또한 부천종합운동장역에서는 복합환승센터 개발과 부천종합운동장 일원 역세권 융복합개발사업이 진행될 예정이기 때문에 부천시를 대표하는 광역 교통 거점이자 고밀 입체도시가 될 것으로 기대된다.

도시발전축상으로는 부천의 3대 도시발전축 가운데 하나인 미래산업 성장축에 포함되어 있어 첨단산업과 관련된 투자 여건이 양호하고 신규 도시인프라 시설 인입 시 우선권을 갖고 있다. 인구증가와 관련된 택지개발지구 및 도시개발사업과 관련해서는 805세대의 성골지구 공공주택지구 개발사업이 진행 중에 있다. 따라서 오정구 내에서는 대장동 다음으로 높은 개발잠재력을 보이고 있다.

그림 8 부천시 오정구 도시잠재력 중첩도

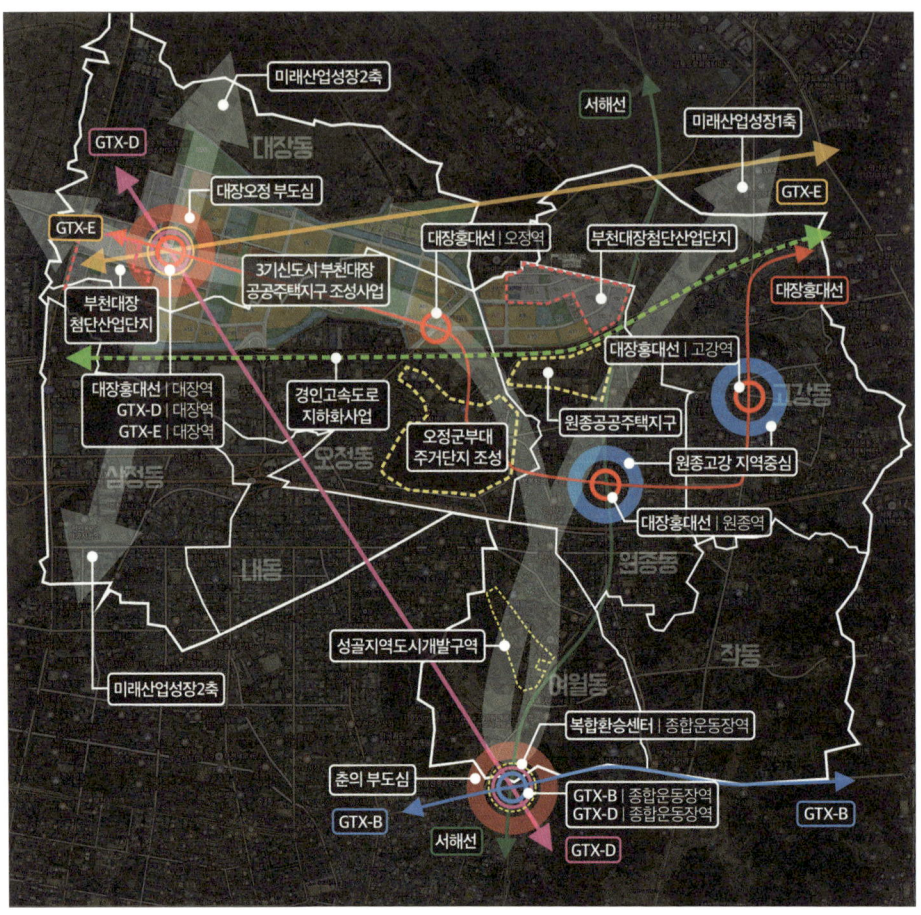

* 상기 표기된 주요 사업 및 철도계획은 추진 과정에서 변경될 수 있음.

05

경기도 과천시

경기도 과천시는 서울특별시에 집중되어 있는 정부의 기능을 분담한다는 분명한 목적을 갖고 조성된 대표적인 계획도시이자 서울시 서초구와 접한 경기도권의 대표적인 부촌이다. 경기도 주요 도시들 가운데 유일하게 서초구 도시거점지역과 직접 접해 있으며, 도시연담화都市連擔化● 효과로 서초구와 강남구의 풍부한 일자리로 인한 높은 주거 수요를 받고 있다.

게다가 행정구역 면적 대비 개발제한구역의 면적이 무려 78%

● 중심 도시의 팽창과 시가화의 확산으로 인해 주변 중소도시의 시가지와 서로 달라붙어 거대 도시가 형성되는 현상.

에 달해 토지 공급이 제한적이었기 때문에 공급 대비 수요 우세로 다른 경기도권 도시에 비해 높은 지가가 형성돼 왔다. 최근에는 과천지식정보타운, 신도시인 과천지구의 조성과 GTX-C라인, 그리고 위례과천선의 영향, 기존 도심의 도시재생사업 진행으로 도시가치의 변화가 주목되고 있다.

과천시의 특징

경기도 과천시는 서쪽의 관악산과 동쪽의 청계산을 병풍처럼 두르고 위, 아래가 터진 분지 형태의 지형에 자리 잡고 있다. 그러므로 자연스럽게 남북 방향의 선형 구조로 형성되었고 과천정부청사역을 중심으로 단일 도심 구조로 발달되어 왔다.

이러한 선형의 도시구조로 인해 과천시는 자연스럽게 북부 생활권과 중심 생활권 그리고 남부 생활권의 3개 생활권역으로 구분된다. 중심 생활권은 과천정부청사 중심부의 도심, 남부 생활권은 과천지식정보타운, 북부 생활권은 과천동을 중심으로 각각 2곳의 지역중심으로 설정되어 있었다. 특히 북부 생활권인 과천동의 경우 앞으로 조성될 3기 신도시인 과천지구가 북쪽의 실제적 지구중심 거점지로 자리 잡게 될 것으로 보인다.

특히 3기 신도시 과천지구(계획인구 약 2만 7,552명) 바로 동쪽으로 주암택지개발지구(계획인구 1만 9,109명)가 이격되지 않고 이어저 있기 때문에 사실상 인구 5만 명 규모의 중형 신도시가 들어오게 되는 셈이다. 거기에 더해 GTX-C, 위례과천선 등 철도인프라 증설 및 3기 신도시 과천지구와 서울 방배 및 서초 지역으로의 교통여건 개선을 위한 다양한 도로 신설 및 지하화 계획 등이 경기도 과천시의 이후 성장 동력을 좌우하는 주요 도시계획요소들이라고 볼 수 있다.

또한 3기 신도시 과천지구는 서울에서 이어져 들어오는 주요 교통인프라의 결절점에 위치한 택지개발지구로서 구도심에 비해 서울로의 접근성이 유리하므로 기존 정부과천청사 중심의 도시 무게중심을 북쪽으로 끌어올려 줄 수 있을지 주목된다. 그뿐만 아니라 남부 생활권의 과천지식정보타운(계획인구 1만 9,109명)의 경우, 2027년 개통 예정인 4호선 과천지식정보타운역을 통해 남쪽에 연접한 안양시 인덕원역의 GTX-C 노선과 월판선, 동탄인덕원선, 경강선으로의 접근성 향상으로 인해 북측 못지않은 도시잠재력을 가진 곳으로 볼 수 있다.

따라서 과천시에 대한 관전 포인트는 정부과천청사역을 중심으로 하는 구도심의 재생사업과 새롭게 조성되는 3기 신도시 과천지구와 주암지구로 연결되는 과천시 북쪽 서울 인접 라인, 그리고 남쪽 인덕원 4중 역세권으로의 월등한 접근성을 가진 과천지식정보타운의 세 도시거점 중 어느 곳으로 도시밀도가 쏠릴 것인지에 있다고 할 수 있다.

잠재력 1위, 과천동(법정동)

《2035 과천도시기본계획》에서 설정한 바에 따르면 과천동은 경기도 과천시의 2개 지역중심 가운데 북부-지역중심에 속하기 때문에 도시구조상 과천시에서 두 번째로 높은 위계지역으로 볼 수 있다. 또한 과천시는 선형의 구조를 갖고 있기 때문에 북부-지역중심에서 도심을 거쳐 남부-지역중심까지 이어지는 하나의 도시발전축을 가지며 그에 따라 도시 발전주축상에 직접적으로 포함되어 있다.

과천동에 가장 큰 영향을 미치는 도시계획요소는 3기 신도시 과천 과천지구다. 계획인구 2만 7,552명, 1만 204세대 규모의 신규 택지개발지구가 과천동 남부의 3분의 1을 차지할 정도로 과천시 내에서 가장 큰 영향을 받는 지역이다.

이러한 신규 주택 공급에 더해서 여러 도시인프라 요소들이 더해지게 되는데, 그 가운데 대표적인 도시철도인프라로는 과천지구 중심부에 들어오는 위례과천선이 있다. 위례과천선은 정부과천청사에서부터 시작해 과천지구를 거쳐 서울시 강남구 압구정동 및 송파구 복정동까지 Y자로 분기해 연결되는 노선으로 사업비 4,000여억 원이 소요되는 대규모 도시철도사업이다. 2026년 기준으로 2032년 개통을 목표로 하고 있다.

또한 과천시는 서울로 출퇴근하는 차량 수요를 철도와 광역버스로 전환하기 위해 현재 운행 중인 4호선 선바위역을 중심으로 환승센터를 구축해 서울로의 접근성을 향상시킬 예정이다. 이를 뒷받침하기 위해 사당 및 방배 방면으로의 접근성을 높이기 위한 '과천-이수 간 복합터널 조성사업' 및 '제2우면산터널(과천-방배 간) 조성사업'을 추진하고 있다. 그 외에도 과천동의 도시가치 상승에 영향을 줄 수 있는 요소로는 '과천-우면산 간 도시고속화도로 지하화사업', '과천시 공공하수처리시설 지하화 및 상부 대규모 공원화 사업', '관문 제2체육관 건립사업' 등이 있다.

특히 과천동은 과천시의 다른 도시거점들과 비교했을 때 서울과의 접근성이 가장 양호하면서도 서울로 연결되는 교통인프라의 증가로 앞으로 접근성이 더 형상될 것으로 예상된다. 덕분에 앞으로도 더욱더 많은 개발압력 및 도시 발전잠재력이 기대된다.

잠재력 2위, 별양동(법정동)

과천시에서 두 번째로 높은 개발잠재력을 보이는 곳은 별양동이다. 과천의 도심 영역에 속하기 때문에 도시밀도와 인프라 집적도가 가장 높은 지역이다. 또한 그로 인해서 과천시의 단일 발전축상에 자동적으로 놓이는 지역이다.

별양동은 과천시 유일의 GTX-C라인 정차 역이자 위례과천선 및 서울 지하철 4호선의 3중 역세권인 정부과천청사역의 직접적인 영향권 안에 들어가 있으므로 교통인프라 영향을 광역적으로 받게 된다. 또한 현재 과천시에서 추진 중인 '과천대로 지하화 사업(부림동-별양동-원문동)' 영역에 가장 많이 노출되어 있으므로 토지 효율화 측면에서 가장 많은 혜택을 받는 지역이 될 것이다. 더불어 현재 추진 중인 주공4단지와 주공5단지 재개발사업을 통해 기존 노후 아파트가 신축되면서 도시가치를 새롭게 끌어올려 줄 것으로 예상되기 때문에 높은 도시잠재력이 예상된다.

그림 9 과천시 도시잠재력 중첩도

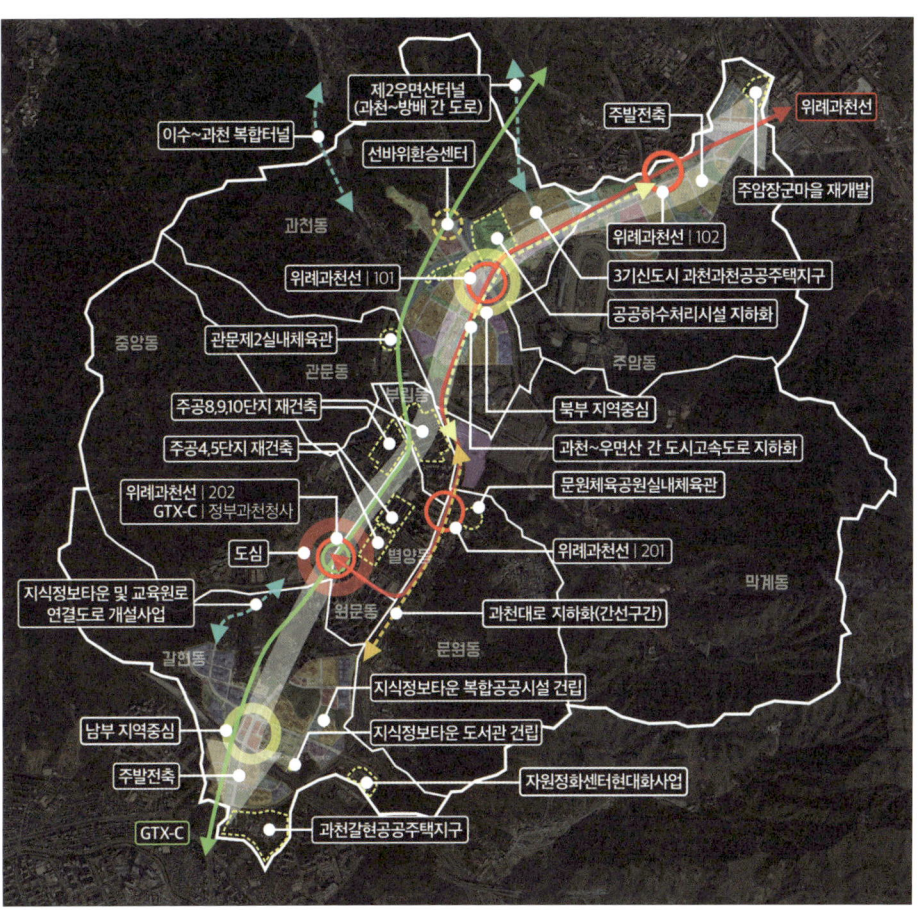

이수~과천 복합터널

제2우면산터널
(과천~방배 간 도로)

선바위환승센터

주발전축

위례과천선

과천동

주암장군마을 재개발

위례과천선 | 101

위례과천선 | 102

3기신도시 과천과천공공주택지구

공공하수처리시설 지하화

관문제2실내체육관

중앙동

관문동

주암동

주공8,9,10단지 재건축

주공4,5단지 재건축

북부 지역중심

과천~우면산 간 도시고속도로 지하화

문원체육공원실내체육관

위례과천선 | 202
GTX-C | 정부과천청사

위례과천선 | 201

도심

별양동

막계동

지식정보타운 및 교육원로
연결도로 개설사업

원문동

과천대로 지하화(간선구간)

남부 지역중심

갈현동

문원동

지식정보타운 복합공공시설 건립

주발전축

지식정보타운 도서관 건립

GTX-C

자원정화센터현대화사업

과천갈현공공주택지구

* 상기 표기된 주요 사업 및 철도계획은 추진 과정에서 변경될 수 있음.

06

경기도 남양주시

경기도 남양주시는 서울특별시와 직접 경계를 맞대고 있는 경기도 12개 시 가운데 하나로, 그중 가장 넓은 면적(서울 면적의 약 4분의 3)을 가진 대표적인 도농·복합형도시다. 그러다 보니 도시 중심에 인구가 집중되기보다는 넓은 지역에 걸쳐 분산되어 있고 그로 인한 난개발로 도시가 효율적으로 발전하기 어려웠다.

이러한 상황으로 인한 도시 파편화를 해소하기 위해 남양주시는 서울시로의 접근성이 우수한 지역인 별내신도시, 다산신도시, 지금·도농뉴타운, 양정역세권, 덕소뉴타운의 거점 개발로 선형적 시가지 연담화 계획을 추진해 왔다. 그뿐만 아니라 최근에는 3기

신도시 가운데 최대 규모에 해당하는 왕숙신도시가 발전주축상 중추적인 위치에 자리 잡게 되면서 서울시 노원구 및 강동구, 경기도 구리시 및 하남시와 인접한 지역을 중심으로 거대한 도시권역을 형성해 나가고 있다.

경기도 남양주시의 특징

이러한 거대 도시권의 형성이 가능한 이유는 바로 서울특별시에서 남양주시로 연결되는 4호선, 8호선, 경의중앙선, 경춘선, 그리고 향후 추가될 예정인 9호선의 연장인 강동·하남·남양주선, GTX-B라인 등 서울로 직결되는 다양한 도시철도의 보급에 있다.

도농에서 양정 그리고 덕소까지 이어지는 도시거점 라인은 경의중앙선 역사를 중심으로 연결되고, 도농과 직접적으로 연결된 다산신도시는 서울 지하철 8호선으로 북측의 별내신도시까지 연결된다.

또한 서울시 중랑구와 인접한 별내신도시는 경춘선과 4호선을 통해 서울과 직접 연결된다. 게다가 앞서 설명한 모든 남양주시의 도시거점과 서울로부터 들어오는 도시철도를 세로로 꿰며 연결하는 노선이 바로 강동·하남·남양주선이다.

따라서 남양주시는 GTX-B 노선과 강동·하남·남양주선이 개통되는 시점인 2031~2032년 즈음에는 계획도시들의 도시인프라가 어느 정도 완성되면서 지금과는 크게 다른 모습으로 발전해 있을 것이다.

《2035 남양주 도시기본계획》에 따르면 남양주시는 왕숙·다산·양정을 중심으로 하는 단일 도심과 진접·오남, 와부, 화도의 3개 부도심, 별내, 호평·평내의 2개 지역중심으로 구성되어 있다.

이러한 도시거점들의 위치적 특징은 화도−부도심, 평내·호평−지역중심을 제외한 모든 거점이 대부분 서울과 구리, 하남 접경인 남양주시의 극서부에 포진하고 있다는 사실이다. 이는 남양주시가 비록 광대한 면적을 가지고 있지만 도시화 지역들은 서울과 서울로 연결되는 도시인프라와의 연결에 매우 의존적이라는 사실을 여실히 보여준다.

이러한 개발 여건은 서쪽 지역으로 개발이 편중되는 결과를 불러올 것이다. 하지만 이러한 현실에도 남양주시는 지역의 균형발전을 추구할 만큼 여유롭지는 못한 상황으로 보이며 앞으로도 당분간은 서측부의 발전에 집중할 것으로 보인다.

잠재력 1위, 진관리

현 시점을 기준으로 아직까지 왕숙신도시는 준공되지 않은 상황이다. 하지만 추후에 도시가 완전히 들어서면 진관리의 행정명칭은 진관동으로 변경될 예정이다. 진관리는 남양주시의 다른 지역과 비교할 때 도시개발압력이 매우 높게 나타나는 곳이다. 우선 이곳은 시에서 설정하고 있는 도심(왕숙)에 속한다. 그뿐만 아니라 시의 발전주축인 남북광역중심발전축상의 중심부에 위치하고 있기 때문에 향후 모든 시정 개발사업상 우선순위가 가장 높은 지역이다.

3기 신도시 왕숙지구는 모두 총 6개 행정구역에 걸쳐 들어오게 되는데 특히 진관리에는 중심상업지역과 더불어 첨단산업단지 부지가 포함되어 있기 때문에 사실상 남양주시의 생산 및 업무시설의 중심부로 자리매김할 것으로 보인다.

진관리의 잠재력에 가장 큰 영향을 미치는 부분은 바로 신설 예정 도시철도다. 진관리에는 강동·하남·남양주선, GTX-B, GTX-F, 총 3개의 도시철도가 들어올 예정이며 이는 가장 빠르게 서울의 주요 도심부로 이동할 수 있는 핵심적인 교통수단이다.

잠재력 2위, 연평리와 일패동(법정동)

연평리는 도시구조 위계상 진접·오남-부도심에 속한다. 비록 왕숙신도시의 최북단에 위치하고 있지만 남양주시 주발전축에 포함되므로 역시 도시개발정책상 최우선순위에 놓여 있어 발전잠재력이 매우 높다.

연평리는 계획인구 15만 명의 왕숙신도시뿐 아니라 계획인구 2

만 4,000명의 진접2지구를 포함하고 있으며, 여기로 유입되는 다양한 교통인프라의 혜택을 받게 된다. 풍양역을 중심으로 진접선(4호선 연장), 강동·하남·남양주선(9호선 연장), GTX-F(순환선)가 예정되어 있다.

일패동은 남양주시에서 설정하고 있는 '도심'에 속한 지역이며 역시 발전주축에 포함되어 있다. 일패동에 가장 큰 영향을 주는 요소는 계획인구 3만 7,000명의 왕숙2공공주택지구 조성사업이다. 왕숙2지구에 자리 잡게 될 도시철도역에는 강동·하남·남양주선, GTX-F가 예정되어 있다. 만약 남양주에서 경기도에 제출한 6호선 연장안까지 통과된다면 6호선도 이용할 수 있게 된다.

남양주시에서 도시잠재력이 높게 나타나는 지역들의 공통적인 특징은 1) 도심을 포함하는 발전주축을 따라 분포하고 2) 세로축의 강동·하남·남양주선과 가로로 연결되는 4호선, 6호선, GTX 라인의 중복 역세권에 해당한다는 점 3) 3기 신도시 및 양정역세권 개발사업과 같은 택지개발 및 도시개발사업지에 포함된 지역과 중첩되어 있다는 점이다.

그림 10 남양주시 도시잠재력 중첩도

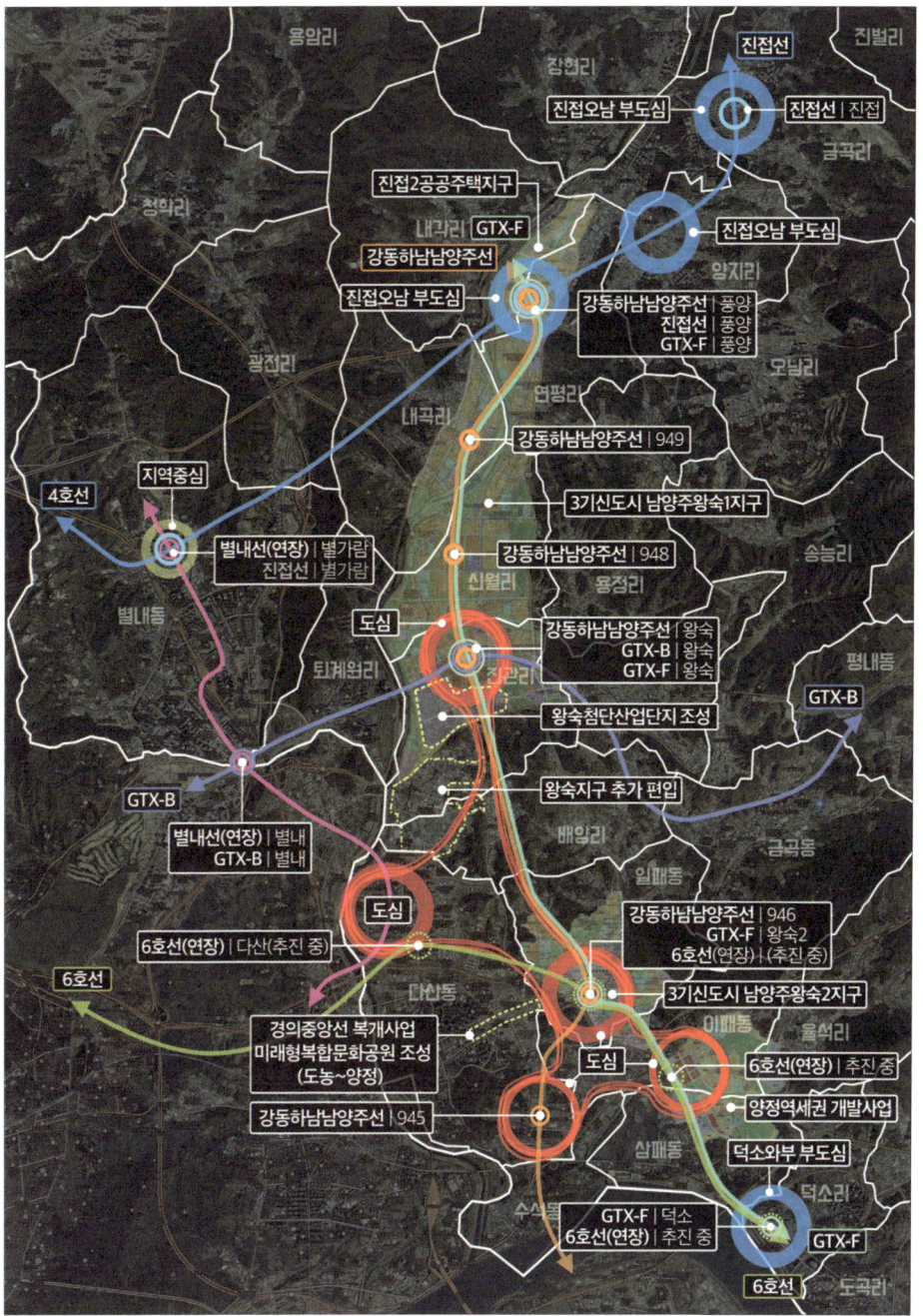

진접선

진접오남 부도심

진접선 | 진접

진접2공공주택지구

내각리 | GTX-F

강동하남남양주선

진접오남 부도심

강동하남남양주선 | 풍양
진접선 | 풍양
GTX-F | 풍양

강동하남남양주선 | 949

4호선

지역중심

3기신도시 남양주왕숙1지구

별내선(연장) | 별가람
진접선 | 별가람

강동하남남양주선 | 948

도심

강동하남남양주선 | 왕숙
GTX-B | 왕숙
GTX-F | 왕숙

GTX-B

왕숙첨단산업단지 조성

GTX-B

왕숙지구 추가 편입

별내선(연장) | 별내
GTX-B | 별내

도심

강동하남남양주선 | 946
GTX-F | 왕숙2
6호선(연장) | (추진 중)

6호선(연장) | 다산(추진 중)

3기신도시 남양주왕숙2지구

6호선

도심

6호선(연장) | 추진 중

경의중앙선 복개사업
미래형복합문화공원 조성
(도농~양정)

양정역세권 개발사업

강동하남남양주선 | 945

덕소와부 부도심

GTX-F | 덕소
6호선(연장) | 추진 중

GTX-F

6호선

* 상기 표기된 주요 사업 및 철도계획은 추진 과정에서 변경될 수 있음.

07

경기도 하남시

경기도 하남시는 서울특별시 강동구, 송파구와 길 하나 사이로 경계를 맞대고 있는 서울 초접경 도시이자 대표적인 서울의 위성도시다. 하남시는 서울과 가깝지만 2009년 이전까지만 하더라도 도시 전체 면적의 90%가 개발제한구역으로 설정되어 있어 부동산 측면에서는 그다지 큰 이목을 끌지 못했다. 하지만 2009년 보금자리주택사업의 일환으로 선정된 '하남미사 공공주택지구'의 개발을 첫 신호탄으로 수도권 부동산 시장의 뜨거운 감자로 떠올랐다. 이후 3차 보금자리주택사업지인 '감일 공공주택지구'와 2기 신도시인 '위례 택지개발지구'가 함께 조성되면서 미사지구가 본격적으로 입주를 시작한 2015년 직전에는 14만 명이었던 인구가 감일지구와 위례지구의 입주가 마무리된 2024년에는 무려 32만 명까지 치솟았다.

이처럼 굵직한 택지개발지구 3개가 연이어 들어오게 되면서 인구가 급속히 늘어났고 입주민 대부분이 하남시가 아닌 서울시에 직장을 두고 있던 터라 입주민을 중심으로 서울로의 도시철도 교통대책이 꾸준히 요구되어 왔다. 미사지구의 경우 서울 지하철 5호선이 2020년에 개통되어 서울로의 접근성이 향상되었다.

하지만 정작 분양 초기부터 언급되었던 미사 북쪽의 교통대책인 9호선의 하남 미사 연장사업, 송파와 감일을 잇는 3호선 하남 연장사업 그리고 강남과 위례지구를 연결하는 위례신사선사업 등이 계속해서 지연되면서 도시 준공 이후에도 철도교통이 부재해 입주민들이 오랫동안 불편을 겪을 수밖에 없었다.

그러던 와중에 2024년 12월 서울 지하철 9호선의 연장인 강동·하남·남양주선의 기본계획이 승인되고 3호선의 연장인 송파하남선의 기본계획까지 연이어 승인됨으로써 경기도 하남시의 북측과 남측이 각각 서울의 강동, 송파와 직접 도시철도로 연결되면서 서울 접근성에 대한 뚜렷한 윤곽이 잡혔다.

그뿐만 아니라 2018년 고시된 3기 신도시인 하남교산지구가 속도는 더디지만 계속해서 윤곽을 잡아 나가고 있는 상황에서 2024년, 정부와 경기도의 GTX 및 GTX플러스 노선들이 잇따라 발표됐다. GTX-D, GTX-F 노선이 모두 하남교산지구로 연결되는 것으로 정해지면서 하남시의 도시구조는 이전과는 완전히 다른 양상으로 바뀌게 되었다.

하남시의 특징

하남시는 덕풍동과 신장동을 중심으로 도심이 발달되었고 2010년대 이후 미사지구 같은 대규모 택지개발지구들이 들어오면서 신도시별로 도시거점화 되는 양상을 보여 왔다.

예를 들면 가장 규모가 큰 미사지구가 두 번째 위계지역인 '부도심', 두 번째로 큰 규모인 3기 신도시 교산지구 역시 '부도심', 그리고 감일지구와 위례지구가 각각 세 번째 위계지역인 '지구중심'이 되는 식이다. 그 외에 추가적으로 도심과 교산-부도심 사이에 천현-지구중심이 위치하는데, 이곳은 도심과 부도심을 연결하는 거점지이자 3기 신도시 교산지구와도 직접적으로 연결되어 있는 독특한 위치에 놓여 있는 지역이다.

앞서 언급했던 것처럼 경기도 하남시에 이러한 대규모 택지개발지구가 계속해서 조성되고 있지만 이를 뒷받침할 도시철도의 조성 상태가 그 속도를 따라가지 못하고 있는 상황이다. 따라서 하남시의 경우는 서울로의 도시철도 노선별 위치와 개통 연도를 꼼꼼히 체크하고 아직 확정되었다고 보기 어려운 GTX 노선별 계획을 지속적으로 추적하면서 예의주시할 필요가 있다.

또한 하남시에는 여전히 개발제한구역으로 남아 있는 토지가 많은데, 이 가운데 높은 개발압력으로 개발제한구역이 해제되어 국가와 하남시 주도로 다양한 개발사업이 진행될 예정인 곳들이 있다. 그중에서도 특별히 현재 미사리조정경기장(미사동 미사아일랜드)에 위치하게 될 'K스타월드', '하남당정국가정원' 조성사업을 예의주시할 필요가 있다.

K스타월드는 사업면적 50만 평에 총 19조 원의 예산이 투입되는 대규모 사업이다. 2025년에 사업 기본 구상 및 사업타당성검토 용역이 완료되었고 2026년부터 본격적으로 사업자 선정 및 인허가 절차가 진행된다. 사업부지 내에는 K-Pop 콘서트장, 영화 촬영장, 문화영상산업단지 및 호텔 등의 부대시설이 조성될 예정이다.

특히 이곳은 K-컬처 집적단지의 성격을 띠도록 개발될 예정이기 때문에 사업지인 미사동뿐만 아니라 인근의 선동, 망월동, 덕풍동까지 확장 여력을 얻게 되면서 전반적으로 도시의 가치가 상승할 것으로 예상된다. 그뿐만 아니라 미사섬 남단에는 K스타월드 개발과 연계하여 하남당정국가정원 개발사업이 동시에 추진되므로 하남시는 명실상부 서울 접경 최대의 레저휴양도시로 자리매김하게 될 것으로 보인다.

항동은 행정구역상 50% 이상이 산지로 이루어진 곳이지만 북동쪽에 한정해 본다면 하남시에서 가장 많은 도시개발 호재 요소가 밀집된, 개발압력이 대단히 높은 지역이다. 우선 항동의 북측 지역은 하남시에서 두 번째로 위계가 높은 교산-부도심 지역에 속한다. 또한 하남시의 2대 발전축 가운데 감일과 교산을 연결하는 발전축상에 포함되어 있다.

3기 신도시 교산지구는 6개 법정동에 걸쳐 조성되며 항동은 그 중 가장 남쪽을 담당하고 있다. 교산지구의 토지이용계획상 중심 상업 및 업무시설 밀집지역은 사실 지도상에서 지구 전체 중심이 아닌 북쪽의 천현동 쪽으로 치우쳐져 있다. 하지만 실제적인 도시의 중심 지역은 인구유동량이 가장 많은 도시철도 다중 역세권이 될 것이므로 현재 계획상 송파하남선과 GTX 라인의 교차점인 A11부지 동측의 주상복합, 일반상업, 문화산업, 자족부지가 모여 있는 곳으로 추정할 수 있다. 항동은 이 지역에 속하는 A11, A12, A13부지를 모두 포함하고 있다.

하남시는 올림픽대로, 수도권제1순환고속도로, 중부고속도로, 세종포천고속도로가 모두 연결되어 있기 때문에 고속도로 접근성이 매우 뛰어난 곳으로 유명하다. 거기에 더해서 현재 추가될 예정인 도로가 하나 더 있는데 바로 최근 종점 논란으로 곤욕을 치르고 있는 '서울-양평 간 고속도로'다. 이 고속도로는 하남 감일에서 시작하여 현재는 양평군 강상면까지 연결하는 것으로 계획되어 있는데, 하남시에서 이용할 수 있는 나들목은 항동의 상사창 IC와 상산곡동의 상산곡IC 2곳이다.

따라서 항동은 향후 교산신도시의 중심점을 포함하게 되면서 서울로 연결되는 3개 도시 및 광역철도, 거기에 더해 서울 및 경기도 어디로든 빠르게 이동할 수 있는 핵심 고속도로인 수도권제1순환고속도로에 직접 연결되는 1개의 고속도로 신설이 예정되어 있기 때문에 하남시에서 도시개발압력이 가장 높게 나타나는 지역으로 볼 수 있다.

잠재력 2위, 하사창동, 춘궁동(법정동)

하사창동은 교산-부도심에 포함되며 향후 도시위계가 높아지게 될 대표적인 지역들 중 하나다. 이곳 역시 하남시의 주발전축 영향권 아래 있으며 특히 3기 신도시인 교산지구의 일부를 구성하는 핵심적인 지역이다. 특히 송파하남선, GTX-D, GTX-F 노선 등 3중 역세권의 영향권에 포함되는 곳이므로 서울로의 연결성이 대폭 향상될 예정이다.

하사창동과 거의 유사한 도시개발압력을 받고 있는 곳은 춘궁동이다. 역시 교산지구를 구성하는 주요 동 가운데 하나이며 마찬가지로 송파하남선, GTX 2개 노선이 만나는 3중 역세권을 공유한다.

하남시에서 발전잠재력이 높게 나타나는 곳들의 특징은 주로 3기 신도시인 교산지구에 속하고 특별히 교산-부도심과 하남-도심의 연결선상에 위치하여 주발전축에 포함되어 있다는 점이다. 또한 서울로 직결되는 도시철도 및 광역철도의 중첩도가 높은 지역들이 전반적으로 높은 잠재력을 보이고 있는 것으로 나타난다.

그림 11 하남시 도시잠재력 중첩도

* 상기 표기된 주요 사업 및 철도계획은 추진 과정에서 변경될 수 있음.

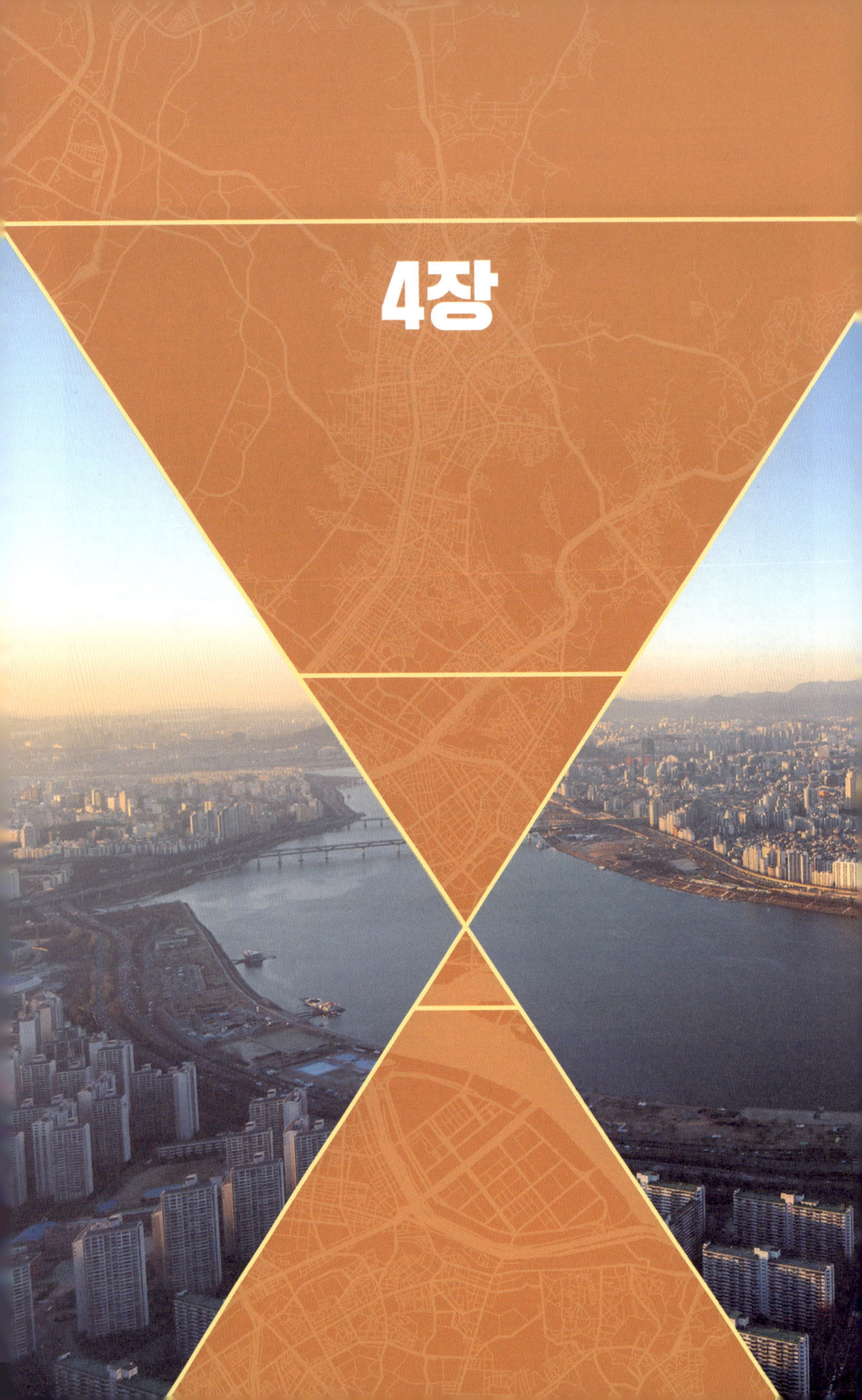

4장

똘똘한
한 채를
가려내는
기준
(이론)

01

변동성보다
기본 가치를 보라

진정한 승자는 누구인가

자본주의 사회, 시장경제 시스템 안에서 국가의 경제가 지속적으로 성장한다는 가정하에 아파트의 가격은 장기적으로는 우상향 곡선을 그리겠지만 그 과정이 결코 순탄치만은 않다. 대한민국에 존재하는 20~30년 된 아파트의 가격 변화 추이 그래프를 준공 이후 전체 기간에 걸쳐 넓게 펼쳐 놓고 보면 대체적으로 우상향의 모양새가 나타나겠지만, 특정 연대의 구간을 끊어서 확대해 보면 제법 많은 등락을 반복하고 있는 것을 볼 수 있다.

아파트의 가격이 이처럼 끊임없이 변동하는 이유는 기간별로 수요량과 공급량이 수없이 뒤바뀌기 때문이다. 이는 단순히 신축 아파트의 수요 대비 공급량으로만 결정되는 것은 아니다. 아파트를 구입하고자 하는 가상의 수요층이 은행 이자를 고려하더라도 충분히 버틸 만할 정도의 경제적 수입을 갖고 있는지 여부에 따라서도 크게 좌지우지된다.

많은 사람들이 이런 아파트의 가격 주기 변동에 관심이 많겠지만 필자는 사실 이 부분에 크게 관심이 없다. 개인적으로는 그러한 변동 주기와 폭을 예측해서 낮은 가격에 사고 높은 가격에 되팔아 차익을 남기는 소위 '갭투자'를 좋아하지 않는다. 금전적 수익만큼 정신적 건강을 중요하게 생각하기 때문이다. 부동산 투자에는 일반적으로 고위험 – 고수익High risk-High return의 원칙이 따르는데, 위험성이 높은 사업일수록 고수익이 보장되는 경우가 많다는 뜻이다.

일단 갭투자와 같이 치고 빠지는 방식의 부동산 투자에 발을 들여 놓는 순간부터는 온통 신경이 거기에 쏠려서 다른 일에 집중하지 못할 정도로 정신적으로 시달리게 된다. 또한 예측이 맞아떨어져서 수익이 나면 좋겠지만 그렇지 못해 금전적 손실을 입기라도 한다면 그야말로 생지옥을 경험하게 된다.

따라서 수익의 초점을 고수익과 고위험의 가능성이 공존하는 불확실성에 맞추기보다는 고수익까지는 아니더라도 실패 확률이 낮은 안정성에 맞추는 편이 정신적 건강을 잃지 않으면서 지속 가능한 투자를 할 수 있는 가장 합리적이고 행복한 투자 방식이다. 그러한 안정적인 투자를 위한 첫 번째 걸음을 내딛기 위해서 우리는 목적하는 투자처에 대해 그 누구보다도 잘 알아야 하는데, 특별히 아파트라고 하는 건축물의 본질부터 잘 알아야 한다.

각각의 아파트는 저마다 다른 입지적 조건 위에 지어져 있다. 재미있는 사실은 아파트들의 동일 기간대별 가격 추이를 겹쳐 보면 추세가 일치하는 물건들은 없지만 유사한 가격 변동 패턴을 보이는 아파트군은 존재한다는 점이다. 우리는 특별히 그 가운데 가격의 변동 폭, 특히 시장의 상황 및 시장 금리 등의 외부적인 환경 변화에도 가격 하락 폭이 급격하게 나타나지 않는, 비교적 기초 체력이 튼튼한 아파트들의 특징을 알아보고자 한다.

기초 체력이 튼튼한 아파트의 공통점

서울에서 비교적 높은 가격대를 형성하고 있는 주거단지들에서 몇 가지 샘플을 추출해서 공통점을 살펴보기로 하자. 하지만 그 전에 전제조건이 있다. 대부분의 평범한 아파트에게는 없는 특수한 수요요소들은 제외되어야 한다. 예를 들면 '국내에서 가장 높은 랜드마크'라는 고유성을 가진 곳이라든지, 일반적으로 거래되지 않는 대형 평형대 아파트는 제외하고 통상적으로 거래량이 많은 소위 '주력 평형대'라고 불리는 아파트로 그 범위를 한정한다.

표8 서울 주요 고가 아파트의 특징

행정구역	평형	거래가 (억)	평당가 (만)	특징 키워드				
				도시거점	역세권	고속도로	우수 학군지	수변조망
서초구 반포동	34	42.9	12,600	반포 지구중심	3호선 7호선	경부고속 올림픽대로	신반포중 세화여중 (상위 1%)	한강
강남구 청담동	36	40.6	11,300	강남 도심	7호선	올림픽대로	신사중 (상위 2%)	한강 (초근접)
강남구 도곡동	33	34.5	10,400	도곡 지구중심	3호선 수인분당	×	휘문중 (상위 1%) 중동중 (상위 2%)	×
서초구 잠원동	33	34.1	10,300	강남 도심	3호선 신분당선	올림픽대로	신동중 신반포중 (상위 1%)	한강
강남구 삼성동	33	29.2	8,800	강남 도심	7호선 수인분당	올림픽대로	신사중 (상위 2%)	×
송파구 잠실동	33	27.4	8,300	잠실 광역중심	2호선	올림픽대로	잠실중 (상위 10%)	한강 (초근접)
강남구 역삼동	35	28.0	8,000	강남 도심	2호선 수인분당	×	휘문중 (상위 1%) 중동중 (상위 2%)	×
서초구 방배동	33	25.5	7,700	사당이수 지역중심	4호선 7호선	×	세화여중 신반포중 (상위 1%)	×
송파구 신천동	33	23.4	7,100	잠실 광역중심	2호선 8호선	올림픽대로	잠실중 (상위 10%)	한강 (초근접)
마포구 용강동	34	22.9	6,700	마포공덕 지역중심	5호선	강변북로	서울여중 (상위 11%)	한강
용산구 용산동	38	25.1	6,600	용산 광역중심	4호선 경의중앙	강변북로	성심여중 (상위 23%)	한강
양천구 목동	36	23.2	6,400	목동 지역중심	5호선	서부간선	양정중 (상위 1%)	안양천
마포구 아현동	33	20.0	6,100	아현 지구중심	2호선 5호선	×	서울여중 (상위 11%)	×

출처: 국토교통부 실거래가, 교육부 〈학교알리미〉 자료(2025년 상반기 기준)

* 도시거점은 영역에 근접한 경우도 포함되는 것으로 간주함.
* 서울시 도시거점 위계 순서: 도심 〉 광역중심 〉 지역중심 〉 지구중심.

우리나라에서 소위 '국평'이라고 불리는, 거래량이 가장 많다고 볼 수 있는 30평형대 아파트를 조사 대상으로 삼았다. 그중에서도 최소 300세대 이상으로 구성되어 있고, 충분한 가격 변동 데이터 확보를 위해 최소 입주 기간이 10~20년을 경과했고, 20억 원 이상의 가격에 거래되고 있는 아파트들을 추려 보았다.

〈표 8〉을 보면 평당 가격 6,000만 원 이상에 거래되고 있는 서울시의 30평형대 아파트들은 최소한 서울시의 도시기본구조에서 정하고 있는 주요 거점지(도심, 광역중심, 지역중심, 지구중심)에 포함되거나 그와 근접한 지역임을 발견할 수 있다.

그뿐만 아니라 지하철 접근성의 경우 대부분 2개 이상의 복수 역세권을 이용할 수 있는 지역이며 최소한 1개 이상의 초역세권• 입지를 갖고 있다. 그 외에도 도시고속도로, 학군, 한강 접근성 부분은 모두가 공유하고 있는 요소는 아니지만 하나라도 보유한 아파트는 앞서 언급한 다른 요소가 다소 미흡하다 하더라도 결과적으로 높은 가격대를 보이고 있다.

이러한 특징들을 볼 때 상기 5개 요소 항목들 가운데, 도시 중심지 접근성(도시거점 위계)과 도시철도 접근성은 아파트 가격에 지배적인 영향을 준다는 가설을 세울 수 있고 그 외에도 도시고속도로, 학군, 수변조망성 요소 역시 아파트 가격을 형성하는 데 중대한 역할을 한다고 유추할 수 있다.

• 지하철(기차)역을 도보로 이용하는 시간이 5분 이내로 짧은 곳.

부동산 가격을 움직이는
핵심 요소들

용도별 건물의 성격

대한민국에는 수많은 건물이 있고 각 건물은 저마다의 용도와 가치를 지닌다. 그리고 이러한 가치는 수요와 공급량의 조정 Balancing을 통해 실거래 가격*이라는 '태그'를 달게 된다. 그중에서도 시장에서 가장 많이 거래되는 건물들, 소위 '가격 패턴'이라는 데이터를 추출해 낼 수 있는 건물을 '집합건물'이라고 한다. 소위

• 소유자들이 희망하는 가격을 '호가'라 하고 실제로 거래가 이루어진 가격.

'집합주거시설', '집합업무시설', '집합상가'가 여기에 속하는데, 이 3가지 건축물은 용도가 모두 상이하다.

우선 주거시설은 사람이 기본적으로 먹고 자고 생활하는 공간이다. 인간의 기본적인 욕구를 충족해 주는 역할을 하며 밖에서의 경제활동을 지원하는 휴식공간인 동시에 자녀를 기르고 양육하는 공간이기도 하다.

주거시설은 3가지 용도 가운데 유일하게 24시간 거주가 가능한 곳이다. 따라서 인간의 기본적인 욕구를 충족하는 데 얼마나 충실한가의 여부가 주거시설을 선택하는 데 있어 가장 큰 가치요소라고 할 수 있다. 그러므로 주거시설의 가치는 경제활동을 위한 일터까지의 거리가 가까운지, 혹은 일터까지 편리하게 이동할 수 있는 교통수단이 얼마나 가까이에 있는지, 쉬는 시간대에 양질의 휴식을 취할 수 있는지, 여가활동을 편리하게 즐길 수 있는지, 자녀에게 양질의 교육환경을 근거리에서 제공할 수 있는지 등으로 판단할 수 있다.

두 번째로 업무시설은 기업의 경제활동이 주된 용도다. 주거시설과 마찬가지로 상주常住의 개념이 포함되어 있지만 주거시설만큼 길지는 않다. 아침부터 오후까지 하루 종일 시간을 보내기 때문에 오래 머무는 것 같지만, 근무 일수는 일주일 가운데 5일로 한정되고 그마저도 최근 일부 기업에서는 주 4일 근무로 단축하는 추세이기 때문에 점차 사무실 점용 시간은 줄어들 것이다. 이러한 업무시설에서 가장 중요한 것은 기업체들이 밀집한 중심업무지구

CBD에 얼마나 근접해 있는지, 직원들이 출퇴근하는 대중교통 수단과 얼마나 근접해 있는지 여부다.

마지막으로 상업시설의 주된 기능은 '판매'와 '상거래'다. 이용 시간대는 업무시설과 유사하지만 주중 개시 시간과 마감 시간이 더 늦으며 가장 큰 차이점은 주말에도 이용된다는 점이다. 또한 이용하는 사람들도 다양하고 그 수도 가장 많기 때문에 특별히 상업시설을 '다중이용시설'이라고 부른다.

상업시설은 이용객들에게 상품을 판매하여 수익을 발생시켜야 하는 분명한 목적성이 있는 건물이다. 따라서 상업시설의 가치를 결정짓는 가장 핵심적인 요소는 '이용객의 수'다. 이를 결정하는 요소는 근거리에 거주하는 잠재적 상가 이용객인 '상주인구'와 교통인프라를 통해 먼 곳에서 더해지는 '유동인구'다. 부수적으로는 상업시설로 유동인구를 유입시키는 앵커 테넌트의 유무도 중요한 요소다.

이처럼 건물의 수요에 영향을 미치는 요소들은 그 건물의 용도에 따른 사용자의 특성과 이용 목적에 얼마나 부합하느냐와 관련되기 때문에 먼저 건물의 특성을 분명히 알아야만 객관적 가치를 측정하기 위한 기본적인 요소 항목들을 추출해 낼 수 있다.

주거시설의 가격을 결정짓는 중대 요소들

지금부터는 주거시설에 조금 더 집중해 보자. 앞서 서울시 30 평형대, 매매가 20억~30억 사이, 평당 가격 6,000만 원 이상 아파트들의 공통적인 특징을 살펴봤다. 결과만 놓고 보면 '뭐 당연한 거 아닌가?'라고 생각할 수 있지만 언제나 비범한 발견은 평범한 것들에서 비롯되는 법이다. 중요한 것은 이 가운데에서 원칙을 발견하고 이를 응용해 내가 진짜 원하는 것을 찾아내는 데 있다.

주거시설의 가격은 수요에 의해 결정되고, 이러한 수요는 한 가지에 국한되지 않고 인간 생활에서 요구되는 욕구 해소에 필요한 다양한 해법요소들에 의해 정해진다. 따라서 아파트의 최종 가격을 결정하는 관건은 바로 이러한 요소들이 하나의 아파트 안에 얼마나 짜임새 있게 담겨 있는가에 달려 있다. 앞서 살펴봤던 고가의 서울 소재 아파트에서 공통적으로 찾아볼 수 있었던 입지적 요소들은 그러한 인간 생활의 기본적 욕구와 직접적으로 연관되는 것들이다.

사람들이 거주지를 결정할 때 가장 먼저 고려하는 것은 아마도 일터와의 거리일 것이다. 만일 내가 울산의 석유공사에 취업이 되었다면 울산광역시에서 주거지를 찾을 것이고 세종시에 위치한 한국개발연구원에서 일하게 됐다면 세종시에 있는 아파트를 찾아봐야 한다. '직주근접職住近接'은 주거지를 정하는 데 있어 가장 기본이 되는 원칙이다.

따라서 이러한 '직주근접'만 두고 본다면 같은 도시 내에서 가장 인기가 있는 주거지는 이론적으로 '중심업무지구-도심'이 된다. 왜냐하면 기업활동이 가장 활발하게 일어나는 곳이 도심이며 그곳에 가장 많은 일자리가 분포하기 때문이다. 하지만 대한민국의 30평형대 아파트를 매입하려는 잠재적 고객의 세대 구성상 모든 세대원에게 경제활동이 요구되는 것은 아니기 때문에 '직주근접'만으로 주거지를 결정할 수는 없다. 다른 세대원들의 필요도 함께 고려해야 한다.

필자의 나이대에 해당하는 40~50대의 일반적인 세대 구성원 수는 4인이었다. 하지만 최근 30대 및 그 이하에서는 2인 혹은 1인 가구가 점차 다수가 되어 가고 있다. 아직까지 이들이 아파트 시장을 주도할 정도의 구매력을 가진 주체라고 보기는 어렵지만 확실히 그 점유율이 점점 높아져 가고 있기 때문에 이들의 수요를 고려하지 않을 수 없다. 그런 의미에서 대중교통이라는 요소는 자녀를 포함한 4인 가족 구성원뿐 아니라 2~3인 가족 구성원과 교집합 부분이 가장 많은 핵심적인 수요요소라고 볼 수 있다.

앞서 살펴본 바와 같이 서울시의 30평형대 상위권 아파트들 가운데 초역세권에 포함되지 않은 아파트는 단 한 곳도 없다. 그뿐만 아니라 2개 이상의 복수 역세권에 인접한 아파트들이 대다수이며 심지어 3개, 4개 노선이 겹치고 지방까지 연결되는 KTX, SRT 같은 광역철도까지 들어오는 역사들도 심심찮게 발견된다. 편리한 도시철도교통은 경제활동의 주체에게 직장까지의 심리적

거리를 단축해 주며, 경제활동을 하지 않는 가족 구성원들에게는 도심으로의 문화활동, 도외 지역으로의 레저·여가활동을 보장해 주기 때문에 구성원 모두의 생활 필요를 채워 주는 가장 중요한 주택수요요소라고 볼 수 있다.

또 다른 중요한 수요요소는 교육환경이다. 대한민국은 세계에서 가장 교육열이 높은 나라이며, 이에 따라 학군은 단일 수요요소 가운데 주택을 결정하는 데 매우 영향력 있는 요소가 되었다. 특히 앞서 서울 상위권 아파트의 90% 이상이 학군이 우수한 서초, 강남에 몰려 있는 것만 보더라도 그 중요도를 가늠할 수 있다.

마지막으로 남은 것은 수변조망이다. 한강과 100m 이내 거리에 있는 아파트들은 40억 원이 넘는 서울시 최고가 아파트인 경우가 많다. 수변조망에 대한 선호는 비단 서울에서만 나타나는 특징은 아니다. 부산 아파트 가격을 주도하는 고가 아파트들의 공통점 역시 바다조망인데, 해운대의 엘시티, 위브더제니스, 아이파크 등과 같이 바다가 보이는 초고층 아파트들이 그 대표적 예라고 볼 수 있다. 산지나 시야가 트여 있는 녹지조망 역시 중요한 선호 요소로 볼 수 있다.

그럼 지금부터 이러한 주거시설과 관련된 수요요소들을 한 항목씩 자세히 살펴보면서 하나의 주거시설 가치를 완벽하게 해부하는 방법을 알아보자.

제1요소-
도시 중심지 접근성

도시 중심지의 위계

도시는 그 규모와 특성에 따라 중심지의 개수와 종류를 달리한다. 인구가 많을수록 개발을 위한 도시 자본이 흘러 들어가야 할 수도꼭지들도 많아져야 하므로 그에 대응하는 도시거점지도 많아질 수밖에 없다. 또한 도시의 형성 이유와 도시 내 역학관계에 따라서 단일한 핵(도심)을 갖기도 하지만 때로는 둘 이상의 다핵 구조를 채택하기도 하는데 이는 도시가 지향하는 성장 방향성에 따른 것이다.

아파트가 어떤 도시거점지에 속해 있는지를 파악하기 위한 방법에는 몇 가지가 있다. 우선 서울시의 경우, 별도의 〈도시공간포털〉 사이트를 통해 각 위계별 거점지의 영역을 지적도상에서 파악할 수 있다.

〈서울도시공간포털〉에 접속해서 찾고자 하는 범례에서 '생활권계획' 클릭 후, 지도보기에서 '서울중심지체계'를 체크하면 서울

그림12 서울 중심지 체계 영역도

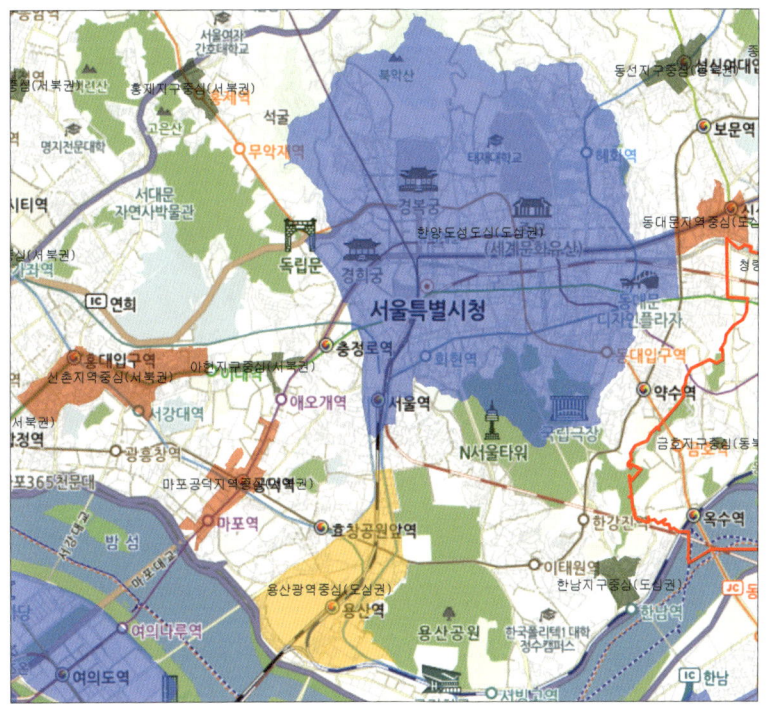

출처: 서울도시공간포털

시 지적도상에 주요 중심 거점지의 영역이 범례 색깔별로 표시되어 나온다. 이 가운데 내가 알고자 하는 아파트가 어떤 위계의 중심지에 가까운지, 혹은 직접적으로 영역 안에 들어가 있는지를 파악할 수 있다.

서울시의 도심지 영역도를 살펴보면 원형이 아닌 부정형의 모양을 띠고 있는 것을 발견할 수 있는데 이는 지형과 도로 선형, 용도지역상 필지의 분포에 따른 것이다. 알고자 하는 필지가 범례상의 색상에 포함되는지 여부만 확인하면 된다.

서울시 이외의 도시들은 세부적인 거점지의 영역도를 별도로 제공하는 경우가 거의 없기 때문에 개별적으로 파악하는 수고가 요구된다. 이 경우에는 앞서 2장에서 살펴봤던 《도시기본계획》에서 '도시기본구조' 챕터를 살펴보는 방법이 있다.

《도시기본계획》에서도 도시 중심 거점지는 다이어그램 형태의 정보만 제공하고 대략적으로 이에 포함되는 행정동이 어디인지만 알려주기 때문에 정확한 필지의 포함 여부 등을 알기 위해서는 추가적인 탐색 작업이 필요하다. 도심 영역을 구체적으로 구하는 방법은 다음과 같다.

도심 등의 거점지 영역도 구하는 방법

1. 도시기본계획 도시구조상 나타나 있는 거점지들의 행정동을 파악.

2. 해당 행정동의 지적도상 중심상업지역 혹은 일반상업지역(핑크색)을 파악.

3. 도시 내 결절점(사거리 입지 등)과 지하철 역사의 중첩도 등을 고려하여 중

4. 해당 중심점에서 도시 인구에 비례하여 가상의 원을 그려 거점지 영역으로 확정.

거점지가 확인되면 가상의 도시 중심점을 확보한 다음 도시 인구에 따른 영향반경을 그려서 반경 거리별로 구획^{Sector}을 지어 구분한다. 이때 구획의 개수는 도시영향반경의 최댓값을 등급 구간의 개수로 나눴을 때 정수로 떨어지도록 설정하면 된다.

예를 들면 도시 중심지 영향반경을 최대 1.5km로 설정했다면 500m 기준으로 3개 섹터^{Sector}로 구분할 수도 있고 300m 기준으로 5개로 나눌 수도 있으며, 혹은 100m 기준으로 15개 구간으로 나눌 수도 있다. 구간이 세분화될수록 그에 따른 영향력 가점의 변별력은 높아지고 구간이 단순할수록 변별력은 낮아진다.

도시 중심지의 무게중심에 해당하는 교차로 혹은 지하철 역사는 인구유동량이 가장 많고 건축물의 용적률 또한 이에 비례해 높아진다. 따라서 이러한 가상의 중심점에 얼마나 가까운지에 따라 대지별로 받는 영향력의 정도를 판단하는 것이 이 항목 평가의 핵심이다.

그림13 도시영향반경 범위도 설정의 예시

출처: 네이버 지도

인구에 따라 거점지 위계를 달리해야 한다

도시 중심지의 영향력은 눈에 보이지 않지만 중력처럼 큰 힘을 갖고 있다. 도시 기능의 원활한 수행, 장기적 발전 및 확장을 위해서는 거점지별 규모에 걸맞은 도시인프라의 개발 및 공급이 필요한데 이때 투입되는 자본의 양은 철저하게 인구를 근거로 정해진다. 도시마다 인구가 다르기 때문에 도시별로 도심이나 부도심의 규모와 체급은 다를 수밖에 없다. 예를 들면 인구 950만 명의 서울 도심과 인구 300만 명의 인천 도심은 그 위계가 전혀 다르다. 왜냐하면 950만 명을 배후로 하는 도심과 인구 300만 명을 배후로 하는 도심은 투입되는 도시자본의 규모 자체가 다르기 때문이다.

서울시는 3개의 도심을 설정하고 있기 때문에 전체 인구를 도심 수로 나누면 1개 도심당 감당하는 인구수가 대략 300만 명이 된다. 인천시 역시 3개의 도심을 설정하고 있는데 똑같이 총인구를 도심 수로 나누면 1개 도심당 감당하는 인구수는 100만 명 남짓에 불과하다. 그러므로 도시 중심지를 파악할 때에는 반드시 해당 도시의 인구 규모를 고려하여 도시 중심지별 영향력을 차등적으로 구분할 필요가 있다.

필자가 조사해 본 결과, 서울과 부산을 포함한 인구 350만 명 이상의 대도시라 하더라도 도심의 도시영향반경은 최대 2.4km를 넘기 어렵다. 서울에서 도심 영역이 가장 넓게 설정되어 있는 '한양도성-도심'의 경우도 반경 2.4km 수준이고 '강남-도심'과 '영등포·여의도-도심'도 정확히 원형의 형태는 아니지만 동일한 면적을 원으로 치환했을 때 반경 2.4km 이내에 들어온다. 부산의 경우도 서면역에서 범일역까지 이어지는 세로축상의 상업지역들을 다 묶더라도 반경 1.5km를 넘지 않는다. 따라서 대한민국 대부분의 도시 내 도심의 영향반경은 최대 2.4km로 설정할 수 있다.

이와 같이 도심의 최대 영역을 정했으므로 이제 그 이하 위계별 영향반경은 인구수에 비례해 영역을 산출할 수 있다. '행정구역 조정업무 처리에 관한 규칙' 제6조 '시의 설치 기준'에 따라 시市로서 최소한의 영향력은 인구 10만 명을 기준으로 보기 때문에 도시 중심지가 대지에 영향을 끼치는 최소 도시 인구 또한 동일한 기준으로 설정했다.

표9 인구 규모에 따른 도시 중심지 영향반경

구분	도시거점 위계별 영향반경(km)			
인구 규모	도심	부도심	지역중심	지구중심
900만 명	2.4	2.1	1.8	1.5
300만 명	2.1	1.8	1.5	1.2
200만 명	1.8	1.5	1.2	0.9
100만 명	1.5	1.2	0.9	0.6
50만 명	1.2	0.9	0.6	-
30만 명	0.9	-	0.45	-
20만 명	0.6	-	0.3	-
10만 명	0.3	-	0.2	-

〈표 9〉는 필자가 전국 단위로 아파트 평가를 진행하면서 해당 아파트에 영향을 주는 도시 중심 거점지의 영향력을 조사한 결과다. 도심의 모양과 영향력이 천차만별이기 때문에 이를 정확하게 정형화하는 것은 사실상 불가능하다. 다만 이 표는 인구 규모에

따른 주요 도시거점지과 그 이하 위계지의 평균적 영향 범위이므로 이를 기본으로 상황에 따라 값을 보정해 가면서 도시별 영역도와 영향의 고유값을 만들어 나간다면 더 정확한 중심지 영향력 파악이 가능할 것이다.

도시의 중심지를 파악하고 내가 조사하고자 하는 필지가 어떤 도시거점 지역에 해당하는지 혹은 최소한 해당 필지가 도시의 중심 지역에 포함되는지 아니면 외곽지에 포함되는지를 정확하게 파악할 수 있다. 그러므로 이러한 조사는 부동산 가치의 본질을 흐리는 여러 의미 없는 호재들에 가려지기 쉬운 대지 본연의 가치를 선명하게 볼 수 있게 해 주는 중요한 기준이 된다.

제2요소 –
광역 MBD 접근성

광역 MBD 접근성이란?

앞서 살펴보았던 도시 중심지 접근성이 도시 내 많은 거점들 가운데 조사하고자 하는 필지와 가장 가까운 지역 거점과의 관계, 즉 좁은 범위에서의 위계 평가라고 한다면 이번 항목은 도시 내에서 가장 영향력이 있는 거점지인 도심과의 관계를 다룬다.

이 평가의 착안점은 주택 수요자가 거주지를 선택할 때 고려하는 요소가 꼭 한 도시에 한정되지 않는다는 점에서 시작한다. 경기도권 신도시에 거주하는 근로자들을 예로 든다면 을지로, 여의도, 강남 등 많은 일자리가 모여 있는 서울의 3대 도심으로 출퇴근하는 경우가 가장 많을 것이다. 서울에 근접한 주요 경기도 신도시에서 지하철 탑승객의 목적지는 대부분 서울의 도심이나 광역중심과 같은 중심업무지구인 경우가 많다. 또 간혹 서울이 아니라 경기도 내 인구 50만 명 이상의 다른 대도시권이 목적지인 경우도 있다.

이러한 현상은 결국 일터와 주거지의 관계가 반드시 한 도시 내에서만 형성되지 않는다는 것을 방증한다. 따라서 일자리와 관련한 주택의 수요를 엄밀하게 따질 때는 반드시 해당 도시거점지와의 관계뿐만 아니라 인근의 영향력 있는 도시, 즉 충분한 경제 규모를 갖고 있는 대도시*를 기준으로 선정해야 하며, 도심까지의 영향관계 역시 반드시 따져 봐야 한다.

MBD^{Metropolitan Business District}란 말 그대로 대도시 도심을 뜻하고 광역 MBD란 해당 대도시뿐 아니라 인근의 위성도시**들까지 아우르는 광역적, 경제적 영향력을 미치는 도심 지역을 지칭한다. 이러한 MBD는 그 영향력을 감안해서 인구 50만 명이 넘는 도시의 도심으로 한정하기로 한다.

2025년 11월 기준^{KOSIS, 행정안전부 주민등록인구현황}으로 대한민국에서 인구 50만 명이 넘는 도시는 총 25개다. 인구 순서대로 나열하자면 서울특별시(930만), 부산광역시(324만), 인천광역시(305만), 대

● 　지방자치법 시행령 118조에 따른 기준으로 인구 50만 명 이상인 도시.
●● 대도시의 인구를 일부 수용하거나 업무 기능을 분담하는 역할을 하는 도시.

구광역시(235만), 대전광역시(144만), 광주광역시(139만), 수원특례시(118만), 울산광역시(109만), 용인특례시(109만), 고양특례시(106만), 창원특례시(99만), 화성특례시(98만), 성남시(90만), 청주시(85만), 부천시(75만), 남양주시(73만), 제주특별자치도*(66만), 천안시(66만), 전주시(62만), 안산시(61만), 평택시(60만), 안양시(56만), 김해시(53만), 파주시(52만), 시흥시(51만)까지 여기에 해당한다.

복수의 CBD 거리관계를 측정하기

　도시의 중심 거점은 도심과 그 하위 위계의 중심지역들을 포함한다. 하지만 이번 평가항목에서는 도심만을 측정 대상으로 한정한다. 도시의 경계 영역을 넘나드는 광역적인 일터에 대한 영향력을 보고자 하기 때문이다.

　도심과 비도심 중심 거점의 위계 차이는 생각보다 크다. 서울을 예로 들자면 3대 도심인 한양도성－도심과 영등포·여의도－도심 그리고 강남－도심의 경제 규모를 알 수 있는 지역내총생산^{GRDP}** 을 살펴보면 2022년 KOSIS 국가데이터처 자료상 한양도성－도심 99조(종로구+중구), 영등포·여의도－도심 46.8조(영등포구), 강남－

도심 86.1조(강남구)이며 평균적으로 약 77.3조 원 수준을 보이고 있다. 도심 다음 위계지인 '광역중심'과 비교해 보면 잠실-광역중심(송파구) 32조, 용산-광역중심(용산구) 17.2조, 강서-광역중심(강서구) 19.9조, 금천대림-광역중심(금천구) 20.4조 수준으로 오직 잠실-광역중심만 도심 평균의 절반을 밑도는 수준이고 나머지는 모두 3분의 1 수준에도 미치지 못한다.

이는 고용을 책임지고 있는 대부분의 사업체가 도심 권역에 머물고 있다는 것을 뜻한다. 이처럼 도심에 위치한 일터에서 근무하는 이들은 주거지를 선택할 때 매월 부담해야 하는 주택 비용과 출퇴근 비용을 비교하여 주거지를 선정한다. 이때 출퇴근 비용은 교통비뿐 아니라 출퇴근 시 소모되는 시간적인 기회비용 및 피로도와 관련된 삶의 질에 대한 기회비용 모두를 포함한다.

거꾸로 말하자면 특정한 주거지역에서 해당 도시뿐만 아니라 인근 도시 '도심'까지의 접근 기회가 많으면 많을수록 해당 주거지역은 수요가 높은 인기 지역이 되고 그만큼 아파트 가격은 높게 나타날 수밖에 없다는 것이다. 따라서 '집과 직장은 가까울수록 좋다'는 '직주근접'의 논리에 근거한 주택수요요소인 이 '광역 MBD 접근성'은 주거 수요에 영향을 줄 만큼 가까운 인근 도시 도심의 수가 많으면 많을수록 유리하다.

예를 들면 서울의 3대 도심을 놓고 봤을 때 이 세 군데를 연결한 삼각형 안에 들어가는 지역은 용산구다. 이 경우 용산구 내에서 이 삼각형 내부에 포함된 주택들은 세 도심 모두로의 출퇴근

거리가 가깝기 때문에 높은 수요를 보인다. 한양도성-도심과 여의도의 중간에 위치한 마포구 역시 2곳 도심으로의 접근성이 용이하기 때문에 일터와 관련된 수요에 있어 인기 지역이 될 수밖에 없다. 또한 한양도성-도심과 강남-도심 사이에 위치한 성동구 역시 동일한 효과를 누리는 지역이 된다. 그렇기 때문에 마·용·성이란 말이 탄생하게 된 것이다.

광역 MBD 접근성 측정의 원칙은 복수의 중심업무지구 CBD

그림 1.4 서울 도심을 연결하는 삼각 트라이앵글

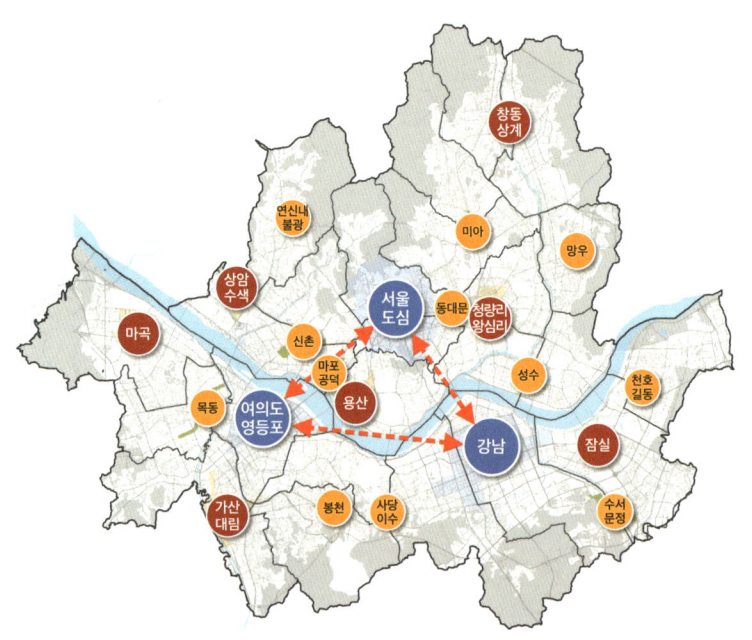

출처:《2040 서울도시기본계획》

를 포함하는 것이고, 접근성의 유효 범위는 해당 도시별 인구에 비례한다. 인구가 많을수록 CBD가 가지는 기업체의 규모와 고용인 수는 커지고 인구가 적을수록 그에 반비례하기 때문이다.

MBD는 인구 규모에 따라 편의상 4개 등급으로 나뉘는데, 1급 MBD는 인구 900만 명 이상의 도시로 사실상 서울시만 해당한다. 2급은 인구 300만 명 이상, 3급은 인구 100만 명 이상, 마지막으로 4급 MBD는 인구 50만 명 이상의 도시로 설정한다. 각각 도시의 CBD까지의 유효 영향반경의 최대 거리는 1급 MBD의 경우 21km, 2급은 15km, 3급은 13km, 4급은 11km로 설정한다. 이는 1급 MBD인 강남-도심의 최대 영향거리를 용인시 죽전동까지로 보았기 때문이다. 그 이하 등급의 도심은 비례적으로 영향 범위 거리를 감소하여 설정했다.

그다음으로 각 최대 영향 범위 거리를 적정한 수의 구간으로 나누어 배점을 설정하여 적용한다. 예를 들면 1급 MBD의 최대 거리인 21km를 21등분하여 배점하거나 7등분하여 3km 단위로 나누어 배점해도 되고 7km 기준으로 3등급으로 나눠도 문제가 없다. 만약 1점씩 차이를 두어 구간값을 정한다면 MBD 1km 이내에 위치한 경우 최고점인 21점이 되고, 10km 이내에 위치한 경우 10점이 되는 방식이다. 만약 조사하고자 하는 필지가 1급 MBD 2곳의 유효 거리 안에 들어온다면 각각 개별적인 등분 점수를 적용하여 합산하면 된다.

제3요소 –
지하철 도보 접근성

단계별로 오르는 가격

신도시권 아파트들을 두루 다녀 보면 다양한 현수막이 걸려 있는 것을 볼 수 있는데, 그중 특히 '우리 아파트 앞에 ○○지하철 노선이 들어온다!'와 같은 내용이 자주 눈에 띈다. 이런 현수막을 발견하면 즉시 해당 지역과 관련된 기사를 찾아볼 필요가 있다.

지하철은 현실적으로 서울과 수도권 그리고 광역지자체에 한정되어 설치되는 유한 인프라 자원이다. 도시철도를 조성하는 데 필요한 자본의 규모는 일개 소도시에서 감당할 수 없을 정도로 대단히 크기 때문이다. 지하철 노선 조성에 대한 의사결정은 도시와 도시를 뛰어넘는 광역적인 범위 내에서 이루어진다. 천문학적인 금액이 소요되기 때문에 많은 이해관계자가 머리를 맞대고 수많은 검토와 힘겨운 의사결정 과정을 거쳐야 하며 그에 따라 많은 시간이 필요하다. 이토록 어려운 의사결정 과정을 통해 지하철 조성의 각 단계별 허들을 모두 넘어서고 착공 및 준공이 되면 지하철역 인근 집값은 이전보다 크게 상승한다.

재미있는 사실은 지하철 계획이 현실화되기까지 상당히 오랜 시간이 걸리지만 최종적으로 준공이 되도 가격이 일시에 오르지 않는다는 점이다. 지하철이 조성되기 위한 오랜 의사결정 과정에서 주요 마일스톤별로 계단식으로 차례차례 오른다.

지하철 조성에 대한 의사결정 방식은 여러 가지가 있지만 일반적으로 주로 지자체 혹은 국가 차원에서 신도시 같은 택지개발지구나 도시개발사업지역 같은 대규모 인구 유입 지역의 교통대책 일환으로 시작된다. 이 단계는 '수요 조사' 및 '계획 수립' 정도로 볼 수 있다. 그다음은 이를 상위 계획에 반영하는 단계인데 국가가 주도하는 광역 단위 철도인 경우 5년 단위로 갱신되는 '국가철도망 구축계획' 및 '수도권 광역교통 기본계획', 지방 대도시의 경우 '도시철도 기본계획'에 포함하는 경우가 일반적이다. 이 단계 이후부터는 본격적으로 노선 대안을 만들어서 예비타당성조사 등을 거쳐 사업의 당위성을 확보한다.

이때 투자 비용 대비 경제 효과인 B/C값이 1.0에 가깝거나 이를 넘을 경우 사업성을 확보하게 되며 국토부와 같은 상위 기관에 '기본계획' 승인을 받고 '실시설계'와 '시공 입찰'을 통해 착공에 이르게 된다. 착공 이후에는 통상적으로 5~7년 내외로 준공이 된다. 이러한 단계를 정리해 보면 다음과 같다.

도시철도 설립을 위한 과정

1. 수요 조사 및 계획 수립(국가 및 지자체)

2. 상위 계획 반영(국가철도망 및 도시철도기본계획)

3. 예비타당성조사

4. 사업계획 승인(국토부 등)

5. 기본계획 승인

6. 실시설계

7. 입찰 및 착공

8. 공사

9. 시험 운행 및 개통

도시철도에 대한 수요를 예측하고 이를 추진하는 주체에서는 이러한 진행 상황을 다양한 홍보 수단을 통해 적극적으로 지역 주민에게 전파하고 사업이 순조롭게 진행되고 있음을 지속적으로 알린다. 이때, 최초 사업 추진 소식이 전파되면 그 수혜를 받을 것으로 예상되는 인근 지역의 지가가 한 차례 오르게 된다. 하지만 아직까지 넘어야 할 산도 많고 다음 단계로 넘어가지 못하는 경우도 많기 때문에 그 효과는 그다지 크지 않다.

그다음, 상위 계획에 반영되었다는 소식이 전해지면 이전보다 지가 상승 폭이 커지는데 이는 일단 상위 계획 반영이 확정되고 나면 사업성이 크게 떨어지지 않는 이상, 사업이 계속 진행될 가능성이 높기 때문이다. 하지만 이 경우에도 여전히 정확한 역사 수나 위치는 불투명한 상황이다. 이후, '기본계획'이 확정되었다는 소식이 들리면 이제 노선의 방향과 주요 역사의 위치가 대략적으로 정해진다. 그러므로 지가 상승의 분포가 좀 더 좁아지고 명확해지며 오름세가 뚜렷하게 나타나는 곳이 생긴다.

이후 1~2년 내외로 '실시설계'가 진행되면서 입찰 과정을 거쳐 착공이 되는데 이때부터는 손품을 팔지 않더라도 현장에 설치되는 복공판과 공사 소음이 이곳에 지하철이 설치된다는 사실을 자연스럽게 알려준다. 이 단계에서는 가만히 두어도 가격이 크게 오르게 된다.

하지만 아직 끝이 아니다. 이후 지하철 역사가 최종 준공되고 주변 아파트들 간 거래가 이루어질 때 지하철 노선의 공식 정보가 들어가면서 가격이 또 한 번 오르게 된다. 하지만 이 역시도 아직 끝이 아니다. 열차 운행이 시작된 이후에 실제 이용자들의 만족도가 전파되는 데도 1~2년 정도의 시간이 필요하며 이 동안에도 가격은 조금씩 오른다.

결론적으로 지하철 노선 하나가 들어오는 데에는 상당히 많은 단계가 필요하고 각 단계별로 가격이 순차적으로 오른다는 이야기다. 그러므로 특정 단계에서 소식을 접했다고 하더라도 남아 있는 단계가 어느 정도인지, 앞으로 가격이 얼마나 더 오를 수 있을지 감을 잡을 수 있다.

도시철도 접근성에 따른 영향력 판단

아파트를 비롯하여 오피스텔이나 업무시설 분양 광고에서 가장 강조하는 부분은 근처에 가까운 지하철이 있느냐 혹은 지하철 노선을 몇 개까지 이용할 수 있는가이다. 또한 건물을 소개하는 조감도나 투시도에 늘 지하철 위치를 쉽게 인지할 수 있도록 크게 확대해 표시하는 것을 흔히 볼 수 있다. 그만큼 도시철도는 건물의 가치에 대단히 큰 영향을 미친다.

하지만 이러한 영향력을 판단하는 데 대부분의 사람이 다소 주관적인 견해로 접근하는 경우가 많다. 다른 요소에 비해서 훨씬 큰 영향을 끼치는 요소일수록 더욱더 객관적으로 접근해야만 건물 가치를 더 정확히 볼 수 있다.

아파트와 인접한 도시철도로의 접근성을 조사할 때는 주로 도보를 기준으로 하는데 이때 도보로 이용 가능한 최대 거리는 통상적으로 1.6km로 본다. 남성의 평균 도보 속도가 시속 5~5.4km이고 여성은 시속 4.7~5km 수준임을 감안할 때, 남녀 통틀어 대략 시속 5km 정도를 도보 속도로 볼 수 있다. 도시철도 이용자는 걷는 시간이 너무 길 경우 도보를 포기하고 다른 교통수단을 선택하며 통상적으로 사람들이 출퇴근 시에 도보로 이동하는 시간은 최대 20분을 넘기기 어렵다. 따라서 시속 5km로 20분간 걸을 경우, 걷게 되는 거리가 1.6km이고, 이를 도보로 이용 가능한 지하철의 최대 거리로 설정한 것이다.

도시철도로의 도보 거리는 가장 접근성이 좋은 건물 출입구로부터 지하철 출입구까지의 거리를 실제 사람이 걸을 수 있는 보도, 횡단보도, 육교 혹은 지하 연결통로 등까지 고려해 측정한다. 주출입구든 부출입구든 쪽문이든 상관없이 사람이 출입만 할 수 있으면 된다. 거리별 등급 구간은 1km 이내까지는 100m를 기준으로 하고 1km를 초과하는 구간은 200m를 기준으로 구분한다. 간혹 지하철이 아파트 단지 건물 안으로 직접 연결되는 경우(예-서울 지하철 2호선 구의역과 연결된 자양동 롯데캐슬 이스트폴, 잠실역과 연결된 잠실롯데캐슬)가 있는데, 이 경우 비를 맞지 않고 이용할 수 있는 메리트가 있기 때문에 별도의 가점을 부여해 100m 이내 도보 접근이 가능한 아파트와도 차별을 두어야 한다.

구간별 점수를 산입할 때는 최대 점수 값을 정하고 이를 각 구간의 숫자로 나누어 등간격*으로 배분하는데 실제 아파트 가치(가격)에 이를 대입해 보면 같은 거리 차이일지라도 가까울수록 가치편차는 더 크게 나타난다는 사실을 알 수 있다. 예를 들면 아파

● 데이터의 최솟값부터 최댓값까지의 범위를 동일한 간격으로 나누는 방식.

트 출입구에서부터 지하철 역사가 100m 이내인 초역세권의 아파트와 200m 이내인 아파트와의 가치 차이가 지하철까지의 거리가 400m나 500m인 아파트의 차이보다 월등히 크게 나타난다는 점이다.

따라서 지하철 도보 접근성의 영향력은 가까울수록 극적으로 높아지고, 멀어질수록 무한에 수렴하듯이 낮아진다. 따라서 거리 구간에 따른 점수는 가까울수록 높게 배분하고 멀수록 낮게 배분해야 한다. 이 부분은 마지막 장의 '항목별 점수에 차이를 만드는 기준'에서 더 자세히 다루기로 한다.

지하철 도보 접근성은 비단 거리관계만을 파악하는 것이 아니라 노선의 종류와 열차의 수송량 그리고 열차의 속도까지 함께 반영해야 한다. 노선의 종류는 순환선인지 지선인지를 보는데, 이는 배차 간격과 밀접하게 연관되어 있다. 서울 지하철 2호선의 경우 아침 출퇴근 시간대인 오전 7시에서 9시 사이에 1시간 평균 약 19.5대의 열차가 배차된다. 반면 5호선 송파 지선(강동~마천)의 경우 시간당 8대가 배차된다. 따라서 순환선이 지선보다 시간당 수송량이 높기 때문에 점수를 더 높게 배점한다.

경전철의 경우, 중전철과 운행 횟수가 같더라도 수송량이 월등히 적고 표정속도*도 느리다. 게다가 역 간 거리도 짧기 때문에 여러모로 중전철에 비해서 불편한 것이 사실이다. 따라서 도시철도

● 열차의 정차 시간을 포함한 표준속도이자 실질적인 속도.

가 경전철인 경우에는 중전철보다는 낮은 가점을 부여해야 한다.

열차의 표정속도는 동일한 권역 내 열차들끼리는 비슷하지만 급행열차가 운행되는 노선의 경우 목적지까지 도달하는 시간이 단축되기 때문에 급행이 운행되지 않는 노선에 비해 선호도가 높다. 따라서 운행 횟수가 많거나 이동 시간이 단축되는 등 편리하게 이용할 수 있는 노선에 접근할 수 있는 경우는 이처럼 차별화된 가점을 부여하여 그렇지 않는 아파트들과 구분해야 한다.

복수의 역세권에 대한 평가

최근 서울시는 촘촘하게 구성된 360여 곳의 역세권을 중심으로 모든 시민이 도보권 내에서 편리하게 일하고 생활하며 문화생활을 영위할 수 있도록 하는 소위, '도보생활권'을 강조하고 있다. 그만큼 서울시에는 이미 상당량의 도시철도가 보급되어 웬만한 지하철역 근처 아파트는 명함도 함부로 꺼내기 민망할 정도다. 또한 수도권의 주요 도시들과 신도시에도 도시철도가 안 들어가는 곳이 거의 없기 때문에 도시철도 희소성과 그 유무는 예전과 비교하면 그 위상이 많이 달라졌다.

따라서 앞으로 수도권 아파트의 경우는 근처에 지하철이 있느냐 없느냐가 아니라 어떤 종류의 노선이 몇 개가 있느냐가 그 아파트 단지의 가치를 판단하는 변별요소가 될 것이다. 그러므로 도시철도를 평가하는 데에도 반드시 이러한 복수의 역세권에 대한 평가가 객관적으로 이뤄져야 한다.

앞서 설명했던 개별 지하철 역사까지의 도보 거리에 대한 평가는 우선 가장 가까운 지하철 역사를 기준으로 100%를 반영한다. 그다음, 걸어서 이용할 수 있는 거리인 1.6km 이내에 또 다른 지하철 역사가 있다면 추가로 거리에 비례한 점수를 적용한다. 다만 이때는 100%가 아닌 50%의 점수를 반영한다. 세 번째는 20%, 네 번째는 10% 순으로 점차 그 반영 정도를 낮게 가져가게 되는데 이는 도시철도를 이용할 수 있는 노선 개수가 늘어난다고 해서 수요가 비례해서 증가하지는 않기 때문이다.

예를 들면 내가 매입하고자 하는 아파트에서 이용할 수 있는 지하철 역사가 A~D까지 4개 노선이 중첩되어 있고 100m 도보권에 있다고 가정해 보자. 내가 설정한 점수에 따라 100m 거리에 이용할 수 있는 지하철 역사가 있을 경우 부여하는 점수가 14점이라고 한다면, 총 4개의 도보 이용 가능한 역사에 대한 점수를 합산하게 되고 그 결과는 $A+B+C+D=14+(14\times0.5)+(14\times0.2)+(14\times0.1)$이 된다.

이러한 방식은 앞서 광역 MBD 접근성을 평가할 때와 마찬가지 원칙을 적용한 것이다. 하나의 역사에 여러 노선이 복합되어 있더라도 개별적으로 다른 노선을 이용하고자 하는 승객 입장에서는 이용 노선과의 거리만을 고려하기 때문에 각각의 노선별 접근성을 평가하여 합산하는 것이다. 또한 각 가치를 100% 적용하게 되면 다중 역세권의 경우 본래의 가치보다 과평가되는 경향이 있기 때문에 중복되는 횟수에 따라 점차 영향력을 감소시키는 방식을 취한다.

제4요소 -
고속도로 접근성

자차 출퇴근, 문화, 레저 수요

서울과 같은 대도시권에서 직장으로 출퇴근할 때 도시철도 의존도가 가장 클 것이라 생각하는 사람들이 많지만 놀랍게도 통계상 근로자들이 가장 많이 이용하는 교통수단은 자가용이다. 통계청의 공식 자료인 '비임금 및 임금 근로자의 출퇴근 시 주 이용 교통수단'을 살펴보면 2021년부터 2023년까지 출퇴근 시 가장 많이 이용하는 교통수단은 자가용(2023년 기준 임금 근로자 54.5%, 비임금 근로자 53.2%)으로 나타난다. 이 통계에 따르면 거주할 집을 고를 때 자차를 통한 출퇴근을 고려하는 사람이 가장 많다는 것을 알 수 있다.

더 재미있는 사실은 자차 출퇴근의 점유율이 갈수록 늘고 있다는 것인데, 임금 근로자와 비임금 근로자 양쪽 모두에서 그 비율이 증가하고 있는 교통수단은 자가용과 도보다. 이는 경제가 발전하고 소득이 증가할수록 도시철도 같은 공공 교통수단에서 점차 자가용으로 이용자가 옮겨 간다는 것을 뜻한다. 특히 국가도로망 종합계획에 따라 전 국토에 걸쳐 도로가 바둑판처럼 촘촘하게 짜이고, 도로 연결성이 개선되는 효과로 자가용 이용률은 앞으로도 계속해서 증가할 것으로 예상된다.

도보와 자가용 선호는 '워라밸'을 중시하는 시대적 경향이 반영된 결과로 보인다. 직주근접으로 출퇴근 시간을 절약해서 자기개발이나 여가생활에 사용하려는 사람들이 점차 늘어나고 있기 때문에 앞으로도 일터와 가까운 주거지에 대한 수요는 계속해서 증가할 것이다.

도로교통여건은 비단 일터와 관련된 수요뿐만 아니라 여가생활 측면에서도 매우 중요한 요소다. 아직 일반화되지는 않았지만 일부 대기업은 주 4일 근무로의 전환을 준비하고 있다. 그 말은 일주일 가운데 3일을 여가생활로 활용하게 된다는 뜻이고, 이는 지방으로의 이동 증가나 해외여행 활성화로 이어질 가능성이 높다. 따라서 이러한 추세를 감안해 도로교통여건이 주택 수요에 차지하는 비중이 점차 증가될 것으로 예상할 수 있다.

도로여건 측정하는 방법

도로여건을 측정하는 방법은 크게 3가지 정도로 생각해 볼 수 있다. 도로는 도로법에 따라 1) 고속국도 2) 일반국도 3) 지방도 4) 시도·군도·구도 이렇게 네 종류로 나눠진다. 이 중 가장 중요한 것은 고속국도인데 우리가 흔히 '자동차전용도로' 혹은 '고속도로'로 알고 있는 도로다. 자동차전용도로의 최대 장점은 교차로를 만나지 않기 때문에 신호의 제한을 받지 않는다는 점이다.

따라서 교통량이 많은 경우를 제외하면 연속 주행이 가능하기 때문에 목적지에 도달하는 시간을 단축해 준다. 그러므로 고속도로에 진입할 수 있는 '나들목'까지 얼마나 가까운지, 이용 가능한 고속도로의 종류와 각 고속도로의 나들목 개수가 얼마나 많은지도 종합적으로 판단해야 한다.

앞에서 지하철 역사까지의 접근성을 측정했던 것과 동일한 방식으로 아파트의 차량 주출입구에서부터 고속도로 나들목까지의 실제 주행 거리(신호 체계까지 고려해야 정확한 데이터를 구할 수 있음)를 측정하고 각 거리별 점수표를 작성하여 나들목의 개수에 따라 점수를 합산한다. 전국 주요 아파트들의 주출입구에서부터 고속도로 나들목까지의 거리를 측정해 보면 보편적으로 200m부터 7km 사이의 분포를 보인다. 그리고 고속도로까지의 도달 거리와 아파트 가격은 대체적으로 비례한다.

고속도로로의 접근 거리에 더해서 좀 더 섬세한 판단을 위해 점수로 추가할 부분이 있다. 그것은 바로 이용할 수 있는 나들목의 개수, 나들목에서 일정 거리 내에서 얼마나 많은 다른 종류의 고속도로로 연결될 수 있는가이다. 특히 서울과 수도권같이 도시고속도로, 도시순환로, 지방으로 연결되는 고속도로가 매우 촘촘하게 분포하는 경우, 목적지로 가기까지 얼마나 다양한 경로를 갖고 있는지는 대단히 큰 메리트라고 볼 수 있으므로 정확한 판단을 위해서는 이 부분도 평가항목에 반영하는 것이 좋다.

그림 15 **근로자의 출퇴근 시 주 이용 교통수단**

임금 근로자

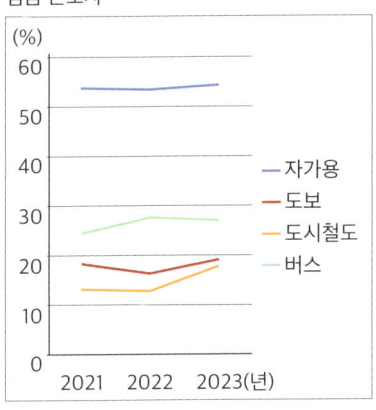

비임금 근로자

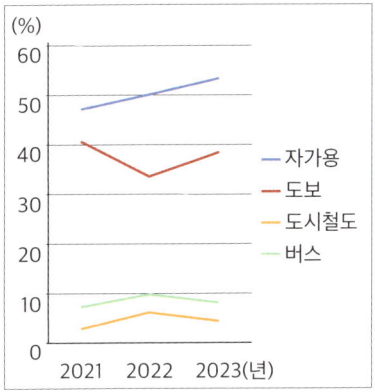

출처: KOSIS

07

제5요소 –
고용종사자 수 분포

주변에 얼마나 많은 잠재적 구매자가 있는가

어떻게 보면 이 항목은 앞서 설명했던 제1요소 '도시 중심지 접근성', 제2요소 '광역 MBD 접근성'과 어느 정도 중복되는 것처럼 보이지만 직장인 수요와 관련하여 앞서 측정한 두 요소의 측정값을 보정하기 위한 요소로 그 목적에 차이가 있다.

앞서 제1요소와 제2요소는 도심을 기점으로 아파트까지의 거리를 측정한 것이기 때문에 도심이 주인공인 반면, 제5요소인 고용종사자 수 분포는 아파트를 중심으로 유효반경 안에 얼마나 많은 '임금 근로자'가 분포하는지를 측정하기 때문에 아파트가 중심이 된다. 이렇게 측정 주체를 이원화하는 이유는 경제인구가 도심에 다수 분포하기는 하지만 모든 경제활동 기업이 도심에만 있는 게 아니기 때문이다. 일터는 도심 외에도 그 하위 중심지를 포함한 도시 전역에 고르게 분포한다. 따라서 아파트 주변에 얼마나 많은 임금 근로자가 분포하는지는 곧, 기업의 분포도를 나타내는 것이고 이러한 기업 분포의 밀도는 아파트에 대한 잠재적인 수요도로 볼 수 있다.

실제로 서울에 위치한 아파트들의 가격 샘플을 조사해 보면 이러한 고용종사자 수의 밀도가 높은 지역일수록 아파트 가격도 높게 나타나는 것을 볼 수 있다. 대표적인 지역이 마포구, 용산구, 성동구다. 이 지역들의 고용종사자 수 분포를 측정해 보면 유효 범위인 반경 5km 이내에 대략 100만~120만 명 정도가 있으며 이는 서울시에서 도심 다음으로 높은 수치다.

해당 항목 측정 시에 유효반경은 일반적으로 반경 5km를 기준으로 한다. 경험적으로 이보다 더 넓으면 편차가 작아지면서 변별력이 약해지고 이보다 더 좁으면 편차가 지나치게 커지면서 데이터 그룹이 양극화되어 비교 샘플로서의 가치가 떨어지기 때문이다. 또한 반경 5km 이내 직선거리는 도로여건을 반영할 경우 실제 이동 거리가 7~8km 정도이고, 대부분 대중교통으로 30분 이내 거리가 되기 때문에 출퇴근에 있어서 어느 정도 양호한 환경이라고 볼 수 있다.

전국의 일자리는 고르지 않다

전국의 주요 아파트들을 조사해 보면 단지 중심에서 반경 5km 이내의 고용종사자 수는 최대 120만 명, 최소 5만 명의 분포 수준을 보이고 있다. 이러한 최댓값과 최솟값을 5만 명 단위로 구간을 나누면 대략 21개 정도의 구간이 설정되는데 구간별로 점수를 차등적으로 적용하여 점수를 산출하면 된다.

고용종사자 수에 따른 전국 아파트들의 점수를 고르게 나열해 보면 다소 양극화되는 현상을 발견할 수 있는데 이는 일자리가 국토 전반에 걸쳐 고르게 분포하지 않고 주요 대도시와 수도권 중

그림 16 전국 주요 아파트 샘플의 고용종사자 수 등급 분포도

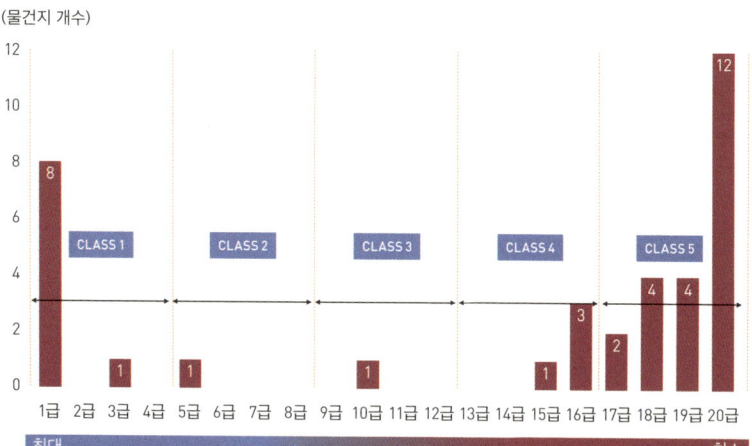

출처: 플라폼건축연구소

심으로 편중되어 있다는 것을 뜻한다. 그리고 전반적인 인구 감소 추세는 이러한 수도권 일자리 집중화 현상을 갈수록 심화시킬 것이다.

앞으로 인구가 급격하게 감소하면서 기업들이 지방 소도시로 넓혀 나갈 가능성은 점차 줄어들 것이다. 그뿐만 아니라 주요 대도시의 인구도 전반적인 인구 감소의 영향을 피해 갈 수 없기 때문에 앞으로 도시개발의 기조는 더 이상 '영역 확장'이 아니라 '밀도의 증가', 소위 '콤팩트시티'로 나아갈 수밖에 없다. 비용 절감 차원에서도 기존에 인프라가 잘 갖춰져 있는 곳은 기업들이 더욱 몰려들 것이고 그렇지 못한 곳은 빠져 나갈 것이다.

따라서 이에 상응하여 같은 도시 내에서도 점차 도심이나 부도심 등 주요 거점지역 위주로의 주거시설 재배치가 진행될 것이고 이에 따른 주택 가격 빈익빈 부익부 현상은 더욱더 가속화될 것이다.

제6요소-
규모(세대 수) 수요력

다다익선多多益善?, 과유불급過猶不及!

동일한 입지에 위치하더라도 세대 수가 많은 아파트 단지와 적은 단지의 수요는 다르게 나타난다. 소위 '나홀로 아파트'라고 불리는 1~2동 규모의 소규모 아파트는 시장에서 인기가 없다. 이는 아파트라는 공동주택의 특성과 이를 선호하는 사람들의 수요 심리와 관련이 있다.

아파트의 최대 장점은 관리의 효율성이다. 즉 많은 세대가 하나의 건물에 적층되어 있기 때문에 관리 포인트가 줄어들고 아파트

운영에 들어가는 비용을 n분의 1로 분담할 수 있기 때문에 관리 비용이 단독주택에 비해서 현저히 줄어든다.

또한 동일한 필지에 위치한 다수의 세대는 재산권에 대한 가치를 공유하는 '공동운명체'이므로 지자체에 자신들의 목소리를 강하게 어필할 수 있다. 예를 들면 가구당 구성원이 3명이라 가정하면 100세대 규모의 아파트는 주민이 300명이 되고 2,000세대 규모의 아파트는 주민이 약 6,000명이 된다. 300명이 민원을 넣는 것과 6,000명이 민원을 넣는 것은 확실히 차이가 있다. 5,000세대가 넘어가는 아파트의 요구는 1만 5,000명 주민의 요구가 되고, 1개 행정동의 평균적 인구가 1만~2만 규모라고 보면 거의 하나의 동 단위 규모의 요구사항이 되기 때문에 지방자치단체장이나 관할 지역 국회의원도 요구 조건을 무시하지 못한다. 따라서 대단지 아파트일수록 자치단체의 정책이나 지역공동체사업, 특히 도시인프라 시설의 유치와 운용 방향에 큰 영향력을 행사할 수 있다.

이렇게 관리 측면에서의 편리함과 재산권 행사의 유리함 때문에 사람들은 확실히 세대 수가 많고 규모가 큰 아파트를 선호하고 이는 가격에 그대로 반영된다. 비단 그 이유까지 깊이 있게 고찰해 보지 않더라도 100세대 이하의 나홀로 아파트가 대형 단지보다 인기가 없다는 것을 사람들은 경험적으로 기억하고 반응한다.

반면에 세대 수 규모와 가격이 무조건적으로 비례하는 것은 아니다. 세대 수가 너무 많다는 것은 그만큼 매매나 전세든 공급량이 많다는 뜻이기도 하기 때문이다. 동일한 아파트 단지 안에서도 고를 수 있는 상품의 수가 많다면 오히려 가격에 부정적 영향을 미칠 수 있다. 조사에 따르면 서울을 제외한 수도권의 경우 3,000세대를 초과하는 아파트의 경우 이러한 경향이 뚜렷하게 나타나고 지방의 경우는 2,000세대를 초과하는 경우가 그렇다. 하지만 서울시에 한정할 경우 세대 수가 아무리 많더라도 수요는 이에 정비례하는데 이는 서울 안에 신축 개발이 가능한 부지가 더 이상 없어 대규모 공급이 사실상 불가능하기 때문이다.

전국의 모든 아파트는 100세대에서 1만 세대 규모의 분포를 보이며 기본적으로 세대가 많을수록 높은 점수를 부가한다. 다만 서울시 경계 1km를 벗어나는 수도권의 경우, 앞서 설명했듯이 세대 수가 적정 규모를 넘어설 경우 과잉 공급으로 인해 그 가치가 오히려 하락하기 때문에 이를 반영할 필요가 있다.

이를 위해서 기존 점수에 감쇄상수減殺常數를 곱하는데, 2,000세대 이상부터 90%부터 시작하여 1만 세대에 이르기까지 10%씩 감쇄상수를 늘리며 곱하면 된다. 예를 들면 지방의 2,000세대 규모의 아파트의 가점에는 0.9를, 3,000세대 아파트에는 0.8을, 1만 세대 아파트에는 0.1을 곱하는 방식으로 과도한 세대 수로 인한 상대적 수요 감소분을 반영할 수 있다.

09

제7요소-
학군 수요력

게임 체인저, 학군!

주거시설을 선택하는 데 크고 작은 다양한 요소들이 영향을 미치지만 한국에서만큼은 유독 다른 가치요소들을 압도할 정도로 크게 작용하는 것이 있는데 바로 학군學群이다. 어떤 경우에는 앞서 제시했던 모든 수요 항목들을 가볍게 무시할 정도로 큰 영향력을 끼치기도 한다. 심지어 앞서 서술한 여러 지표들이 월등히 우수함에도 불구하고 학군 등급으로 인해 아파트 가격이 역전되는 경우도 심심찮게 나타난다.

학군 요소가 아파트 가격에 얼마나 크게 영향을 끼치는가에 대해서는 다른 모든 평가요소들을 동일한 값^{Default}으로 두고 학군 등급의 차이만을 비교하여 평당 가격이 얼마나 달라지는가를 보는 방식으로 확인할 수 있다.

현재까지 검증된 바에 따르면 평가 대상인 공동주택에 가장 인접한 중학교와 고등학교의 학력을 평가하는 방법이 가장 설득력을 얻고 있다. 좀 더 구체적으로 말하자면 1) 중학교 졸업생들이 특수목적고등학교인 과학고등학교, 자율형사립고등학고, 영재고등학교, 국제고등학교로 진학한 비율 2) 일반고등학교의 학업 성취도로 평균점수와 표준편차를 분석한 면학 분위기 수준 3) 앞선 두 수치를 보정하기 위해 활용되는 서울대 진학자 수, 이렇게 3가지 정도로 압축된다.

지역 학군 정량적 수치화에 쓰이는 데이터

1. 중학교별 특목·자사·영재고 진학 비율

2. 일반고 학업 성취도 수준

3. 일반고 서울대 진학 비율

학군 수요의 형성

자녀가 좋은 면학 분위기에서 교육받기를 원하고 우수한 대학교로 진학시키는 것이 주거단지를 결정하는 최우선 요인이라면 가장 좋은 선택은 초등학교 취학 전에 우수 학군으로 주거지를 옮기는 것이다.

초등학생 자녀를 두고 있는 경우, 아이가 높은 수준의 교육을 받기를 원하고 최종적으로 좋은 대학으로의 진학까지 고려한다면 거꾸로 입시 결과가 좋은 고등학교와 그러한 고등학교로의 입학률이 높은 중학교로의 진학을 염두에 두어야 한다.

중학교 입학은 통상 주거지에서 가까운 곳으로 배정되는데 다니던 초등학교에 따라 갈 수 있는 중학교가 한정된다. 결국 가고자 하는 고등학교로의 진학 비율이 높은 중학교에 자동적으로 진학이 되는 초등학교로 배정받을 수 있는 아파트를 선택해야 한다. 따라서 좋은 중학교를 고르는 것이 핵심이고 이를 판별하기 위해서는 중학교의 학업 성취도를 살펴보거나 최종적인 고교 진학 비율을 살펴보면 된다.

초등학생 이하의 자녀를 둔 경우뿐 아니라 중학생이나 고등학생 자녀를 두고 있는 경우에도 교육여건의 고려가 주택 수요에 일부 영향을 끼치긴 하겠지만 전자에 비해 상대적으로 경우의 수가 적기 때문에 주된 수요요소라고 보기는 어렵다. 따라서 교육환경과 관련된 주택수요는 초등학교 자녀를 두고 있는 경우로 한정하는 것이 합리적이다.

이러한 고려사항 외에도 우수한 학원가가 잘 형성되어 있는 지역도 학군 관련 수요요소에 영향을 주지만 이를 객관적으로 비교하는 것은 쉽지 않다. 예를 들면 아파트 주변에 우수한 학원가가 형성되어 있다는 것을 판단하기 위해서 좋은 학원이 몇 개인지, 학원의 판단 기준이 우수한 강사진이라고 한다면 그러한 강사들이 몇 명씩 있어야 하는지, 우수한 강사의 기준이 무엇인지를 비교해야 하는데 이런 요소들은 정량화하기가 불가능하다.

따라서 학원가에 대한 선호도 평가는 비교 검토에 활용할 정도로 객관성을 확보할 수 없기 때문에 이 책에서는 논외로 한다. 다만 우수한 학원가 형성 여부 역시 결국 주변 학교들의 면학 분위기와 비례관계를 갖기 때문에 굳이 학원가 자체를 언급하지 않더라도 앞에 제시한 데이터를 비교하는 것만으로도 충분한 판단이 가능하다고 본다.

학군 수요 평가 방법

교육부 공시자료를 살펴보면 각 중학교별로 졸업생의 진로 통계를 제공한다. 이 통계에서 특수목적고등학교 가운데 과학고, 외국어고, 국제고, 자율형사립고에 진학한 졸업생 숫자를 남녀 전체 졸업자 수로 나누면 해당 학교로 진학한 비율이 나온다. 전국적으로 조사해 보면 대략 1~25% 사이의 분포를 보이는데 이를 비교적 균등하게 배분하면 20등급 정도로 나눠 볼 수 있다.

그다음으로 이렇게 나눈 등급별로 각각 다른 점수를 부여한다.

예를 들면 과학고, 자사고, 영재고, 국제고 진학 비율이 25%를 기록한 중학교는 8점, 24%를 기록한 중학교는 7.5점 같은 식으로 가점을 부가하는 방식으로 비교하고자 하는 아파트의 중학교 학업 성취도에 대한 평가를 진행할 수 있다.

지역별로 살펴보면 한 아파트 단지의 반경 1~2km 이내에 최소 1개 이상의 중학교가 있는데 한 중학교의 데이터만 취할 경우 2가지 오류가 발생한다. 먼저 첫 번째는 지역 내에서도 중학교 간 학력 편차가 있음에도 특정 학교의 수준을 지역 전체의 수준으로 일반화해 버릴 수 있다는 점이고, 두 번째는 해마다 진학 비율이 달라지는데도 하나의 학교만을 데이터로 취할 경우 변동 폭에 대한 고려를 놓친다는 점이다. 쉽게 말해서 지역 내 우수한 중학생들의 비율이 특정 연도에 쏠리며 왜곡되는 문제가 생길 수 있기 때문에 적어도 2개 이상 학교의 데이터를 평균 내서 반영해야 한다는 것이다.

고등학교 학업 성취도 평가는 각 학교별로 실시하는 시험을 통해 국어, 수학, 영어 등의 과목별, 학교별 평균점수를 비교하는 방식을 사용한다. 교육부에서 제공하는 〈학교알리미〉 사이트를 통해 학교별 공시 데이터를 볼 수 있는데, 다양한 과목이 있지만 맨 위에 있는 국어, 수학, 영어 세 과목의 1학기와 2학기 평균점수를 산출해서 비교할 수 있다.

이 역시 전국을 대상으로 조사해 보면 대략 56~85점 사이를 보이는데, 각 점수대를 균등 배분하여 20개로 나누면 학교별 시험 결과 수준을 등급화할 수 있다. 다만 학교별 시험이기 때문에 점수가 높다고 무조건 학업 성취도가 높다는 의미는 아니며 시험문제의 난이도가 상대적으로 낮았을 가능성도 있기 때문에 추가적으로 과목별 표준편차를 함께 검토해야 한다.

일반적으로 표준편차가 높은 경우 학생 간 학업 수준 격차가 크다는 것을 의미하고 반대로 표준편차가 낮은 경우는 학생 간 격차가 크지 않다는 뜻이다. 즉 표준편차가 낮으면 학업 성취도 관리가 상대적으로 안정적이라는 뜻인데, 특목고나 자사고의 경우 평균적으로 표준편차값이 3~10 사이로 상대적으로 작게 나타나고 일반고의 경우 10~20 사이로 그보다 크게 나타난다. 따라서 모든 학교에 동일하게 적용된다고 볼 수는 없지만 일반적으로 평균점수가 높고 표준편차가 작게 나타나는 학교가 대체적으로 상대적 학업 성취도가 높다는 것을 알 수 있다.

이러한 방법을 통해 각 학교별 수준을 가늠해 보기 위해 1학년, 2학년, 3학년의 모든 과목 평균값을 산출하는 것이 정확하겠지만 국영수 위주로만 계산해도 결과가 크게 달라지지는 않는다. 그리고 과목별 중요도를 보더라도 결국은 국영수의 중요도가 다른 과목에 비해 월등히 높기 때문에 다른 과목들까지 다 합해 봐야 그다지 큰 의미가 없다.

그리고 모든 학년 데이터를 다 합산해 평균을 구하기보다 갓 입학한 1학년의 학업 성취도를 취하는 것이 더 합리적이다. 이는 학년별로 성적 편차가 크게 발생하지 않는 편이고 특히나 1학년의 경우 졸업한 중학교에서의 수준을 반영해 주는 지표가 되기 때문이다. 또한 수요도 비중 측면에서 봐도 자녀가 저학년일 때 이주 수요가 더 크다는 점을 감안하면 오히려 저학년의 성적이 더 설득력 있는 데이터가 될 수 있다.

앞서 언급한 2가지 방식으로 전국 모든 학교의 면학 분위기와 학업 성취도에 대한 순위와 등급을 큰 틀에서 어느 정도 정할 수 있다. 하지만 앞서 설명한 수치만 가지고 보면 서울권의 저명한 고등학교와 경기권에서 상대적으로 열위인 학교 간의 편차가 그다지 크게 나타나지 않는 경우가 간혹 발생한다.

예를 들면 서울시의 휘문고등학교와 하남시의 하남고등학교를 비교해 보면 단순 수치상으로도 국영수 평균점수가 하남고등학교가 더 높고 표준편차도 하남고가 더 낮게 나타나는 것을 볼 수 있다.

이 차이는 평준화된 지역과 비평준화된 지역 간의 차이에서 비롯된다. 휘문고는 평준화되어 있고 인근 학군 내에서 무작위 추첨을 통해 입학한 학생들로 구성되어 있기 때문에 학생 간 편차가 크게 발생하지만, 비평준화된 지역인 하남고의 경우는 지역 내에서 학력 수준이 비슷한 아이들로만 구성되어 있으므로 표준편차가 비교적 작게 나타난다. 하지만 아무리 비평준화 지역이고 학생들 간 편차가 크다고 해도 입시 결과만 놓고 보면 두 학교의 수준 비교는 명확해진다.

2024년도 서울대 입학자 순위 비교

5위 휘문고 36명

70위 하남고 9명

    결국 우수한 학생의 총량으로만 보면 아무래도 강남 학군지를 텃밭으로 하는 휘문고에 우수한 학생이 더 많을 것이고 결과적으로도 우수 대학 입학자가 더 많이 배출되고 있다. 따라서 상식적인 수준의 인지도와 부합하지 않는 왜곡된 결과를 보정할 필요가 있다.

    그래서 여기에 전년도 서울대 진학자 수에 따른 가산값을 더하여 보정할 수 있다. 어쨌든 상위권 학교의 경우 현실적으로 학교별 면학 분위기가 어떤지에 따른 실제적인 결과가 서울대 입학자 수와 비례한다고 본다. 그러므로 연도별 서울대 입학자 수를 등급화해 점수화한 다음 이를 앞서 산출된 값에 보정값으로 곱하거나 상수값으로 합산하면 고등학교 수준을 좀 더 정확히 파악할 수 있다.

지역별 학군을 평가하는 공식

학군점수 = A+(B×C)

A: 중학교의 특목·자사·영재고 진학 비율(비례값)

B: 고등학교 학업 성취도 평균점수(비례값) × 표준편차(반비례값)

C: 서울대학교 진학인 수(비례값, 60~1명)

*   A, B, C 각 값은 데이터 값 자체를 말하는 것이 아니라 데이터별 분포 구간별 점수를 의미함.

앞서 설명한 3가지 학군에 대한 평가 지표에 따라 각 해당 등급별 구간 점수를 부여하고 이를 합산하면 해당 지역 학군의 수준을 대략적으로 산출할 수 있다. 이런 방식으로 지역별 학군을 비교하는 것이 정답이라고는 할 수 없지만 적어도 전국의 모든 지역을 몇 가지 신뢰할 만한 데이터를 통해 균등한 조건으로 비교해 보는 데 의미가 있다. 그래서 현재로서는 이 방법이 전국 공동주택의 가치를 비교하는 데 있어(지속적으로 데이터가 개선된다는 전제하에) 가장 신뢰도 높은 방식이라고 생각한다.

10

제8요소-
수변·녹지조망성

혼자서도 충분한 가치를 지니는 요소

서울 아파트 시장의 가격을 주도하는 서초와 강남의 아파트들, 이들 간에도 위치별 가격은 큰 편차를 보인다. 해당 지역에서 가장 높은 가격을 호가하는 아파트들의 공통적인 특징은 한강변에 근접해 있다는 점이다.

아파트 실거래가를 제공하는 사이트를 통해 살펴보면 2025년 4월 기준, 서초구와 강남구의 30평형대 아파트 가운데 시가 40억 원을 초과하는 대부분의 아파트들이 한강변 500m 이내에 집중적으로 분포하고 있다는 사실을 알 수 있다. 더구나 도심에 속하지 않고 지하철 초역세권도 아닌 입지임에도 오로지 한강과 거리가 가깝다는 이유만으로도 서울시에서 최고가를 보인다는 점이 놀라울 따름이다. 이처럼 수변, 특히 한강이라는 상징성을 가진 조망 여건은 다른 주택의 가치 구성 요건과는 독립적으로 작용하며 그 정도가 다른 가치와 비교하기 어려울 정도로 크다는 사실에 동의하지 않을 수 없다.

수변조망과 관련된 평가는 수변의 종류와 규모에 따라 그 위계를 달리한다. 우리나라에서는 '하천법'에 따라 하천의 종류를 '국

그림 17 서울 서초구, 강남구 30평형대 아파트 가운데 40억 원을 초과하는 아파트의 분포 (2025년 4월 기준)

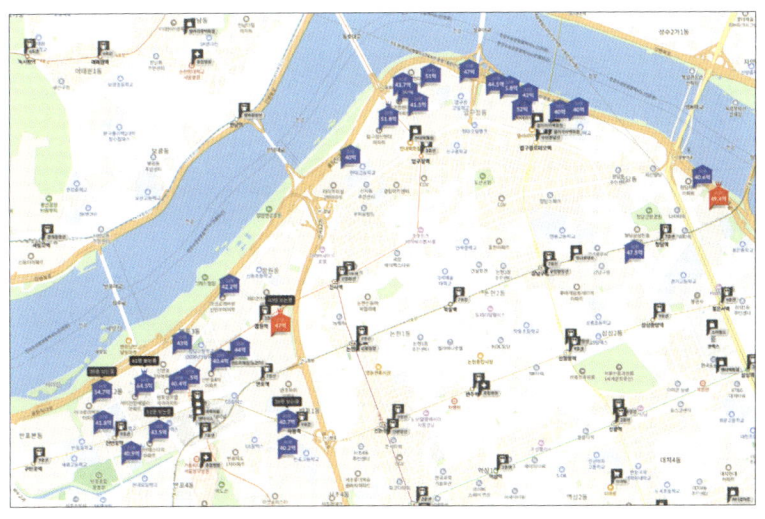

출처: 호갱노노

가하천'과 '지방하천'으로 나누고 있고, '소하천정비법'에 따라서 지방하천보다 더 규모가 작은 '소하천'을 구분한다. 대표적인 국가하천으로는 한강을 들 수 있는데, 서울 권역 내 한강의 유역폭•은 대부분 0.7km를 넘을 정도로 넓다. 유역폭이 클수록 수변조망성은 양호해진다. 반대로 유역폭이 작아질수록 수변조망성은 불리해진다.

따라서 수변의 종류를 국가하천, 지방하천, 소하천 이렇게 3개로 구분하여 최고 점수를 차등 설정하고 각각의 구간을 거리별로 대략 10개 등급으로 나누어 점수를 배분한다. 또한 수변요소는 많을수록 좋기 때문에 중복으로 적용해 점수를 합산한다.

표10 국가하천 300m, 지방하천 500m 이내에 있는 특정 아파트의 평가점수 예시

구분	국가하천 유역폭 0.5km 이상	지방하천 유역폭 0.2km 이상	소하천 유역폭 0.2km 미만	평가 아파트 (예시)
100m	32.9	4.5	0.5	-
200m	21.9	3.5	0.4	-
300m	14.9	2.5	0.3	14.9
400m	10.9	1.5	0.2	-
500m	8.9	0.5	0.1	0.5
600m	7.4	0	0	-
소계				15.4

이 외에도 추가적인 수변조망 평가요소로 바다와 대규모 호수를 들 수 있는데, 바다의 경우는 국가하천과 동일한 기준으로 규정한다. 호수의 경우도 조망축 기준으로 폭을 측정하여 유역폭이 500m를 넘으면 국가하천으로, 200m를 넘느냐 그렇지 않느냐에 따라 지방하천 및 소하천으로 분류하여 동일하게 계산할 수 있다.

녹지조망성에 대한 평가

수변조망여건에 비하면 그 정도는 덜하지만 탁 트인 넓은 녹지 뷰를 확보한 아파트 역시 선호 수요요소로 작용한다. 예를 들면 하남 감일지구 내에서 골프장 뷰가 보이는 아파트와 그렇지 않은 아파트를 비교해 보면 동일 평형대 기준으로 길 하나 건너 차이로 가격이 1억 원 이상 차이가 나는 것을 볼 수 있다.

녹지조망에 대한 가치 측정은 다른 시설이나 고속도로 같은 규모가 큰 도시계획시설로 인해 단절되지 않은 연속성 있는 녹지를 수평투영면적** 기준으로 측정해야 한다. 사람이 볼 수 있는 시야의 거리를 고려하여 아파트 반경 1km가 모두 녹지라고 가정하면

- • 하천이나 도시 유역의 상류에서 하류까지 물이 흐르는 경계의 폭(하상폭)을 의미하며, 수변조망성, 침수 위험, 도시 유출 해석 등 다양한 분야에서 중요한 지표로 활용.
- •• 입체를 수평으로 투영하여 생기는 면적. 하늘에서 아래로 내려보았을 때 보이는 면적을 의미한다.

그림 18 골프장 녹지 뷰에 노출된 아파트와 그렇지 않은 아파트 간의 가격 차이

출처: 호갱노노

대략 95만 평 정도가 되는데, 아파트 단지 최대 면적을 제외하더라도 대략 90만 평 정도 규모가 된다.

현재까지 조사한 바에 따르면 국내에서는 반경 1km 이내의 녹지 면적이 30만 평을 넘는 아파트 단지는 아직 없는 것으로 파악된다. 따라서 일반적으로 아파트 주변 연결 녹지의 분포는 30만 평부터 최소 1만 평 수준이기 때문에 이 구간을 등급으로 나누어 배점 및 합산하여 점수를 산출할 수 있다.

앞서 살펴본 8가지 주택 가치와 관련된 평가요소 외에도 의료환경, 문화환경, 쇼핑환경, 거주편의성과 관련된 항목과 시공사 브랜드 가치 등 더 많은 세부 항목들이 남아 있다. 이런 모든 항목들까지 고려하게 되면 사실 더 정확한 가치판단이 가능하겠지만 굳이 그러한 요소들까지 고려하지 않는 이유는 들인 손품에 비해 가성비가 떨어지기 때문이다. 조사하는 데 들어가는 시간과 노력 대비 가치판단의 변별성이 그렇게까지 크지 않다면 굳이 시간을 낭비할 필요가 없다. 앞서 설명한 8가지 요소들만 잘 파악하고 가치에 대한 가중치를 잘 설정해 평가만 해도 다른 이들에게 휘둘리지 않는 나만의 훌륭한 참고 데이터를 확보하여 가치판단에 있어 우위에 설 수 있게 된다.

사람은 감정을 지닌 존재이기 때문에 명확한 데이터가 눈앞에 있더라도 기분에 따라 비논리적인 판단을 하는 경우가 많고, 이는 선택의 기회비용 측면에서 공산품과는 비교도 할 수 없을 정도로 가격이 큰 부동산에 투자하는 데 치명적일 수 있다. 그럼에도 불구하고 최소한의 객관적 데이터조차 확보해 두지 않은 상태에서 내 소중한 자본을 큰 고민 없이 지출하는 것은 얼마나 무모한 일일지 생각해 보라. 그것은 마치 한 번의 도박에 내 모든 재산을 거는 것과 같다.

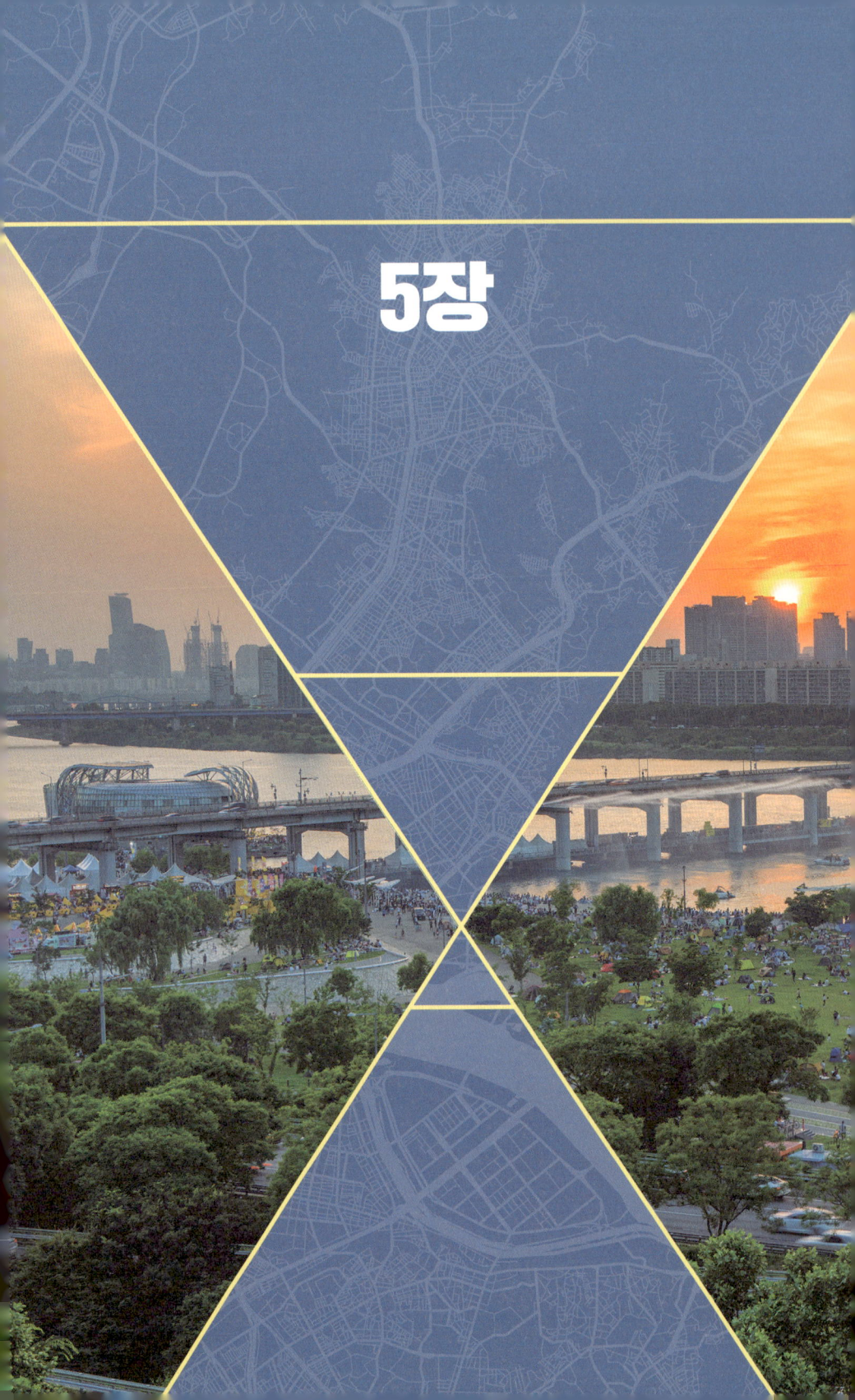

5장

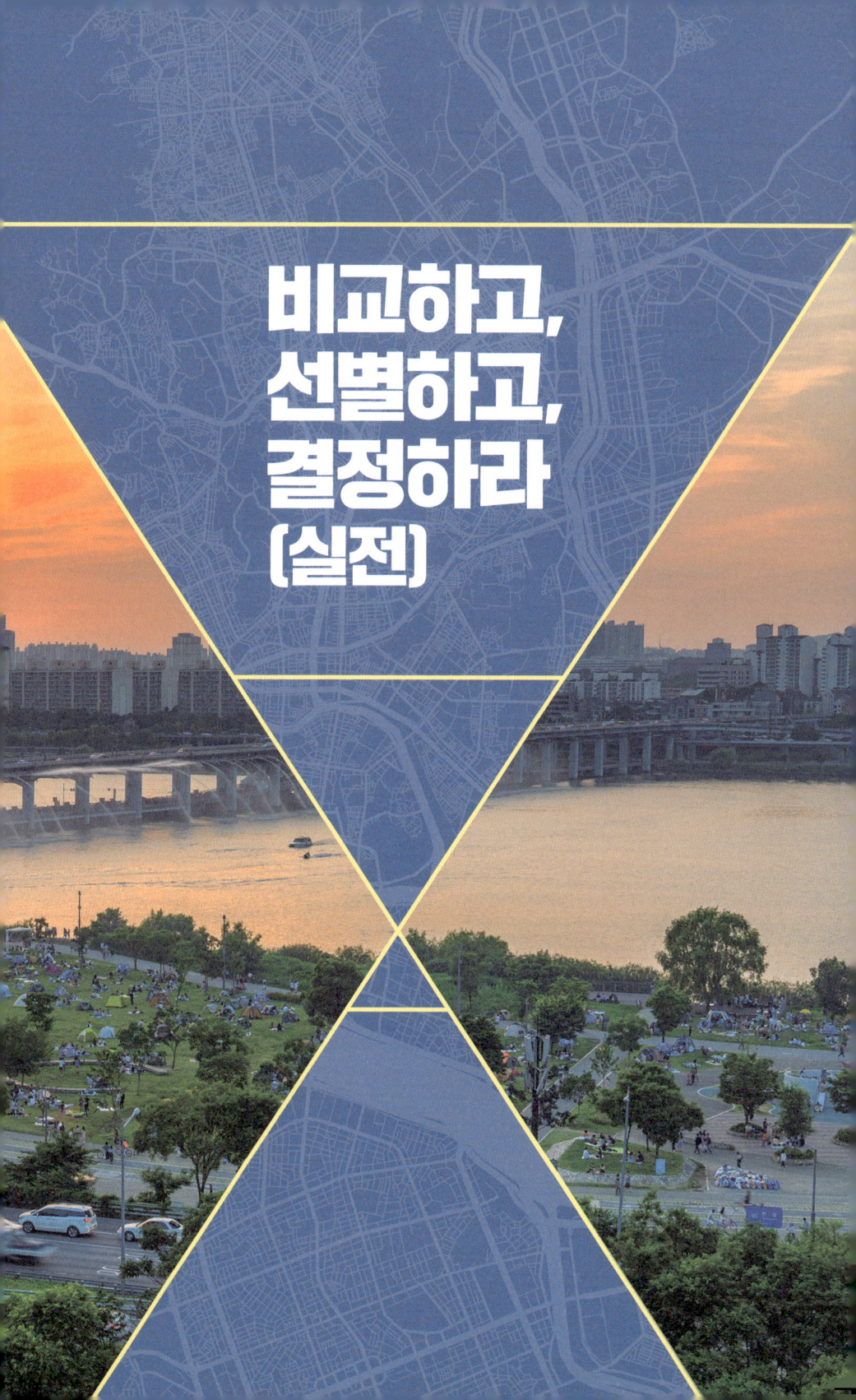

비교하고,
선별하고,
결정하라
(실전)

01

현장을 선명하게 만드는
손품의 힘

'메모광'이 '프로 손품러'가 되다

나는 지독한 '메모광'이다. 아니 더 정확히 말하자면 '자료 수집광'이다. 내 주변에서 일어나는 사건들은 모두 소중한 정보들이다. 그렇기 때문에 수집할 수 있는 정보는 가능한 모든 방법을 동원해서 모아 둔다. 그러다 보니 지인들로부터 예전 자료들이나 기억에 대한 소환 요청을 자주 받곤 한다. 어떤 모임에서 사용했던 자료나 회의록, 심지어 녹취 파일까지도 어지간하면 보관하고 있기 때문에 내게 연락하면 대부분 얻을 수 있다.

메모는 잊힌 기억을 되새겨 주고 과거와 현재를 이어 주는 징검다리 역할을 한다는 것 자체만으로도 의미가 있지만 그 진정한 가치는 통찰의 원자재로 사용된다는 점이다.

이러한 메모에 대한 필자의 애착은 건축학을 배우면서 더 커졌고, 그 유용성도 폭발적으로 증가했다. 건축은 단편적인 관념에서부터 시작된다. 건축설계란 관념이 대지를 만나면서 물리화되는 과정이다. 그러므로 올바른 관념Idea과 능숙한 물리화 기법Method을 훈련한 건축가는 비교적 쓸 만한 건축 작품을 만들어 낸다. 따라서 좋은 건축은 건전하고 보편적인 관념들이 합리적인 논리로 엮여 물리화된 결과물이라고 이해할 수 있다.

결국 훌륭한 결과물을 만들어 내는 데 있어 가장 기초가 되는 작업은 중심이 되는 지배적인 관념을 형성하기 위해 다양한 생각의 단서들을 수집하는 것이다. 그러기 위해서는 단편적으로 스쳐 가는 아주 사소한 정보라도 깨알같이 모으는 습관, 그리고 주어지는 정보들을 세심하게 관찰하는 능력이 요구된다. 메모하는 습관은 관찰력을 키운다. 그래서 메모를 많이 하다 보면 나도 모르게 사물을 바라보는 통찰력을 갖게 된다. 그래서 좋은 통찰의 위력을 맛본 사람은 더욱더 '메모광'이 된다.

현장의 중요성

건축 자산인 부동산은 가상현실이나 이론이 아니라 실존 자산이다. 그러므로 실무에서 늘 강조하듯이 현장은 매우 중요하다. 사무실에서 도면만 보고 얘기하는 사람은 현장 담당자와 말이 잘 통하지 않는다. 이 말을 왜 하는가 하면 이론과 현실의 격차를 설명하기 위해서이다. 이론은 여러 단편적인 데이터로부터 일관된 흐름이나 패턴을 끄집어내서 일반화하고 그 일반화된 논리를 여러 케이스의 실무에서 쉽게 활용하기 위해 만든 하나의 방법론이다.

하지만 현장에는 늘 '변수'라는 것이 존재한다. 이론상으로 미처 걸러 내지 못한 돌발 변수들이 무수히 존재하는데 이런 변수들은 현장에 가야만 발견할 수 있다. 또한 현실 공간에 존재하는 물리적 자산을 구성하는 데이터는 3차원의 데이터로서 입체적이라고 할 수 있다. 이러한 현장의 특징 때문에 문헌자료 조사만으로는 부족한 것이 사실이다.

하지만 최근 들어 데이터 수집 도구와 수집된 데이터를 확인할 수 있는 도구들이 매우 다양해졌기 때문에 문헌 정보와 현장 정보의 격차가 크게 줄어들었다. 오히려 현장을 실시간으로 들여다볼 수 있는 도구가 급속도로 늘어났고, 현장에서조차 볼 수 없는 고고도 촬영 영상이나 3차원적인 데이터와 수치 정보가 합쳐진 증강현실 데이터까지 더해지면서 현장보다 더 세밀한 데이터를 열람할 수 있는 세상이 열렸다. 그리고 이러한 데이터는 특수한 기술이 없더라도 약간의 노하우와 손품만 들이면 누구나 취득할 수 있게 일반화되었다.

손품이 먼저다

사전에 미리 알 수 없는 변수들을 확인하기 위한 현장 답사는 필수이지만 중요도로 따지자면 문헌정보 조사, 즉 손품이 현장 답사(임장)보다 비중이 월등히 높다고 생각한다. 문헌을 정확히 확인만 해도 현장에 대한 퍼즐이 80% 이상 맞춰진다. 나머지 20%는 최종적인 확인 절차 정도로 여겨도 충분하다.

간혹 어떤 이들은 '일단 현장에 답이 있기 때문에 무조건 현장부터 가야 한다'고 주장한다. 하지만 시간 낭비도 그런 시간 낭비가 따로 없다. 현장 답사의 필요성을 부정하는 것은 아니지만 현장만이 최우선이라는 주장은 한쪽에만 치우친 생각이다. 필자도 아무것도 모르던 건축학도 1학년 때 주택을 설계하기 위해 현장 답사를 하면서 그와 같은 우를 많이 범했다. 무엇이 중요한지, 무엇을 중점적으로 봐야 할지 갈피도 못 잡은 상태에서 무조건적으로 현장을 열 번, 스무 번 발바닥에 불이 나도록 다녔지만 얻은 것은 발바닥의 물집과 어마어마한 교통비뿐이었다.

건축물에 대한 날카로운 인사이트를 얻기 위해 가장 먼저 해야 할 것은 대상에 대한 철저한 문헌 조사다. 우리가 탐구하고자 하는 대상인 건축물은 도시를 구성하는 작은 구성요소 가운데 하나다. 먼저 거대한 도시구조를 파악해야 하고 그러한 구조적 입지를 배경으로 건축물의 계획요소를 살펴봐야 한다.

가장 단순한 정보 안에 답이 있다

건축물은 대단히 복합한 과정을 거쳐서 탄생한다. 하나의 건물이 대지 위에 지어져서 이용자의 손에 넘겨지기까지 수많은 전문가의 손을 거친다. 물론 건축과 도시를 학문과 공학의 관점에서 접근하면 어렵다고 느낄 수 있다. 하지만 결국 사람이 거주하고 사용하는 용도로 만들어지는 것이기 때문에 그 본질에 접근할수록 의외로 쉽고 단순하게 이해할 수 있다.

군이 어렵게 풀어 놓은 연구 논문이나, 알아보기 힘든 기호가 난무하는 《지구단위계획》과 같은 도시계획 지침서, 심지어 복잡한 치수로 빽빽하게 채워진 건축물의 기본 평면을 자세히 들여다보지 않더라도 건축과 도시를 이용자의 관점에서 바라보고 접근한다면 자산가치 측면에서의 인사이트를 쉽게 찾아낼 수 있다.

항상 진리는 단순함 속에 숨어 있다. 그리고 본질적인 단서는 숨기고 싶어도 숨겨지지 않고 이곳저곳에 묻어나는 법이다. 사건 현장을 직접 목도하지 않았더라도 몇 가지 주변 정황만 보고도 범인을 짚어 내는 명탐정 셜록 홈즈처럼 현재 나의 위치에서 취득

가능한 정보의 조합만 갖고도 얼마든지 필요한 정보를 유추해 낼수 있다. 핵심은 수집 가능한 다양한 정보처를 확보하고, 확보된 정보를 계열화하고 다양한 방식으로 조합해 유효한 인사이트를 도출해 내는 데 있다. 앞으로 이어질 장에서는 일반인들도 손쉽게 얻을 수 있는 정보들을 가지고 어떻게 명쾌한 통찰을 만들어 낼수 있는지 그 방법에 대해 자세히 알아보도록 하자.

02

여러 부동산을
한꺼번에 비교해보자

각각의 건물은 저마다의 용도에 맞게 사용자의 요구사항에 따라 설계되고 지어진다. 건물은 용도에 따라 적합한 위치에 지어졌는가, 프로그램이 최적화되었는가에 따라 그 가치가 결정되는데 그러한 요소들 가운데 지배적인 요소들의 합산값, 즉 구성 가치의 총합이 건물의 자산가치인 가격으로 나타난다. 우리가 하고자 하는 것은 이러한 용도별 건축물의 가치를 구성하는 주요 요소들을 추출해 내고 실제로 건물 가격과 어떤 관계를 갖는지를 살펴본 후, 유사한 용도의 건물들 간의 가치를 비교할 수 있는 도구를 개발하는 것이다. 그럼으로써 향후 더 경쟁력 있는 건물을 더 경제적인 가격으로 취득하는 데 활용하는 것이다.

건물을 상대평가하는 것은 마치 유사군類似群의 제품 가운데 어떤 것이 가장 성능이 좋은지 혹은 가성비가 가장 우수한 제품이 무엇인지를 선택하는 것과 같다. 제품들을 상대평가하여 가장 좋은 제품을 고르기 위한 기본적인 전제조건은 가급적 비교항목 수를 줄이고 단순화하는 데 있다.

예를 들면 자동차를 사려고 할 때, SUV와 세단을 두고 제품을 비교하기보다 우선 'SUV냐 세단이냐'와 같은 상위 질문에 대한 의사결정을 완료하여 비교 대상의 수를 줄이는 것과 같다. 만약 SUV를 구입하기로 결정했다면 SUV 차량들만 선상에 올려놓고 비교하면 되므로 검증 항목이 확연히 줄어든다. 비교 항목이 줄어들면 가치판단을 하는 데 요구되는 핵심 요소가 무엇인지 뚜렷해진다.

합리적인 투자를 위한 기준의 필요성

요즘은 '지식산업센터'라는 단어 자체가 투자자들 사이에서 금기어가 될 정도로 수익성 측면에서 좋지 않은 평가를 받고 있는 것이 사실이다. 그럼에도 지금 설명하고자 하는 '건축물의 상대평가'를 연구하는 데 가장 핵심적인 단초를 제공했던 부동산 상품이 바로 지식산업센터였다는 사실은 부정할 수 없다. 왜냐하면 건물에 대한 상대적인 비교평가 체계를 확립하기 위해서는 가급적 많은 계획적 데이터와 가격 데이터가 필요한데 필자에게 이러한 조건에 가장 적합한 건축물이 바로 지식산업센터였기 때문이다.

그 당시는 자고 일어나면 새로운 지식산업센터 분양 소식이 들려올 정도로 그야말로 지식산업센터 광풍이 불던 시기였고 덕분에 많은 양의 데이터를 수집할 수 있던 황금 같은 시기였다. 다수의 건물을 계약선상에 놓고 검토를 하다 보니 자연스럽게 여러 지역에 대한 이해의 폭도 넓어졌는데, 그때 조사했던 도시계획과 주요 신설 인프라 계획에 대한 지식이 지금까지 이어져 공동주택과 같은 주거시설의 연구에도 큰 밑거름이 되었다.

어쨌든 당시 부동산 시장의 문턱이 낮아지고 많은 투자자들이 쏟아져 들어오면서 문제가 발생하기 시작했다. 소액 투자가 가능하다 보니 상품을 선택할 때 신중함이 부족했던 것이다. 신중히 알아보지 않고 "좋다더라"는 말만 듣고 별다른 고려 없이 쉽게 상품을 선택하고 계약도 신속하게 체결하다 보니 이후 마음이 바뀌어 계약을 취소하고자 하는 사람들이 상당히 많았다.

그와 같은 경솔한 투자로 인한 피해자가 발생하는 것을 막아야겠다는 생각에서 '누구나 객관적으로 건물의 가치를 빠르게 판단할 수 있는 도구를 만들 수는 없을까?'라는 고민을 시작했다. 필자역시 감정에 휘둘리지 않고 합리적인 투자를 하기 위한 믿을 만한도구가 필요했기 때문에 건물의 자산가치에 대한 상대평가 개념을 생각해 냈다. '같은 가격이라면 어떤 것을 선택하는 것이 합리적일지 명확하게 숫자로 체크하는 방법을 만들어 보자!'는 게 시작이었다.

확률을 높여 나가는 게임

분석하는 사람에 따라서 결과가 달라진다면 그건 신뢰할 수 있는 도구라고 할 수 없다. 누가 분석하더라도 같은 결과가 나올 수 있도록 신뢰할 만한 분석 프로세스를 개발하는 것이 유일한 목표였다. 이를 위해 중요한 몇 가지 원칙을 정했다.

1. 분석 요소들은 개별적으로 작용하며 서로 간섭하지 않는다.
2. 분석 요소는 영향력의 우선순위에 따라 취사선택할 수 있다.

이해를 돕고자 조금 극단적인 예를 한번 들어 보려 한다. 만약 내가 지금 즉시 동일한 평형대의 두 지식산업센터 가운데 한 곳을 매입해야 하는 상황이라고 가정해 보자. 계약서에 도장을 찍기 전에 단 한 가지 조건만을 비교해서 결정할 수 있는 상황이라면 당신은 어떻게 해야 할까?

가상의 상황이지만 이런 경우에는 조건을 단순화하는 것이 본질을 보는 데 도움이 될 수 있다. 만약 건물의 가치를 선택하는 문제가 수학문제처럼 정답이 있다면 어떻겠는가? 내 선택의 근거가 될 한 가지 항목의 비교에 대한 답이 건물의 가치를 구성하는 요소들 가운데 10분의 1의 비중을 차지하고 있다면 나의 문제 풀이 결과에 따라 투자 성공 확률은 10%가 된다. 해당 조건의 답을 맞힐 경우 최소 10%의 성공 확률을 확보하는 셈이다.

예를 들면 두 지식산업센터 가운데, 한 곳은 지하철까지의 거리가 100m이고, 다른 한 곳은 500m라고 한다면, 100m 거리의 지식산업센터를 선택하는 것이 이 문제의 정답이 될 수 있다. 정답을 맞힌 대가로 투자 성공 확률이 조금 올라가게 된다. 물론 지하철 조건만이 건물 가치의 전부는 아니지만 사람들의 가치판단 요소 가운데 중요한 부분임에는 틀림없다.

이런 식으로 가치판단요소들에 대한 항목별 문제를 많이 풀면 풀수록 더 나은 자산가치 취득에 조금씩 다가가게 된다는 사실이 중요하다. 결국 최적의 투자는 이러한 평가요소들이 조금씩 모인 합에 의해 결정되므로 조건의 본질에 충실한 문제를 많이 풀면 풀수록 건물의 가치가 점점 밝혀지고 그 윤곽이 확연하게 드러나게 되는 것이다.

앞선 예시에 이어서 이번에는 조금 더 여유가 생겨서 2가지 조건을 비교할 수 있게 되었다고 하자. 예를 들어 동일하게 서울특별시 안에 있는 2곳의 지식산업센터가 있는데 하나는 '문정-지역중심'이라는 도시거점지역에 포함되어 있고 또 다른 하나는 비거점지역의 일반 준주거지역에 위치하고 있다. 이 경우라면 당연히 '문정-지역중심'에 위치한 건물이 더 가치가 높을 것이다.

이제 2가지 조건을 맞췄기 때문에 확률은 20%로 높아졌다. 그렇게 제3의, 제4의 조건을 계속해서 맞춰 나간다면 최종적으로는 100%에 근접하는 답을 갖게 될 것이다. 적어도 건물의 성능에 대해서는 누구도 무시할 수 없는 우월한 정답지를 확보하게 되는 셈이다.

뒤에서 '가성비'에 대한 얘기를 하겠지만 건물의 가치에 대한 정답을 맞히는 것은 그 자체만으로도 의미가 있지만 더 큰 효과는 이 데이터를 바탕으로 건물의 가성비를 판단할 수 있다는 데 있다. 정상적인 상인이라면 더 좋은 제품을 더 저렴하게 팔지 않는다. 건물의 성능이 좋으면 당연히 가격을 더 쳐 주는 것이 정상이다. 하지만 그중에서도 간혹 제값보다 저렴하게 물건을 구입한 경우도 있는데 이를 소위 '득템했다'고 말한다. 소비자 입장에서 중요한 것은 좋은 물건을 더 저렴하게 손에 넣는 것이므로 가성비를 판단하는 것이 가장 중요하고, 정확한 건물의 가치 스펙을 알지 못하면 가성비 역시 판단할 수 없다.

앞 장에서 설명한 방식으로 건물의 요소별 가치평가 기준이 확보되면 분양가나 매매가와 비교하여 건물이 원래의 가치보다 높은 가격으로 나왔는지 오히려 더 낮은 가격으로 나왔는지를 분석해 낼 수 있다. 더 나아가 이미 준공된 건물의 가격과도 비교해 보면 신규 분양 건물과 동일한 성능을 가진 건물의 향후 가격 형성범위도 어느 정도 예측할 수 있게 된다. 이것이 바로 집합건물을 상대평가하는 원리이자 핵심이다.

한눈에 비교하는
아파트 점수표

흩어진 데이터를 줄 세우다

앞서 설명했던 해결해야 할 여러 문제(평가항목)들을 우선순위에 따라 줄을 세우고 각각의 문제를 풀어 나가면서 건물의 가치를 판독할 수 있도록 만든 도구를 평가항목 매트릭스MATRIX라고 부른다. 하나의 설문조사지와도 같은 이 양식Form은 몇 가지 특징을 가진다.

1) 분석의 기반

첫 번째 특징은 떠다니는 데이터들을 하나의 시트로 정리해 줌으로써 조사자의 이해가 분산되지 않게 하는 것이다. 이는 하나의 건물에 대한 온전한 이해를 돕기 위해 이곳저곳에 분산 보관되어 있던 객관적인 데이터를 하나의 시트 안에 정리해 둠으로써 어떠한 종류의 건물을 분석하든 그 시작점과 기반Ground으로 활용될 수 있다는 점이다.

이 '데이터 뭉치Data set'는 여러 인터넷 사이트에 돌아다니는 정보들의 진위 여부를 체크할 때도 유용하고 매번 투자와 관련해 건축물에 대한 데이터를 일관성 있게 수집하도록 도와주기 때문에 조사가 엉뚱한 방향으로 흘러가는 것을 막아 준다.

2) 유연성

두 번째 특징은 유연성Flexibility이다. 건물의 가치를 분석하기 위한 판단 요소는 수없이 많지만 모든 요소들이 동일한 영향력을 갖는 것은 아니다. 건물의 가치 분석은 상대평가에 의한 것이기 때문에 다양한 데이터를 수집, 구축하는 것이 필요하고 효율적인 작업을 위해 적정선에서 평가요소를 취사선택할 필요가 있다.

또한 이러한 가치요소들은 시기와 장소에 따라 상대적으로 변한다는 사실을 알아야 한다. 10년 전 지하철의 가치와 현재의 가치는 결코 같지 않다. 서울에 지하철 노선이 몇 개 없던 시절에는 지하철역 자체가 희소성을 가졌지만 현재는 그때에 비하면 희소성이 대단히 많이 줄었다.

그뿐만 아니라 건물의 가치평가를 위한 요소는 지역에 따라서도 다르게 나타날 수 있다. 예를 들면 부산과 같은 해양도시에서 바다로의 조망여건은 내륙에 비해 희소가치라고 보기 어렵다. 따라서 내륙 지방에서의 수변조망 가치와 해안 지방에서의 가치는 같을 수 없다. 이처럼 각각의 건축물 가치에 영향을 미치는 주요 항목에 대해서는 이러한 시대적 트렌드와 지역적 변수를 모두 고려하여 그 가치의 정도를 시시각각 조정할 필요가 있다.

3) 무한 확장성

건물의 가치평가요소는 거의 무한하다고 봐도 될 정도로 다양하다. 크게는 건물의 위치가 도시 중심지와 비중심지 영역 내에서 어느 정도 위계에 속하는지에 대한 판단부터 작게는 건물 마감재의 질감과 색상에 이르기까지 다양하다.

하지만 그 모든 요소를 다 고려하여 건물의 가치를 측정하기에는 얻는 것에 비해 투입해야 하는 노력이 더 크기 때문에 적정선에서 타협점을 찾아야 한다. 사실 빠른 분석을 위해서는 5~10개 정도의 요소만 수집해서 분석하더라도 70~80% 정도의 정확도(예상했던 건물의 가치와 분양 후 자연스럽게 형성되는 평균적인 평당 거래가 수준과의 일치율)를 얻을 수 있기 때문에 제법 쓸 만한 수준이라고 할 수 있다.

질은 양에서 나온다는 말이 있다. 전국적으로 동일한 평가요소들을 적용하여 얻은 데이터의 가치는 얼마나 많은 데이터와 비교하느냐에 따라 결정된다. 결과적으로 아무리 섬세하고 많은 데이터를 수집하더라도 비교 데이터군이 부실하다면 그 가치는 낮을 수밖에 없다.

어쨌든 중요한 사실은 건물의 가치를 평가하기 위해 어떤 평가 요소를 채택할 것인지에 대해 정해진 것은 없으므로 현실적으로 내가 수집할 수 있는 최적의 데이터 범위를 여건에 맞게 취사선택할 수 있고, 그 범위는 조사자의 선택에 따라 무한한 확장이 가능하다는 것이다. 물론 비교 항목의 선택은 무한에 가까울수록 정확도가 100에 근접할 것이다. 하지만 우리는 개별 건물의 데이터뿐만 아니라 비교 건물의 데이터도 함께 수집해야 하므로 최적의 가성비를 위한 타협점을 반드시 찾아야 한다.

아파트 투자 판단 기준표

지금부터는 필자가 공동주택 분석을 의뢰받을 때 실제로 사용하는 아파트의 종합투자가치 분석을 위한 도구 구성을 소개하려 한다. 우선 시트의 구성은 다음의 5대 항목으로 구성된다. 건축물의 노후도에 따른 감가상각은 별도로 한다.

공동주택 분석 5대 항목

1. 입지여건

2. 교통여건

3. 일자리 및 수요

4. 교육여건

5. 자연여건

1) 입지여건 평가항목 구성

A. 도시 중심지 접근성

이 항목에서는 가장 가까운 도시거점 지역의 중심점으로부터 건물이 위치하는 필지가 얼마나 떨어져 있느냐를 측정한다. 도시거점지의 위계가 낮을수록 영향반경은 그만큼 자연히 줄어들게 된다.

예를 들면 서울 지구중심급級의 도시거점은 영향반경이 1.2km 이하가 된다. 만약 조사하고자 하는 필지가 어떤 도시거점의 영향권에도 포함되지 않는다면 도시거점상의 이점이 없기 때문에 이 항목에서 획득할 수 있는 점수는 없다. 배점표의 구성은 도시 중심지의 영향반경별 그룹으로 우선 나누는데 최소 반경 0.9km에서 최대 2.4km까지로 구분하며 단위와 섹터Sector는 다음과 같이 나눈다.

표 11 도시 중심지 접근성 영향반경과 평가표 예시

1-(1) 도시 중심지 접근성		
중심지 영향반경	필지의 섹터 위치	점수
R=2.4km 이하 (서울의 도심급)	1/6	최댓값
	2/6	-
	3/6	-
	4/6	-
	5/6	-
	6/6	-
	섹터 반경 초과	-
R=2.1km 이하 (서울의 광역중심급)	상동	
R=1.8km 이하 (서울의 광역/지역중심급)		
R=1.5km 이하 (서울의 지역중심급)		
R=1.2km 이하 (서울의 지역/지구중심급)		
R=0.9km 이하 (서울의 지구중심급)		

B. 도시광역입지

이 항목에서는 한국에서 서울이라는 특수한 공간이 갖는 프리미엄이 건물 가치에 미치는 영향을 평가하며 서울 경계인 시계市界에서 건축물이 얼마나 떨어져 있는가를 측정한다. 서울시에 위치한 경우는 시계에서 멀리 떨어져 도심에 가까울수록 점수가 높고

반대로 경기도권인 경우 서울 시계에 가까울수록 점수가 높아진다. 최대 점수를 설정하고 거리별로 감소된 값을 균등하게 배점하며 영향력별로 점수를 부여한다.

표 12 도시광역입지 평가표 예시

1-(2) 도시광역입지	
서울 시계와의 거리	점수
서울 시내(시계 2km 초과)	최댓값
서울 시내(시계 1km 초과)	-
서울 시계 밖 1km 이내	-
⋮	-
서울 시계 밖 12km 이내	-
서울 시계 밖 15km 이내	-
서울 시계 밖 15km 초과	0

C. 광역 MBD 접근성

광역 MBD 접근성은 도시 내 일자리 집적도가 가장 높은 복수의 CBD까지의 접근성을 평가하는 항목이다. MBD는 인구에 따라 4종류로 구분하는데 인구 900만 명 이상은 1급級, 300만 명 이상은 2급, 100만 명 이상은 3급, 50만 명 이상은 4급으로 나눈다. 각 등급별 MBD까지의 영향 거리는 급수가 낮아질수록 짧아지는

데 1급의 경우 최대 영향 거리는 21km(서울 강남-용인 죽전 기준), 2급은 15km, 3급은 13km, 4급은 11km로 한정한다.

표13 광역 MBD 접근성 평가표 예시

1-(3) 광역 MBD 접근성		
CBD 종류	CBD 도달 거리(1급 기준)	점수
1급	1km 이내	최댓값
	2km 이내	-
	⋮	-
	21km 이내	-
	21km 초과	0
2급	1~15km	최댓값~0
3급	1~13km	
4급	1~11km	

2) 교통여건 평가항목 구성

교통여건 평가항목에서는 크게 지하철 도보 접근성과 고속도로 접근성 두 항목을 평가한다.

A. 지하철 도보 접근성

지하철의 경우 현재 운영 중인 노선과 향후 들어오게 될 노선 모두를 평가하는데 아직 들어오지 않은 경우 단계별로 차등 점수를 적용한다. 예를 들면 검토 및 추진 중인 노선은 총배점의 10%, '예비타당성조사'나 '사업적정성검토'를 통과한 경우 20%, 기본계획이 통과되어 역사 위치가 확정된 경우 30%, 착공된 경우는 50%를 적용하고 준공된 지 2년 이내인 경우 100%를 적용한다.

표 14 지하철 도보 접근성 평가표 예시

2-(1) 지하철 도보 접근성		
시점별 가중치 적용 검토/추진 중: 10% 예비타당성조사 통과: 20% 기본계획 승인: 30% 현재 공사 중: 50% 준공 및 이용 중: 100%	도보 이동 거리	점수
	100m 이내	최댓값
	200m 이내	-
	⋮	-
	1.4km 이내	-
	1.6km 이내	-
	1.6km 초과	0

복수의 역사 및 노선 가점 기준:
두 번째 역사 50%, 세 번째 역사 30%, 네 번째 역사 10% 적용

지하철 도보 접근성의 경우 점수의 중복 적용이 가능하다. 예를 들면 아파트 주출입구에서 500m 떨어진 지점에 지하철 2호선과 8호선이 중첩되어 있다면 같은 거리에 있는 노선이라 하더라도 각각 별개의 노선으로 따로 계산하는 것이다. 이때 첫 번째 계산

하는 노선은 100%의 점수를 적용하지만 두 번째 노선은 원래 점수의 50%를, 세 번째 노선은 20%를, 네 번째 노선은 10%를 적용하며 다섯 번째 노선부터는 더 이상 점수에 산입하지 않는다.

지하철 출입구까지의 도달 거리 조건 외에도 추가적으로 고려할 사항들이 있다. 예를 들면 열차의 수송량, 역사가 아파트와 직접 연결되어 있는지 여부, 배차 간격 등에 따라 가점이나 감점을 임의로 부여할 수 있다.

B. 고속도로 접근성

도시고속도로까지의 접근 거리 측정 기준은 아파트의 차량 출입구에서부터 고속도로가 시작되는 가장 가까운 나들목까지의 거

표 15 고속도로 접근성 평가표 예시

2-(2) 고속도로 접근성	
고속도로 진입 거리	점수
200m 이내	최댓값
400m 이내	-
⋮	-
6km 이내	-
7km 이내	-
7km 초과	0

리이며 도로와 신호 체계를 감안한 자동차의 실제 이동 거리를 기준으로 한다.

3) 일자리 및 단지 규모 평가항목 구성

일자리와 단지 규모는 사실상 별개의 수요 조사로 볼 수 있다. 일자리 항목은 앞서 설명한 업무시설이 밀집한 도시의 실제적 중심지나 CBD처럼 도시계획상 설정해 둔 도시거점지에 위치하지 않은 지역의 기업체 밀도를 측정하여 일자리와 관련하여 부족한 수요 측정분을 메꿔 주는 역할을 한다.

단지 규모는 아파트를 선택할 때 소위 '나홀로 아파트'보다는 세대 수가 많은 대단지를 선호하는 일반적인 수요 경향을 고려하여 단지를 세대 규모별로 구분하여 그 수요를 측정하는 항목이다.

A. 고용종사자 수 분포

일자리와 관련된 수요는 아파트 반경 5km 이내의 기업 고용종사자 분포를 조사하여 영역 범위 내에 몇 명이 있는지를 파악한다. 이는 일터와 가급적 가까운 거리에 주거지를 구하고자 하는 직주근접 수요를 측정하기 위함이다.

고용종사자 수의 분포는 통계청의 통계지리정보서비스SGIS를 활용하여 얻을 수 있는데, '통계주제도' 목록을 '노동과 경제'로 설정하고 원하는 지역을 선택하면 〈그림 19〉와 같이 행정구역별 수치를 확인할 수 있다. 기준반경은 일반적으로 5km를 기준으로

그림 19 SGIS를 이용한 고용종사자 수 분포 조사 예시

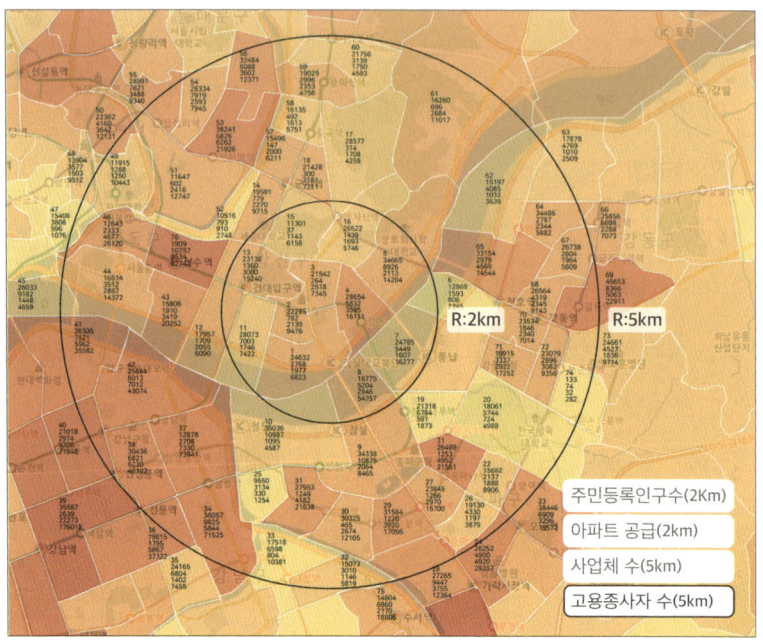

하고 기준반경 안에 행정구역 면적의 과반 이상이 포함되는 경우 100% 수치를 산입한다. 시간이 허락되고 좀 더 정확한 데이터 수집을 원한다면 유효반경 5km 이내에 포함되는 행정구역 면적의 정확한 비율을 측정하여 비례적으로 고용종사자 수를 계산하면 된다.

표16 일자리 수요 평가표 예시

3-(1) 일자리 수요	
유효반경(5km) 이내 종사자 수	점수
1,300,000명 이상	최댓값
1,200,000명 이상	-
:	-
60,000명 이상	-
50,000명 이상	-
50,000명 미만	0

B. 단지 규모에 따른 수요

단지의 크기에 따른 수요 차이에 대해서는 앞 장에서 자세히 소개했다. 이 수요는 아파트 단지를 구성하는 세대 수에 비례한다. 단 한 가지 특이한 점은 서울을 제외한 지역에서는 세대 수가 증가함에 따라 수요가 무조건적으로 정비례하지만은 않는다는 점이다. 적정 수준을 초과한 과도한 세대 수의 아파트는 공급 과잉이 되면서 오히려 수요가 감소하는 결과가 나타난다. 따라서 서울 및 서울 시계로부터 1km 이내의 지역을 제외한 나머지 지역에 대해서는 일정 세대 수를 넘어가는 경우 원 배점에서 1 미만의 감쇄 상수를 곱해 이를 보정한다.

표 17 단지 규모 수요 평가표 예시

3-(2) 단지 규모 수요	
유효반경(5km) 이내 종사자 수	점수
10,000세대 이상	최댓값
9,000세대 이상	-
. . .	-
200세대 이상	-
100세대 이상	-
100세대 미만	0

4) 교육여건 평가항목 구성

교육여건에 따른 수요를 평가할 때는 중학교 학업 성취도와 일반고 학업 성취도 두 항목을 평가한다.

A. 중학교 학업 성취도

평가하고자 하는 아파트 단지가 속하는 학군상 입학 가능한 중학교들 가운데 아파트 단지의 무게중심점 기준에서 거리가 가장 가까운 2곳을 정하여 각 학교별로 특수목적고, 외국어고, 자율형사립고, 자율형공립고, 국제고 다섯 종류의 고등학교로 진학한 학생의 합산 비율을 구한 후 평균값을 산출한다. 진학자 수는 직전 연도 졸업생 데이터를 기준으로 하며 초·중·고 교육정보 공시 서비스인 〈학교알리미〉의 데이터를 참고하면 쉽게 찾을 수 있다.

표18 중학교 학업 성취도 평가표 예시

4-(1) 중학교 학업 성취도	
특목고/자율고/국제고 진학 비율	점수
25% 이상	최댓값
24% 이상	-
:	-
3% 이상	-
2% 이상	-
2% 미만	0

B. 일반고 학업 성취도

가. 국영수 평균점수

고등학교 역시 아파트와 동일 학군 내에 위치한 고등학교 가운데 가장 가까운 거리에 있는 2개 학교를 선정한다. 각 학교 1학년 국어, 영어, 수학 3개 과목의 1학기와 2학기 합산 평균값을 구하여 이를 구간값에 따라 차등적으로 배점한다.

표19 국영수 평균점수 평가표 예시

4-(2) 일반고 학업 성취도	
국영수 과목 평균	점수
81 이상	최댓값
80 이상	-
⋮	-
52 이상	-
53 이상	-
53 미만	0

나. 국영수 표준편차

고등학교의 내신 문제는 학교별로 난이도가 다르다. 따라서 점수가 높다고 무조건 학업 성취도가 높다고 볼 수 없으므로 이를 보정하기 위해 점수대별 표준편차값을 이용하는데, 값이 낮을수록 학력 수준이 전반적으로 비슷하다는 의미다. 다시 말해 일부 학생만 두드러지게 높은 점수를 받은 것이 아니라, 대부분의 학생이 고르게 이해하고 있다는 뜻이다.

전반적인 학업 성취도가 높더라도 반대로 표준편차값이 크다면 학생들 간의 학력 수준 차가 크다는 의미이므로 학업 성취도는 반비례한다고 보았다. 이는 평균점수만으로 학교의 학업 수준을 판단하기 어렵고, 점수가 어떻게 분포되어 있는지도 함께 살펴봐야

표 20 국영수 표준편차 평가표 예시

4-(3) 일반고 학업 성취도	
국영수 과목 표준편차	점수
3 이하	최댓값
4 이하	-
⋮	-
24 이하	-
25 이하	-
25 초과	0

함을 보여준다.

다. 전년도 서울대 입학자 수

국영수 과목 성적이 우수하고 또 표준편차값이 작아 성적 차이가 적은 학교라도 전반적인 학업성적이 우수하지 않은 경우가 있을 수 있다. 시험 난이도나 평가 기준에 따라 성적이 상대적으로 높게 나타날 가능성도 있기 때문이다. 따라서 단순한 점수만으로 학교의 학업 수준을 판단하는 데에는 한계가 있다.

따라서 이러한 오류가 발생되지 않도록 학교별 이전 연도 서울대학교 입학자 수를 보정 계수로 산입한다. 이는 실제 진학 성과를 함께 반영함으로써 성적 지표의 신뢰도를 높이기 위한 것이다.

표 21 전년도 서울대 입학자 수 평가표 예시

4-(4) 일반고 학업 성취도	
전년도 서울대 입학자 수	점수
69명 이상	최댓값
68명	-
:	-
2명	-
1명	-
0명	0

* 서울대 입학자 수는 매년 달라지므로 최상위 기준값을 매년 업데이트해야 한다.

일반고 학업 성취도에 따른 수요 점수는 앞에서 구한 '가. 국영수 평균점수'를 기준으로 하되 '나. 국영수 표준편차'에 반비례하므로 이에 따른 반비례 점수가 반영된 B를 곱한다. 또 '다. 전년도 서울대 입학자 수'와 비례하기 때문에 '다'를 곱하여 산출한다.

일반고 학업 성취도 = 가×나×다

가: 국영수 평균점수

나: 국영수 표준편차

다: 서울대 입학자 수

* 가, 나, 다의 값은 각 항목별 구간별 점수를 뜻함.

5) 자연여건 평가항목 구성

자연여건은 크게 '수변조망성'과 '녹지조망성'의 두 요소에 대한 선호도를 평가하는 항목이다.

A. 수변조망여건

조망이 가능한 수변요소는 크게 강, 바다, 호수로 나누어 볼 수 있는데 조망에 있어서의 관건은 역시 그 규모다.

수변조망성에 대한 평가는 기본적으로 하상폭 수준에 따라 구분하며 국가하천과 권역천 그리고 바다와 호수를 포함하는데 이

그림 20 한강의 주요 하상폭

출처: 네이버 지도

때 호수는 그 영향력을 감안하여 면적 10만 평 이상 규모로 한정한다.

표 22 수변조망여건 평가표 예시

5-(1) 수변조망여건		
	최인접 동 기준 거리	점수
	100m 이내	최댓값
	200m 이내	-
하천/해양/호수 (하천은 권역천 이상)	⋮	-
	900m 이내	-
	1km 이내	-
	1km 초과	0

하천법상 지류하천, 소하천정비법상 소하천으로 분류되는 소규모 하천은 분포 특성상 여러 곳에 흩어져 있어 다수 하천으로의 접근이 가능한 경우가 종종 있다. 아파트에서 가까운 곳에 이용할 수 있는 하천이 하나 이상 있을 수 있다는 뜻이다. 이런 환경은 주거 만족도를 높이는 요소로 작용하기도 한다. 따라서 지류하천이나 소하천은 두 번째 지류하천까지 추가적으로 50%의 점수를 적용할 수 있다.

표 23 수변조망여건 평가표 예시

5-(2) 수변조망여건		
	최인접 동 기준 거리	점수
지류하천 및 소하천	50m 이내	최댓값 (하천/해양/호수의 최댓값보다 작아야 함)
	150m 이내	-
	⋮	-
	450m 이내	-
	500m 이내	-
	500m 초과	0

B. 녹지조망여건

녹지로의 조망여건에 대한 평가 기준은 가시거리 1km 이내에 연결된 녹지가 얼마나 많은지를 판단하는 것이다. 실제로 한눈에 이어져 보이는 녹지의 규모와 연속성을 함께 살피는 것이다. 도로나 건물 등으로 인해 녹지가 단절된 경우는 개별적인 연결 녹지로 보지 않으며 합산할 수 없다. 겉보기에는 가까워 보여도 서로 이어져 있지 않다면 하나의 녹지로 평가하지 않는다. 다수의 녹지가 분산된 경우에는 가장 큰 녹지를 기준으로 평가한다.

표 24 녹지조망여건 평가표 예시

5-(2) 녹지조망여건	
아파트 중심 반경 1km 이내 연결 녹지의 면적	점수
200,000평 이상	최댓값
190,000평 이상	-
⋮	-
30,000평 이상	-
20,000평 이상	-
20,000평 미만	0

* 참고로 올림픽공원이 대략 42만 평, 서울숲이 16만 평 규모다.

6) 감가상각의 적용

앞서 살펴본 아파트 가격에 영향을 주는 5가지 지배적인 요소들을 합산하면 건물의 종합적 가치를 비교할 수 있는 '종합투자가치점수'를 산출할 수 있다. 하지만 이와 같은 가치요소만 가지고는 아파트의 노후도에 따른 가치 하락을 설명할 수 없다. 따라서 여기에 아파트의 연수에 따른 감가상각을 적용하여 건물의 노후도에 따른 수요 감소 영향을 측정해야 한다.

감가상각은 준공 연도로부터 매년 연수에 따른 감점을 적용하는 방식으로, 가상의 기준 연도(현재 연도에서 5~10년 정도를 더한 연도)를 정하고 아파트의 준공 연도를 뺀 값에 특정 계수(필자는

0.3~0.5 정도를 추천한다)를 곱한 값으로 한다.

최종적으로 감가상각 값이 산출되면 앞의 5대 항목의 평가요소에 더하여 최종적인 합산값을 구한다.

준공 연도 감가상각비 = [(현재 연도+5) − 준공 연도] x (0.3~0.5)

아파트의 가치를 수치화, 등급화하다

앞서 설명한 감가상각을 제외한 부동산 가치를 평가하는 5대 주요 항목은 앞으로 전국의 모든 아파트를 동일하게 평가하게 될 기준이다. 각각의 항목별 데이터는 서로 다른 물건지와 항목별 상대 비교를 통한 성능 비교 데이터로도 활용되며 궁극적으로는 5대 항목의 합산값으로 건물의 종합적인 가치 비교에 사용된다.

표 25 종합투자가치평가표 예시

광역도 구분			서울특별시	용인특례시	충청남도	경기도
시군구 구분			강남구	수지구	아산시	하남시
물건지명			도곡렉슬	광교더힐아파트	탕정인피니티시티	미사강변센트럴자이
1. 입지여건	도시 중심지 접근성	배점표	1	1	1	1
	도시광역입지	배점표	1	1	1	1
	광역 MBD 접근성	배점표	1	1	1	1
	항목 소계 - ①		3	3	3	3
	구간등급		**등급	**등급	**등급	**등급
2. 교통여건	지하철 도보 접근성	배점표	1	1	1	1
	고속도로 접근성	배점표	1	1	1	1
	항목 소계 - ②		2	2	2	2
	구간등급		**등급	**등급	**등급	**등급
3. 일자리 및 수요	고용종사자 수 분포	배점표	1	1	1	1
	개별 규모 수요력	배점표	1	1	1	1
	항목 소계 - ③		2	2	2	2
	구간등급		**등급	**등급	**등급	**등급
4. 교육여건	중학교 학업 성취도	배점표	1	1	1	1
	고등학교 학업 성취도	배점표	1	1	1	1
	항목 소계 - ④		2	2	2	2
	구간등급		**등급	**등급	**등급	**등급
5. 자연여건	수변조망성	배점표	1	1	1	1
	녹지조망성	배점표	1	1	1	1
	항목 소계 - ⑤		2	2	2	2
	구간등급		**등급	**등급	**등급	**등급
종합투자가치평가점수 ① + ② + ③ + ④ + ⑤			11	11	11	11
구간등급			**등급	**등급	**등급	**등급

데이터의 병렬 구성

아파트의 상대가치 비교를 위한 5대 평가항목별 배점표에 해당하는 점수를 구하여 순차적으로 붙이고 최하단에 각 항목별 점수를 합산하여 종합점수를 산출하는 형태의 표를 '종합투자가치평가표'라고 부른다. 〈표 25〉가 그 예시다.

구간 등급의 산출

구간 등급은 산출된 점수를 직관화하기 위한 도구로서 항목별로 산출된 점수가 전체 아파트의 성능값들 가운데 어느 정도 수준에 해당하는지를 쉽게 알아볼 수 있도록 고안한 것이다. 구간 등급의 개념은 성능의 최댓값과 최솟값의 범위 내에서 등급의 개수에 따라 해당 아파트가 어떤 성능 구간에 들어가는지를 규정한다.

예를 들면 1번 평가항목에서 취득한 데이터 값들의 분포가 11~20까지 총 10가지라면 내림차순으로 정리할 경우 20점이 1등급, 19점이 2등급, 18점이 3등급, 최종적으로 11점이 10등급이 되는 방식이다.

데이터가 적을 때는 이렇게 숫자들을 늘어놓고 순위를 매겨 가면서 구분할 수 있지만 데이터가 50개 이상이 되면 일일이 순위를 매기기 어렵기 때문에 엑셀이나 넘버스 프로그램을 사용하여 수

표 26 항목별 등급 산출 기준 구간

항목 득점률 = 항목 득점 / 항목 배점		
득점률의 범위	득점 비율	호출 등급
0.9 이상~1.0 이하	90% 이상	1등급
0.8 이상~0.9 미만	80% 이상	2등급
0.7 이상~0.8 미만	70% 이상	3등급
0.6 이상~0.7 미만	60% 이상	4등급
0.5 이상~0.6 미만	50% 이상	5등급
0.4 이상~0.5 미만	40% 이상	6등급
0.3 이상~0.4 미만	30% 이상	7등급
0.2 이상~0.3 미만	20% 이상	8등급
0.1 이상~0.2 미만	10% 이상	9등급
0.1 미만	10% 미만	10등급

식을 통해 자동적으로 등급을 매기도록 설정하는 것이 편하다.

〈표 26〉에서 표의 득점률을 구할 때 분모가 되는 기준값은 이상적인 아파트의 성능이라고 할 수 있는 최댓값을 기준으로 하지만 전국 모든 아파트의 성능이 균일하게 분포한다고 볼 수는 없다.

예를 들면 항목의 최대 배점이 10점이라고 하더라도 대부분의 아파트 성능값이 5점 이하에 분포한다면 배점을 10점보다 하향 조정하는 것이 필요하다. 이렇게 하기 위해서는 배점 조정을 위한 등급 분포 그래프 검토가 필요하다.

그림 21 배점 조정을 위한 분포 그래프 검토 예시

(물건지 개수)

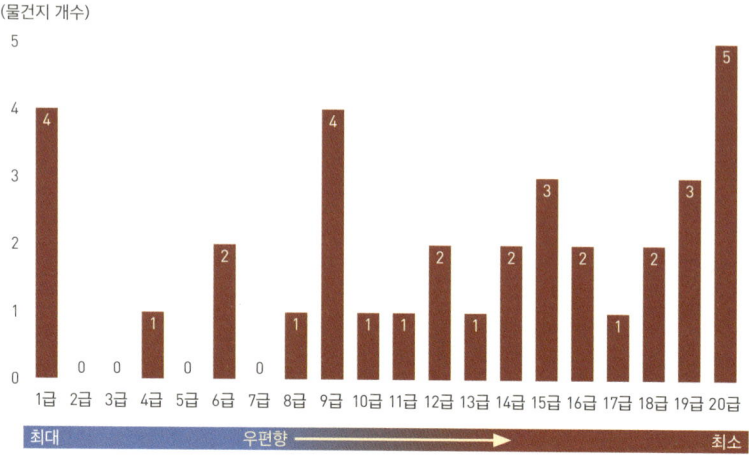

〈데이터 우편향 - 배점 상향 조정 필요〉

(물건지 개수)

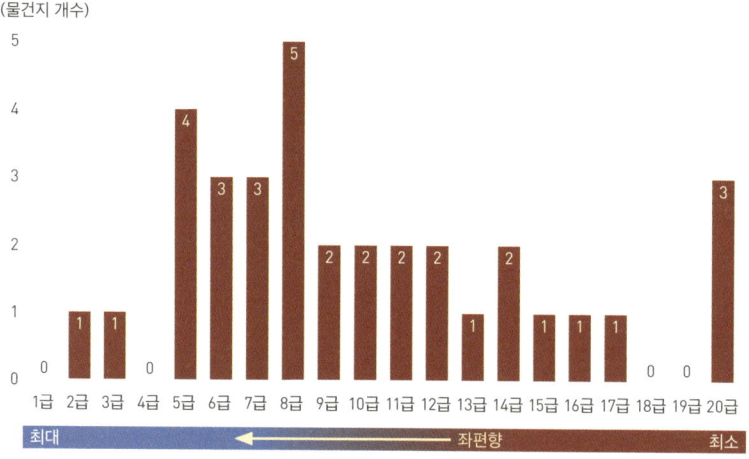

〈데이터 좌편향 - 배점 하향 조정 필요〉

〈그림 21〉에서 보는 바와 같이 데이터 등급값이 전체적으로 우편향된 경우는 기준 배점을 높여 전체적인 등급값이 좌측으로 이

그림 22 주요 등급별 데이터가 균등하게 조정된 경우의 예시

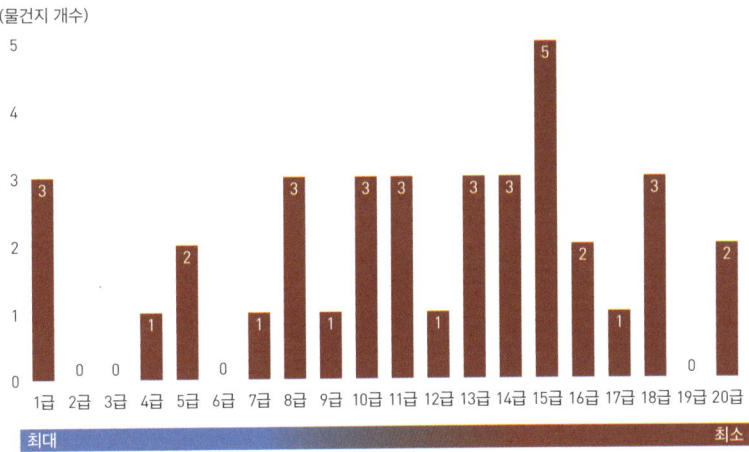

동하도록 조정이 필요하다. 이와 반대로 아래 그래프처럼 데이터 등급값이 전체적으로 좌편향된 경우에는 기준 배점을 더 낮춰 전체적인 등급값이 우측으로 이동하도록 조정이 필요하다.

〈그림 22〉는 주요 등급별 데이터 개수가 균등하게 조정된 경우다. 각 평가항목별로 이와 같이 모수가 되는 기준 배점을 조정하여 고른 편차의 그래프가 되도록 조정하고 최종적으로 종합투자가치평가점수(전체 합산값) 역시 이와 같이 조정하면 전국 아파트들의 전반적인 가치 기준값을 고르게 재분포하여 한눈에 직관적으로 인지할 수 있다.

전체적으로 20등급으로 나누어진 체계는 그래프상 건물의 성능이 어느 위치에 분포하는가를 알아보는 데 유용하다. 하지만 비교

표 27 구간값을 20개 등급으로 구분한 예시

등급(순위)	분류(코드)	백분율	평가
1	S+	5.0%	
2	S0	10.0%	
3	S-	15.0%	Good
4	A+++	20.0%	상위 30%
5	A++	25.0%	
6	A+	30.0%	
7	A0	35.0%	
8	A-	40.0%	
9	B+++	45.0%	
10	B++	50.0%	Normal
11	B+	55.0%	30~70%
12	B0	60.0%	
13	B-	65.0%	
14	C+++	70.0%	
15	C++	75.0%	
16	C+	80.0%	
17	C0	85.0%	Bad
18	C-	90.0%	하위 30%
19	D	95.0%	
20	F	100.0%	

해야 할 건물의 개수가 많을 경우 직관성을 높이기 위해 각 등급을 영문 등급화해 사용하면 비교 분석에 조금 더 도움이 될 수 있다.

또한 구성 비율에 따라 투자 대상으로서 좋다Good, 보통이다 Normal, 나쁘다Bad 등으로 그룹화해 두면 재정적인 요건 등 추가적이고 복잡한 고려사항에 집중하는 데 도움이 될 수 있다.

05

복잡한 데이터를
한눈에 보는 법

이제 앞서 설명했던 모든 복잡한 원칙과 표, 등급은 잠시 잊어 버리자. 지금부터는 모든 숫자를 그림으로 바꾸는 작업을 해 보려 한다. 이 장에서의 핵심은 복잡한 데이터들을 최대한 단순화하여 직관적인 아이디어를 얻는 데 있다.

필자의 경험에 의하면 어떤 주제에 대한 강의를 진행할 때, 대본 없이 1시간 동안 설득력 있게 말하는 데는 2가지 방법이 있다. 하나는 미리 대본을 작성한 후, 이를 수없이 반복하면서 통째로 외워 버리는 것이고 또 다른 하나는 강의 주제와 소항목을 트리 형식으로 다이어그램화하여 머릿속에 넣어 두었다가 이를 더듬어

가며 말하는 방법이다.

필자는 두 방법을 모두 다 쓰는데 강의량이 짧고 준비 시간이 충분할 때는 전자의 방식도 나쁘지 않지만 대부분의 강의는 준비 시간이 촉박하게 주어지기 때문에 후자를 택하는 편이 효과적이다. 주제와 곁가지들을 중요도에 따라 트리로 만들면 전체를 암기하지 않더라도 상황에 따라 새로운 말을 구성해 낼 수 있기 때문에 청중의 반응에도 더 능동적으로 대처할 수 있다.

이처럼 텍스트는 구체적인 내용을 모두 담고 있기는 하지만, 빠르고 효과적인 정보 전달을 위해서는 다이어그램과 같은 이미지를 사용하는 편이 더 효과적이다. 더구나 갈수록 처리해야 할 데이터가 기하급수적으로 늘어 가는 현시대에는 많은 양의 데이터로부터 쓸 만한 인사이트를 효과적으로 도출하고 전달하기 위한 데이터의 패턴화, 다이어그램화의 중요성은 갈수록 커지고 있다.

한눈에 알아볼 수 있는 다이어그램 그리기

앞서 살펴보았던 아파트에 대한 주요 평가항목을 한눈에 직관적으로 확인하고 또 비교해 볼 수 있도록 고안한 것이 바로 N각 다이어그램 그래프N-points diagram이다. 이 그래프는 주요 평가항목의 값이 방사형으로 뻗어 나가도록 구성되어 있는데 값이 크면 외곽 방향으로 뻗어 가고 값이 작으면 중심 쪽으로 수축된다.

따라서 이 그래프에서는 각 성능값인 점의 연결된 면적을 통해 주요 평가 기준의 항목별 성능 수준을 직관적으로 확인할 수 있으며 강약점 또한 쉽게 알아볼 수 있다. 특히 특정 항목에 한하여 전국적으로 평균적인 수준인지 아니면 평균 이상의 수준인지도 역시 쉽게 확인할 수 있다.

그림 23 N각 다이어그램 예시

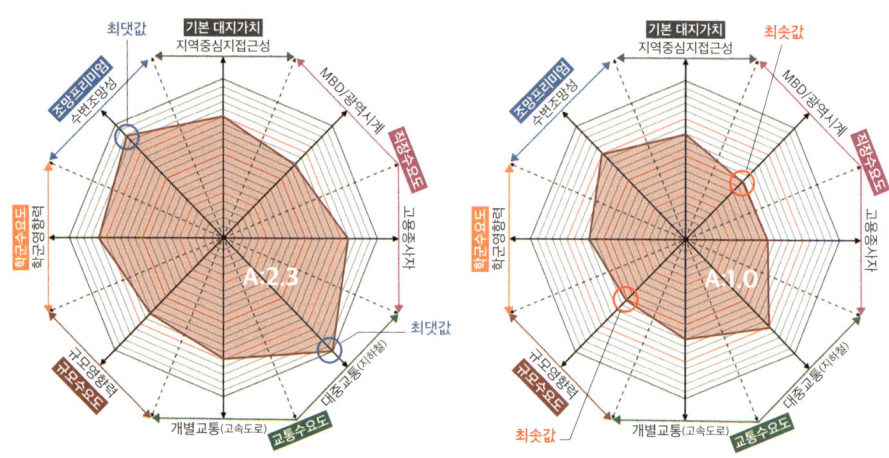

각 항목은 성격에 따라서 그룹화할 수 있는데 예를 들면 'MBD/광역 시계 접근성'과 '고용종사자 수 분포'는 '직장수요도' 영역으로 그룹화할 수 있고 '지하철 도보 접근성'과 '고속도로 접근성'은 교통수요도로 묶어 그 성향을 구분할 수 있다.

이처럼 N각 다이어그램은 각각의 평가항목에 대한 방향성을 갖고 있다. 그러므로 2곳 이상 아파트의 N각 다이어그램을 동시에 놓고 비교하면 서로의 강점과 약점을 비교해 볼 수 있고, 자산가치의 특징상 각각 어떤 성향에 가까운지도 한눈에 확인할 수 있다. 이 방사형 그래프의 각 항목별 꼭짓점을 연결한 면적은 아파트의 종합적인 자산가치를 나타낸다.

다이어그램을 특별히 N각형이라고 표현한 것은 평가항목을 시대와 지역에 따라 유연하게 재배열 및 재구성할 수 있게 하기 위함이다. 즉 평가항목은 얼마든지 더 세분화할 수 있다. 항목을 새로 추가하거나 상대적으로 유효하지 않은 기존 항목을 과감히 삭제함으로써 방사형 그래프의 꼭짓점 개수가 언제든 바뀔 수 있다는 것을 뜻한다.

이러한 N각 다이어그램은 수십 개의 물건지를 동시에 빠르게 검증할 수 있는 도구다. 이 자체만으로는 자산 매입을 선택할 수 있는 지표가 될 수 없지만 유사 성향의 자산을 그룹화하여 비교하거나 경우의 수를 줄여 나가는 도구로 활용할 수 있다.

현재의 가치 × 도시잠재력

N각 다이어그램은 주요 자산가치를 구성하는 평가항목들에 대한 등급, 즉 점의 위치를 통해 얼마나 많은 면적을 어떤 방향으로 점유하고 있느냐를 볼 수 있게 한다. 이는 현재 상황에서의 입지

그림 24 N각 다이어그램 × 도시잠재력 적용의 예시

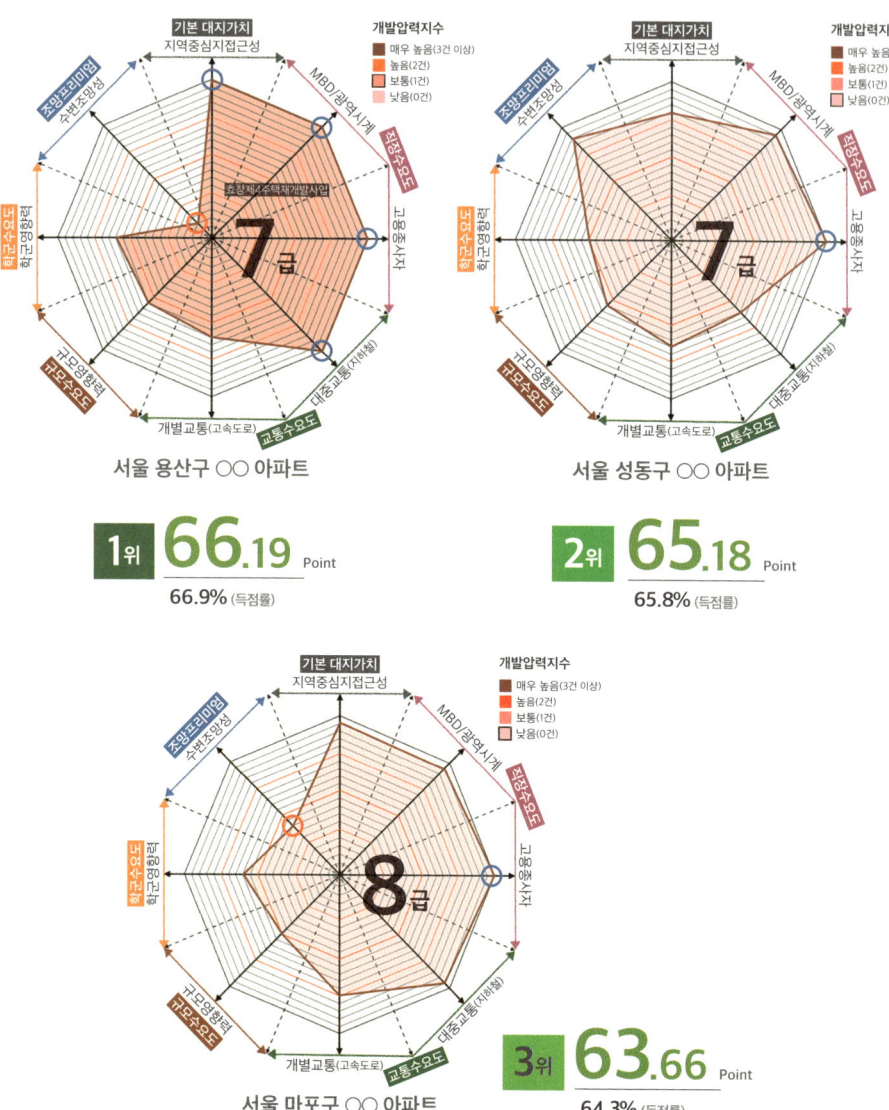

* N각 다이어그램을 활용하면 건물의 현황 가치뿐 아니라 잠재적 가치까지 동시에 볼 수 있다.

와 계획가치에 따른 평가 결과인데, 이에 더해 향후 이 건축물 주변으로 펼쳐지게 될 도시계획적인 호재 요소가 얼마나 분포하며 어느 정도로 자산가치에 영향을 미칠 것인가에 대한 데이터도 함께 표현할 수 있다.

〈그림 24〉는 N각 다이어그램에 해당 아파트가 위치한 지역의 도시계획적 호재 요소를 덧입힌 것이다. 자산의 종합적 가치와 강점과 약점을 한눈에 파악하게 했을 뿐만 아니라 향후 인근에 더해질 주요 '도시인프라 요소'나 '지구단위계획 변경' 혹은 '대규모 재건축사업의 추진'으로 인한 도시가치 상승 여력 등의 정도를 색깔 농도로 나타내 정보를 덧입혔다.

그래프 영역의 색깔이 짙을수록 향후 개발압력이 높게 작용하는 지역이라는 뜻이고 반대로 옅을수록 별다른 개발 계획이 없다는 뜻이다. 이를 통해 현황 성능만 갖고 단순 비교하여 우위를 가리기 어려운 경우, 색깔의 명암 비를 비교함으로써 더 쉽게 자산가치에 대한 의사결정을 내릴 수 있게 하였다.

이러한 개발압력지수를 정하는 주요 항목들은 필자가 운영하는 유튜브 채널 〈부동산공학〉의 도시별 개발잠재력 순위를 매기는 콘텐츠 '이곳을 주목하라'에서 상세하게 밝히고 있는데, 도시의 개발압력 정도를 측정하는 주요 항목들은 다음과 같다.

도시잠재력 평가 주요 항목

1. 도시구조 위계

2. 발전축 영향력

3. 인구배분계획

4. 도시 편입 면적

5. 중점개발사업

6. 택지개발지구

7. 도시개발사업

8. 신설 예정 교통인프라

9. 도시인프라 개선사업

10. 도시재생사업

위 항목에 포함되는 프로젝트 수의 많고 적음, 개발 면적과 투자비 등에 따라 도시잠재력이 결정된다. 색깔의 명암을 더 상세하게 나눌수록 다이어그램의 질은 더 올라가며 의사결정에 유용한 자료로 활용할 수 있다.

06

항목별 점수에
차이를 만드는 기준

항목별 기여도

건물의 가격에 긍정적인 영향을 주는 많은 요소들이 있겠지만 분석 시간과 효율을 고려하여 그 가운데 영향력이 가장 큰 항목을 점수로 채점하여 합산한 값이 '종합투자가치점수'다. 준공 이후 몇 년에 걸쳐 형성되는 안정화 기간 이후의 가격과 치환될 수 있다는 것이 '건축물 종합투자가치평가'의 핵심이다. 이러한 가운데 가장 중요하면서도 어찌 보면 가장 어렵고 접근하기 까다로운 부분이 바로 '평가항목별 가중치'를 결정하는 방법이다.

예를 들어서 '지하철 도보 접근성 조건'과 '아파트 단지 규모 조건'을 비교했을 때 어떤 항목의 점수를 더 높게 줄 것인가를 어떻게, 무슨 근거로 결정할 수 있을지 생각해 보자. 두 종류의 아파트가 있다고 할 때 먼저 첫 번째 아파트는 출입구와 직접 연결되는 지하철 역사의 출입구(해당 항목의 최고 수준 등급)가 있지만 100세대 이하의 나홀로 아파트(해당 항목의 최하 수준 등급)이고 두 번째 아파트는 반경 1.6km 이내에 지하철 역사가 없는(해당 항목 최저 수준 등급) 대신에 1만 세대 규모(해당 항목 최고 수준 등급)의 조건을 가졌다고 한다면 당신은 어떤 아파트를 선택하겠는가? 만약 이 항목으로 사람들에게 설문조사를 해 본다면 다수가 첫 번째 조건의 아파트를 택할 가능성이 높겠지만, 두 번째 조건 아파트를 택하는 사람도 분명 있을 수 있다.

이렇게 사람들마다 다른 선호도를 갖고 있지만 좀 더 다수인 쪽이 원하는 조건이 분명히 있기 마련이고 이를 파악하여 점수 가중치로 반영하는 방법을 찾는 것이 출발점이다. 지금부터는 이러한 선호도를 파악하고 가중 점수화하는 몇 가지 방법을 제시해 보고자 한다.

3가지 방법론

첫 번째 방법은 전국적으로 가장 높은 가격 수준을 보이고 있는 아파트들 가운데 공통점을 추출해 보는 방식이다. 전국의 아파트 가운데 최상위 가격대를 형성하고 있는 물건지 그룹을 선별한 다음, 각 항목 중 가장 성능값이 높은 항목들을 추출해 낸다. 이는 가격 수준이 가장 높은 아파트 그룹에서 가격 구성요소들의 영향력이 가장 강하게 작용할 것이라는 가정에서 출발한 것이다.

예를 들면 서울의 30평형대 아파트들 가운데 최고가를 형성하고 있는 강남구 압구정동이나 서초구 반포동에 있는 아파트 100채를 선정하여 5대 평가요소에 대입하여 항목별 성능값을 측정한다고 해 보자.

1등급에 속하는 평가항목의 개수가 가장 많을 것이고 가장 적은 항목도 있을 것이다. '한강까지의 접근성' 항목에서 최고점을 받은 아파트가 전체 샘플 가운데 70%를 차지하고, '지하철 도보 접근성 항목'에서 최고점을 받은 아파트가 60%, '고용종사자 수 밀도 항목'이 최고점을 받은 아파트가 50%라고 한다면, 그 구성 비율에 따라서 항목별 최고점의 가중치를 설정할 수 있다. 위 가정에 따라 가중치 점수 배점 비율을 설정해 보면 7:6:5가 된다.

두 번째 방법은 앞서 설명한 N각 다이어그램을 활용하는 것이다. 다이어그램은 아파트의 자산가치 성격에 따라 다양한 형태를 보인다. 조사된 다이어그램들 가운데 유사한 형태의 모양을 보이는 샘플을 그룹화하여 그중 특별히 차이가 나는 항목만을 비교 검토하여 어떤 항목에서 차이가 날 때 어느 정도의 가격 차이가 발생하는지를 살펴보면 해당 평가항목이 가격에 미치는 영향력을 가늠해 볼 수 있다.

예를 들면 교육여건 항목이 한 등급 차이가 나고 그 외 모든 항목 값이 동일한 아파트가 있다고 가정해 보자. 두 아파트의 가격 차이는 평당 약 500만 원이다. 또 다른 두 아파트가 있는데 이번에는 수변조망성 항목이 한 등급 차이가 나고 그 외 모든 항목 값이 역시 동일하고 두 아파트의 평당 가격은 약 1,000만 원 차이가 난다. 결과적으로 교육여건으로 인한 차이로 평당 500만 원의 차이가 나는 데 비해 수변조망성으로 인한 차이는 평당 1,000만 원이므로 교육여건과 수변조망성의 배점 비율은 1:2가 된다.

마지막으로 세 번째 방법은 앞선 두 방법을 통해 설정된 각 항목별 점수 가중치를 실제로 적용해 산출된 종합투자가치평가점수의 합산값을 실제 아파트 가격과 비교해 보정하는 방법이다. 이 방법의 기본 조건은 준공 시기가 같고 단지의 규모와 합산 점수가 같은 조건을 가진 샘플을 비교하는 것이다.

예를 들면 같은 시기에 지어진 같은 규모와 같은 점수의 아파트가 있다고 치자. 두 아파트의 평당 가격이 차이 난다면 앞서 조정했던 평가항목들을 하나씩 살펴보면서 점수가 가장 많이 차이 나는 항목의 가중치를 낮추거나 너무 낮게 책정된 항목 가중치를 높이는 등 평가점수와 가격 차이를 연동하면서 조절해 나가는 방식이다. 이러한 방식은 최소 두 그룹 이상의 유사한 조건하에 있는 아파트들의 평당 가격과 종합투자가치점수를 상호 비교해 가면서 각 평가항목별 가중치 점수를 조금씩 맞춰 나가는 것이 핵심이다.

직접 해 보면 이 작업이 대단히 어렵다는 것을 알게 될 것이다. A, B 두 아파트를 비교하여 맞춘 가중치 값을 C, D 아파트 비교값에 대입하면 가격 편차가 더 벌어지고 C, D 아파트의 가중치 값을 평당 가격에 맞게 조정했더니 A, B의 평가값 편차가 더 벌어진다든지 하는 문제가 발생할 수 있다. 이런 경우, 정확히 같은 방향성을 갖지는 않더라도 두 그룹의 비교값이 적절히 만족하는 중간 범위를 찾아서 조정하는 것이 필요하다.

결과적으로는 동시에 비교해 볼 수 있는 조건의 아파트들을 두고 모든 아파트의 평가값이 평당 가격과 이상적으로 비례하는 수준이 될 때까지 항목별 가중치 값을 조정해 주는 것이 핵심이다.

평가항목별 가중치 상수를 설정하는 3가지 방법

1. 건물의 가격 톱 티어Top tier 아파트들의 항목 가운데, 가장 높은 점수를 얻은 항목들의 점유율을 판별.

2. 동일한 자산가치 패턴 구조를 가지는 아파트들을 그룹화하여 조금씩 차이를 보이는 항목들 간의 가격 편차를 조사.

3. 점수 항목 가중치를 조정하면서 비교군의 모든 아파트 가격 패턴과 일치율을 맞춰 나가는 방식.

07

건축계획에
숨어 있는 가치

대부분의 투자자들이 놓치고 있는 것들

아무리 좋은 입지에 위치한 건물이라 하더라도 잘 계획되지 않은 건물은 그 태생적 가치를 십분 발휘하지 못하게 될 가능성이 높다. 또한 용도가 명확하지 않거나 사용자들의 요구와 동떨어지게 계획된 건물은 이용 빈도가 감소할 뿐만 아니라 심할 경우 이용자들에게서 철저히 외면당할 수 있다.

건축계획에서 사회적 책임을 지고 있는 사람들은 아무래도 '건축사'다. 대한건축사협회의 '건축사 헌장'에 잘 나타나 있듯이 건축사는 "국민의 쾌적한 생활공간과 환경의 개선을 위해야 한다" 는 사명을 갖고 있다. 건축물은 그 본연의 용도, 사용자의 요구 조건, 대지 주변 건물들 간의 유기적 관계성을 잘 고려하고 조율하여 합리적으로 정리된 계획안에 따라 지어질 때 가장 이용하기 편리한 건물이 된다. 자연스레 그런 건물에 대한 사용자의 선호도가 높기 때문에 결국 가장 인기 있는 건물이 된다.

건물의 가치는 하드웨어적인 요소라고 볼 수 있는 입지적 가치(바꿀 수 없는 주어진 가치)와 소프트웨어적인 요소라고 볼 수 있는 계획적 가치(계획자의 능력에 따라 바뀔 수 있는 가치)로 구성된다. 결국 하드웨어적 요소 못지않게 소프트웨어적 요소 역시 중요하며, 이러한 요소는 건물의 가격 형성에도 직접적인 영향을 미친다.

건축물의 계획가치를 어떻게 알 수 있을까?

건물의 계획은 무한한 경우의 수를 가진다. 하지만 그 시작은 결국 땅이기 때문에 대지의 형상, 주변 환경요소에 건물의 계획이 어떻게 반응하고 있는가, 또 이와 연동하여 건물의 프로그램이 얼마나 합리적이고 또 조화롭게 풀어내졌는가에 따라 좋은 계획인지 아닌지가 분명하게 나뉜다. '계획의 좋고 나쁨이 뭐 그리 대수인가'라고 생각할 수 있겠지만 잘못된 계획은 건물의 사용성을 저하시키고 수많은 죽은 공간Dead space를 만들어 내면서 건물의 가치를 순식간에 나락으로 떨어뜨릴 수 있다.

건물의 계획은 전적으로 전문적인 교육을 받은 건축가의 손에 달려 있지만, 건축가들의 계획력은 그야말로 천차만별이다. 더구나 건축계획은 얼마나 많이 경험해 보았는지에 따라 그 완숙도가 달라지므로 사용자 입장에서는 적어도 어떤 계획이 좋은 계획인지 대해 알아볼 수 있는 눈을 갖고 있어야 한다.

좋은 계획을 판단하는 5가지 방법

여기에서 말하고자 하는 좋은 계획이란 건축계획의 개론적인 내용을 일부 포함하기도 하지만 실제 사용자들의 경험에 긍정적인 영향을 주고 그에 따라 건물의 사용성과 수요를 증가시킬 수 있는 요소들에 좀 더 초점이 맞춰져 있다.

1) 처음 방문하는 사람들이 쉽게 목적지로 이동할 수 있는가?

건물에 대한 첫 번째 경험은 결국 건물을 방문했을 때의 첫 인상에서 시작된다. 장소에 대한 좋지 않은 기억은 대부분 건물 안에서 길을 헤매거나 원하던 목적지까지 도달하는 데 어려움을 겪을 때 발생한다.

이런 문제의 원인은 건물의 조닝 zoning • 계획과 동선 계획이 제대로 되지 못한 데 있다. 유사한 용도와 기능의 실 Room이 평면상으

302

로 한곳에 잘 모여 있는지와 수직적으로 잘 적층되었는지가 이용자 동선의 편리성을 좌우한다.

계획이 잘된 건물은 도면만 봐도 복잡하지 않고 한눈에 어떤 구조로 되어 있는지 명확하게 읽힌다. 잘 계획된 건물의 평면은 유사 용도의 실Room 간 그룹화가 잘 되어 있고 또 복도와 같은 공용공간이 단순하고 명쾌하며 시원시원하게 형성되어 있다.

2) 편리한 주차 체계를 갖고 있는가?

아파트든 상가든 업무시설이든 집합건물을 분양할 때 사람들은 주로 내부 유닛이 잘 나왔는지 그렇지 않은지에만 관심을 가진다. 물론 최근에는 전용부에 해당하는 유닛 설계 외에도 커뮤니티 시설이나 조경 등 공용공간에도 관심을 가지기도 하지만 차량 출입 동선과 주차 시스템과 관련된 지하층 계획에 대해서는 그다지 관심이 없는 듯하다.

특정 용도의 건물에 접근하는 방법을 생각해 본다면 근린생활시설을 제외하면 대부분의 건물은 차량으로 접근하게 된다. 가끔씩 이용하는 건물이라면 몰라도 적어도 최소 하루에 한 번 이상 드나들 정도로 방문 빈도수가 높은 건물이라면 주차시설은 사용자들의 경험에 매우 큰 영향을 미치는 시설요소임에 분명하다. 출입구를 쉽게 찾을 수 있고 지상을 통해 지하로 유입되는 동선이

• 도시계획이나 건축설계에서 공간을 사용 용도와 법적 규제에 따라 기능별로 나누어 배치하는 일.

짧고 간결하며 회전이 여유롭고 주차까지 이어지는 과정이 매끄럽다면 매일의 출퇴근 혹은 방문이 쾌적하고 기분 좋은 일이 될 것이다. 반면 불합리한 주차 동선과 배치로 진입 때마다 어려움과 불편을 겪는다면 그 건물의 지상부가 아무리 좋더라도 그 가치가 절하될 수밖에 없다.

따라서 건물을 볼 때에는 반드시 지상부뿐만 아니라 지하부의 차량 관련 평면을 들여다보는 습관을 가져야 한다. 내가 차량을 갖고 건물에 진입한다고 가정하고 도면을 따라 어떤 동선을 그리며 주차 라인까지 들어가게 되는지, 주요 회전 포인트와 절점이 어디인지를 파악해 보면 어떤 문제나 어려움이 발생할지 쉽게 예상할 수 있다.

3) 프로그램과 건물의 형태가 일치하는가?

건물을 설계하는 방법은 수없이 많다. 건물은 용도에 맞는 내부 프로그램의 설계와 이를 담는 그릇이라고 할 수 있는 외관 설계를 포함한다. 바람직한 건축설계는 필요한 프로그램을 합리적으로 조닝하고 외부 조건에 맞게 방향과 순서를 배열한 후, 자연스럽게 형성되는 외부공간을 구성하고 이에 가장 어울리는 외관, 즉 입면立面•을 입히는 것이다.

하지만 간혹 어떤 건축가들은 외관에 너무 치중한 나머지 껍데

• 정면, 측면 따위에서 수평으로 본 모양.
•• 건물 내 여러 공간을 개별적으로 구분하여 등기·임대·매매가 가능한 단위 호실.

기를 먼저 만든 다음, 내부 프로그램을 정해진 틀 안에 욱여넣는 경우도 있다. 아무리 기본적인 법규와 건축 개론적인 내용을 준수하여 설계한다 해도 최적의 설계라고는 볼 수 없을 것이다. 간혹 건물을 보다가 왠지 모르게 내부 공간과 어울리지 않는 옷을 입고 있는 듯한 느낌이 드는 경우가 있다면 이처럼 정해진 틀 안에 프로그램을 쑤셔 넣은 건물일 가능성이 높다. 결국 가장 아름다운 건물이란 화려한 외관을 가진 건물이 아니라 안과 밖이 조화로운 건물이고, 이런 건물이 오래도록 높은 가치를 유지하게 된다.

4) 여유 있는 공용공간을 갖고 있는가?

분양사업과 같이 건물을 지은 다음 많은 사람들에게 나눠 판매해 수익을 내야 하는 사업에 있어서 가장 큰 관심사는 어떻게 하면 더 잘 팔리는 유형의 상품을 더 많이 만들어 내는가에 있다. 이런 경우, 전용부에 과도하게 집착하면서 공용부를 소홀히 하게 되는데 그러다 보면 건물은 자연스레 옹색해진다. 주어진 용적률 안에서 최대한의 전용면적을 창출하려다 보면 공용부에 해당하는 복도나 코어, 로비나 홀, 휴게공간의 면적이 줄어들 수밖에 없다. 그러면 결국 실제로 이용하는 사람들에게는 쾌적하지 못한 건물이 되므로 장기적으로는 건물 가치가 떨어지게 된다.

5) 구분호실이 뚜렷한 장점요소를 갖고 있는가?

건물의 종합적 가치가 높다고 개별 구분호실區分號室**의 가치까지 모두 높은 것은 아니다. 예를 들면 한강을 바라보는 필지에 건물을 세운다고 했을 때 사업 시행자는 물론이고 건축가도 가급적 모든 세대에서 한강 조망이 가능하게 설계하려 할 것이다.

물론 모든 세대가 균등한 조건으로 한강 뷰를 가져갈 수 있다면 좋겠지만 대지가 한강을 따라 길게 형성되어 있지 않은 이상 분명히 앞동과 뒷동이 생길 수밖에 없다. 이 경우 앞동과 뒷동 사이의 가치편차를 피하기는 힘들다. 이처럼 동일한 대지 내에 지어지는 건물들 간에도 구분호실의 위치에 따라 가치가 크게 달라질 수 있다.

중요한 것은 자산가치에 긍정적 영향을 미치는 외부 요인을 최대한 많은 세대가 공유할 수 있도록 계획하는 것뿐 아니라 상대적으로 그러한 좋은 조건의 수혜를 받지 못하는 세대를 최소화하는 것이다. 만약 수혜요소를 갖지 못하는 경우라면 추가적인 발코니 면적을 부여하거나 내부 공간에 기타 특화 요소를 갖춰 주는 등 그에 상응하는 보상을 주는 식으로 극단적으로 가치가 떨어지는 불리한 세대를 피해야 한다. 그럴 때 비로소 대지의 가치를 십분 살리면서 전체 건물들의 가치까지 높일 수 있다.

08

가성비를
분석하는 방법

건물의 가성비 개념

지금부터 살펴볼 부분은 어떻게 하면 더 저렴한 가격으로 더 높은 가치의 건물을 매입할 것인가에 대한 방법인데, 이를 위해서 먼저 가성비의 기본적인 개념부터 정립해야 할 것이다. 간단히 말해서 건물의 가성비는 가격에 비해서 사람들이 선호하는 수요요소를 얼마나 많이 갖고 있는지에 대한 개념이다. 여기서 가격은 '면적당 가격', 즉 '평당 가격'이고 건물의 수요요소는 앞서(281쪽) 설명했던 건물의 '종합투자가치평가점수'라고 보면 된다.

표 28 공동주택의 가성비 판별 예시

구분	○○아파트(종합평가점수: 60.44)		
	평당가	점당 평당가 (평당가/종합평가점수)	급수
기준 평당가 (39평 → 5.8억)	1,487만 원	24.6	4급
기준 평당가 (39평 → 5.5억)	1,410만 원	23.3	3급
기준 평당가 (50평 → 7억)	1,400만 원	23.2	3급

급수	특급	1급	2급	3급	4급	5급	6급	7급	8급	9급	10급
가성비	저평가			★		AVR					과평가
평가	-5 저평가	-4 저평가	-3 저평가	-2 저평가	-1 저평가	0	+1 과평가	+1 과평가	+1 과평가	+1 과평가	+1 과평가

　세상에 존재하는 모든 건물은 시장에서 자연스럽게 형성되는 시장가격을 갖고 있다. 이를 건물의 거래면적 혹은 분양면적으로 나누면 면적당 가격이 된다.

　2025년 4월 압구정동 신현대아파트(9,11,12차) 9층 35평 세대가 62억에 거래되었다. 이곳의 평당 가격은 1억 7,714만 원이다. 그렇다면 이 아파트는 시세에 비해 비싼 걸까 아니면 저렴한 걸까? 시세의 개념은 주변에 비슷한 수준의 매물에 비해서 가격이 높은지 낮은지에 대한 것이다. 하지만 필자가 뜻하는 시세의 개념은 그보다 오히려 건물 본연의 가치 대비 비용에 대한 개념에 가깝다.

현재 압구정 신현대아파트는 재개발이 추진되고 있다. 2025년 기준으로 비단 이 단지만이 아니라 신사동과 압구정동의 한강에 면한 지역은 모두 대규모 단지로 재개발이 활발히 추진되고 있는데 이곳들은 서울시에서도 최고 수준의 신고가 기록을 갈아 치우는 지역이다. 이러한 지역들의 거래가격에는 현재의 아파트 가치가 아니라 미래에 획득할, 재개발 이후의 아파트 가치에 대한 기대치가 어느 정도 미리 반영되어 있다고 볼 수 있다. 하지만 이는 심리적 기대치가 반영된 것이지 실제 가치가 반영된 것이 아니다. 즉 나중에 실제 건물이 준공되면 가격은 더 오를 수도 있고 그렇지 않을 수도 있다는 뜻이다.

가성비를 논하는 것은 현재 건물의 거래가격이 아닌 미래에 예상되는 건물의 가격과 그 변화의 정도가 얼마나 될 것인가를 가늠해 보기 위한 것이며 향후 건물이 준공된 이후의 가격을 예측하기 위해서는 건물 본연의 가치, 즉 종합투자가치점수를 활용해야 한다. 시가는 시장 상황에 따라 부풀려지거나 축소될 수도 있는 등 왜곡될 소지가 있지만 건물의 종합투자가치평가에 따른 점수는 심리적 요인이 철저히 배제된 객관적인 가치이기 때문에 신뢰할 만하다.

이제 이 종합투자가치점수를 갖고 가성비를 구하고 적용하는 방법에 대해 알아보자. 앞서 제시했던 압구정 신현대아파트 35평형의 종합투자가치점수가 만약 100점이고 현재 실거래가격이 62

억이라고 하자. 이 아파트의 평당 거래가격은 1억 7,714만 원이다. 이 가격을 종합투자가치점수인 100으로 나누면 177만 원/점이라는 '점당 평당 가격'이 나온다.

이번에는 옆에 위치한 한양 5차 아파트를 살펴보자. 유사 기간 33평 세대의 실거래가는 42억이기 때문에 평당 거래가격은 1억 2,727만 원이다. 그리고 이 아파트의 종합투자가치점수를 95점이라고 가정해 보자. 그렇다면 이 아파트의 점당 평당 가격은 12,727/95=134만 원/점으로 계산될 수 있다.

'점당 평당 가격'은 아파트의 가치점수 1점을 취득하기 위해 투자되어야 하는 자본을 뜻한다. 따라서 '점당 평당 가격'이 높으면 그만큼 가치에 비해서 많은 비용을 지불해야 한다는 뜻이고 낮으면 그보다 더 적은 비용을 지불한다는 뜻이 된다. 결국 압구정 신현대아파트 35평의 점당 평당 가격 177만 원/점이 한양 5차 134만 원/점 대비 더 높기 때문에 신현대아파트의 가격이 본래 가치에 비해 더 많이 부풀려져 있다는 뜻이 되고 가성비 측면에서 더 불리하다고 해석할 수 있다(실제 평가한 점수가 아닌 예시임).

가성비의 등급화

가성비 분석은 매입하고자 하는 건물의 자산가치에 비해 지불해야 하는 비용이 어느 정도 수준인지 비교하는 데 유용하게 활용될 수 있다. 여기서 한 단계 더 나아가 전국 지역별로 다양한 샘플을 확보하여 건물의 종합투자가치점수를 평가하고 이를 모수로 각 실거래가별로 나누면 점당 평당가 지수의 분포도를 얻을 수 있다.

이때 최솟값과 최댓값을 기준으로 '가성비지수'의 구간을 설정할 수 있는데, 예를 들면 점당 평당 가격 최솟값이 50만 원/점이고 최댓값이 250만 원/점이라고 한다면 이를 10개 구간으로 나눌 수 있고 각 구간별 등급을 설정할 수 있다.

표 29 가성비 등급표 예시

점당 평당가 구간 등급표									
50~	70~	90~	110~	130~	150~	170~	190~	210~	230~250
1등급	2등급	3등급	4등급	5등급	6등급	7등급	8등급	9등급	10등급
(저평가)				(평균)					(과평가)

〈표 29〉는 점당 평당가의 분포에 따라 각 구간값을 설정한 예시다. 이를 참조하면 주요 아파트들의 종합투자가치점수를 구하고 시가를 조사하여 얻어지는 점당 평당가를 산출하여 대략 어느 구간에 들어가는지를 쉽게 알 수 있다.

예를 들어 점당 평당가격이 145만 원/점이 나오면 위의 표를 기준으로 5등급에 해당하므로 전국적인 수준에서 평균에 근접한 가격이기 때문에 제값을 주고 사는 경우라고 볼 수 있다. 어떤 건물의 점당 평당 가격이 55만 원/점이라면 이는 상당히 저평가된 건물이므로 매입 가치가 높은 건물로 판단할 수 있다. 그에 비해 점당 평당가가 240만 원/점이라면 해당 건물은 본래 가치보다 훨씬 높은 비용을 지불해야 하는 물건이므로 매입에 신중을 기해야 한다. 하지만 오히려 평가표에 반영되지 않은, 미처 발견하지 못한 대단한 호재가 있을 수도 있기 때문에 조금 더 면밀한 조사가 필요한 경우일 수도 있다.

아파트 가격,
어디까지 예측할 수 있을까?

아파트 가격은 결국 제 가치에 맞게 조정된다

지금까지 설명한 과정을 잘 따라왔다면 이제 새로운 아파트를 분양 받거나 매입하려 할 때 현시점에서 취득할 수 있는 정보의 수준으로도 얼마든지 건물의 가치를 점수로 환산할 수 있을 것이다. 전국적으로 이미 지어진 건물들 가운데 그와 유사한 수준의 점수를 가지는 건물의 준공 이후 가격 변화 데이터와 비교해서 조사하고자 하는 아파트가 향후 어느 정도의 가격대로 포지셔닝될 것인지도 조심스레 예측할 수 있다.

결국 아파트의 가격은 태어날 때부터 지니는 가치만큼 점차적으로 조정된다. 분양가에 비해 건물의 가치가 높다면 당연히 준공 후에 건물 가치는 오를 것이다. 그런 사례가 많지는 않지만 준공 이후에 시간이 오래 지나도 가격이 제자리이거나 오히려 가격 방어가 되지 않는 경우도 분명히 있다. 물론 시장 상황에 따라서 개별적으로 건물의 가격은 끊임없이 변화하지만 이러한 고유의 가치는 대지 주변의 도시개발 여건이 변화하거나 기존 건물을 철거하고 새로운 계획으로 신축하는 등 프로그램이 바뀌지 않는 이상 잘 변하지 않는다.

이러한 미래 가격에 대한 예측 방법은 이전에 아파트가 지어진 적이 없거나 주변에 유사한 입지의 건물이 없는 경우에 유용하게 활용될 수 있다. 사전에 종합투자가치평가표에 따라 산출된 건물의 점수를 타 지역 유사한 점수대를 가지는 아파트 가격과 비교해 봄으로써 향후 이 아파트가 어느 정도까지 가격이 오를 수 있을지 예측해 볼 수 있는 것이다.

그런데 여기서 한 가지 더 짚고 넘어갈 부분이 있다. 과연 아파트의 가격이 태생부터 정해져 있는 본연의 가치와 값을 찾아간다면 그 과정의 패턴은 왜 이렇게 복잡 다양한 것일까? 모든 건물의 준공 후 가격 변화 양상을 살펴보면 패턴이라고 부르기 민망할 정도로 불규칙적이고 예측할 수 없을 정도로 복잡 다양한 선형을 그리는 게 사실이다.

이미 지나간 집값의 변화 궤적을 두고 얘기할 때는 결과를 아는 상태에서 전체적인 패턴을 볼 수 있기 때문에 어떻다 논할 수 있겠지만 만약 그 결과를 모르는 상태에서 그 과정 중간 어디에 있다면 단기적으로 요동치는 집값을 보면서 '이게 과연 계속 오르는 게 맞는 걸까? 이러다가 바닥까지 떨어지는 거 아닐까?' 하는 생각에 불안해할지도 모른다.

장기적으로 집값은 자신의 가치를 좇아 가겠지만 그 과정에서 어떠한 변화 패턴을 보일지 알 수 있는 방법은 과연 없을까? 이제 이 책의 마지막 장에서 그 가능성을 확인해 보고자 한다.

10

부동산에도 MBTI가 있다! 유형별 부동산의 가치

가격 변동 패턴의 예측

앞서 설명했던 것처럼 건물은 자신의 고유한 가치를 계속해서 찾아가려는 경향이 있다. 하지만 이는 절대적 가치가 아니라 상대적 가치이므로 시장 상황에 따라 전국의 모든 건물과 연동하여 자신의 위치에 포지셔닝된다. 다만 우리가 알 수 있는 것은 다른 건물의 가격 변화 수준과 비교해서 어느 정도까지의 가격 변화를 가질 수 있을 것인가였다.

하지만 모두가 잘 아는 바와 같이 건물 가격은 불규칙한 시장 상황에 맞춰 끊임없이 변화하며 결코 분양가에서 최종 목표 가치까지 일직선을 그리며 변하지 않는다. 분양 시점부터 가격이 안정화되는 단계까지 짧게는 2년, 길게는 10년 이상 걸리는 경우도 많다.

우리가 건물을 매입하는 시기에는 고려해야 할 매우 다양한 변수가 있기 때문에 어떤 시기에 매입하느냐에 따라 예상치도 못한 상승세를 만나기도 하지만 또 그 반대의 상황을 만나기도 한다. 그렇다면 우리가 만약 대략적인 건물 가격의 변화 패턴을 예상할 수 있다면 수익을 극대화할 수 있는 시점을 선택하여 매입 시기를 조정할 수 있을지도 모른다.

자산가치의 강점 패턴과 가격 변화 패턴의 관계

다시 앞서 설명했던 N각 다이어그램으로 잠깐 돌아가 보자. 이 다이어그램은 평가 대상 건물의 자산가치 구성요소가 어떤 항목에 편중되어 있는지를 직관적으로 보여준다. 어떤 아파트는 전반적으로 가치가 높지만 특정 항목에서 최고점(1등급)을 찍는 요소가 없을 수 있다. 또 어떤 아파트는 전체적으로 2~3등급을 기록해서 종합적으로 안정적인 자산가치를 가지다 보니 다이어그램이 보기 좋은 원형에 가까운 안정된 형태를 보인다. 또 그에 비해 어떤 아파트는 전반적으로 낮은 수준을 보이지만 그야말로 찔릴까 봐 두려울 정도로 특정 항목에서 피크peak를 치는 뾰족한 형상을 보이는 경우도 있다.

이렇게 N각 다이어그램은 아파트의 자산가치적 특징과 방향성을 보여주고, 모든 다이어그램은 하나도 일치하는 곳이 없을 정도로 매우 다양한 양상을 보인다. 하지만 그 안에서 다이어그램들을 겹쳐 보면 유사한 강점과 약점을 가지는 아파트들끼리 그룹화가 가능하며 이를 통해 정형화된 패턴 타입Pattern-Type을 추출해 낼 수 있다.

그림 25 N각 다이어그램 패턴을 활용한 가격 변동 패턴의 예측

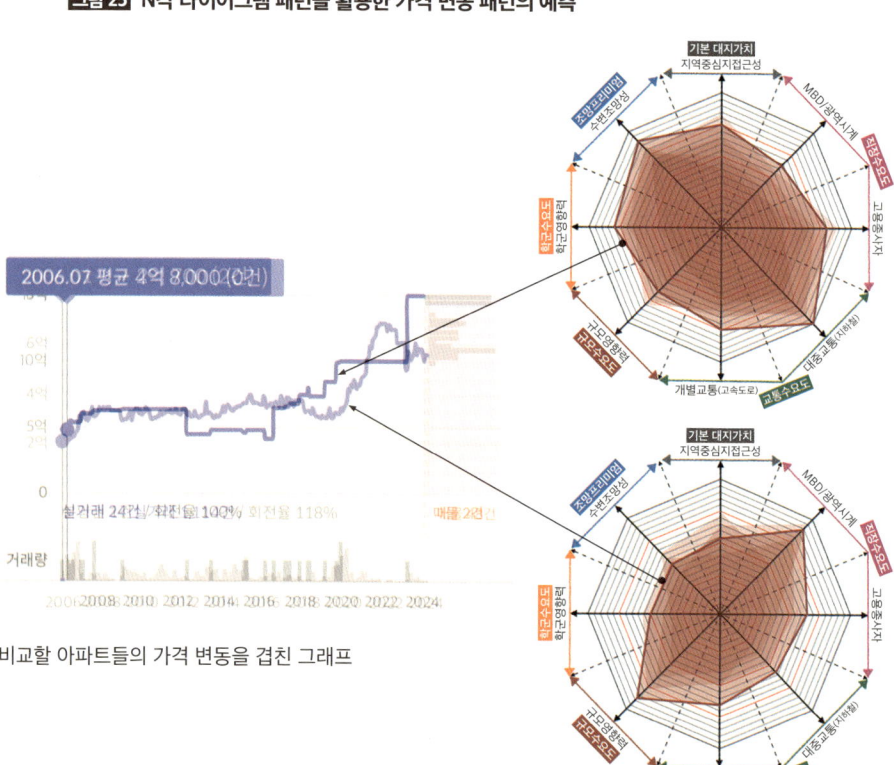

비교할 아파트들의 가격 변동을 겹친 그래프

그다음 단계는 이러한 유사 패턴을 유형화하고 분양 시기가 비슷한 아파트들끼리 동일한 기간 동안의 가격 변화 그래프를 중첩시켜 어느 정도의 일치율을 가지는지 살펴보는 것이다. 동일한 기간 동안의 가격 변화 데이터를 취하는 이유는 금리 변화처럼 대내외적으로 가격에 영향을 줄 수 있는 변수들을 제거하고 오로지 건물의 자산가치 구성요소들이 시간에 따라 어떤 가격 차이를 만들어 내는지를 체크하기 위함이다. 이러한 분석 작업을 통해 전국 모든 아파트의 항목별 성능 다이어그램을 패턴화하면 몇 가지 공통적인 패턴으로 유형화할 수 있고 각 유형별 가치 변화 패턴을 평균화하여 대략적인 패턴 유형을 만들 수 있다.

대내외적으로 불확실성을 가중시키는 다양한 요인은 모두 부동산에 어떠한 방식으로든 영향을 미친다. 하지만 이런 요인들로 인해 모든 아파트의 가격이 동일하게 영향을 받는 것은 아니다. 즉 금리가 폭등했던 시절, 대부분 건물의 가격이 떨어지는 와중에도 여전히 집값이 올랐던 아파트가 있었고, 정부의 규제 완화로 집값이 폭등하던 시절에도 다른 아파트에 비해 이상할 만큼 가격이 제자리걸음이었던 곳도 많았다.

〈그림 25〉에서 설명한 자산가치 유형별 패턴이 이러한 현상을 설명해 줄 수 있는 단초를 제공하리라 생각한다. 간단히 말하면 자산가치의 강점이 어떤 부분에 어떤 식으로 구성되어 있느냐에 따라 시장 환경이라는 밀려오는 파도 속에서 그 위에 올라타게 될지 아니면 파도 밑에 잠겨 허우적거릴지를 예상할 수 있는 방법을

그림 26 자산가치 유형별 패턴에 따른 가격 변화 기대 그래프 예시

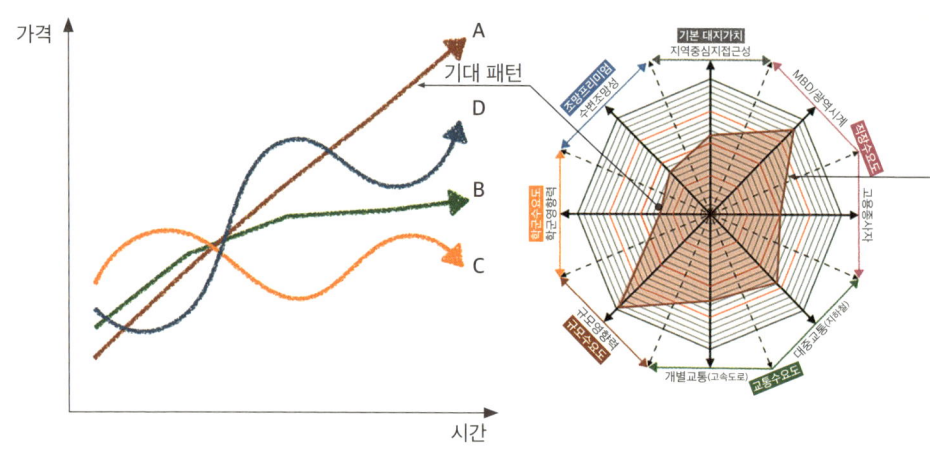

제공할 수 있지 않을까? 사실 이 부분을 밝혀내기 위해서는 앞으로 매우 많은 데이터 수집과 케이스 스터디가 필요하겠지만 필자는 이 분야가 계속적으로 연구할 가치가 있으며, 데이터 양과 수집 기간이 누적될수록 더 명확한 패턴이 나올 것이라 확신한다.

모든 사람은 16개의 MBTI 유형으로 성격을 구분할 수 있다. 사람의 성격을 적절히 유형화하여 그 특징을 알면 그 사람을 한 번도 겪어 보지 않았더라도 대략적인 성격을 빠르게 파악해 볼 수 있다는 것이 이 MBTI 성격 유형 테스트의 장점이다. 이처럼 사람

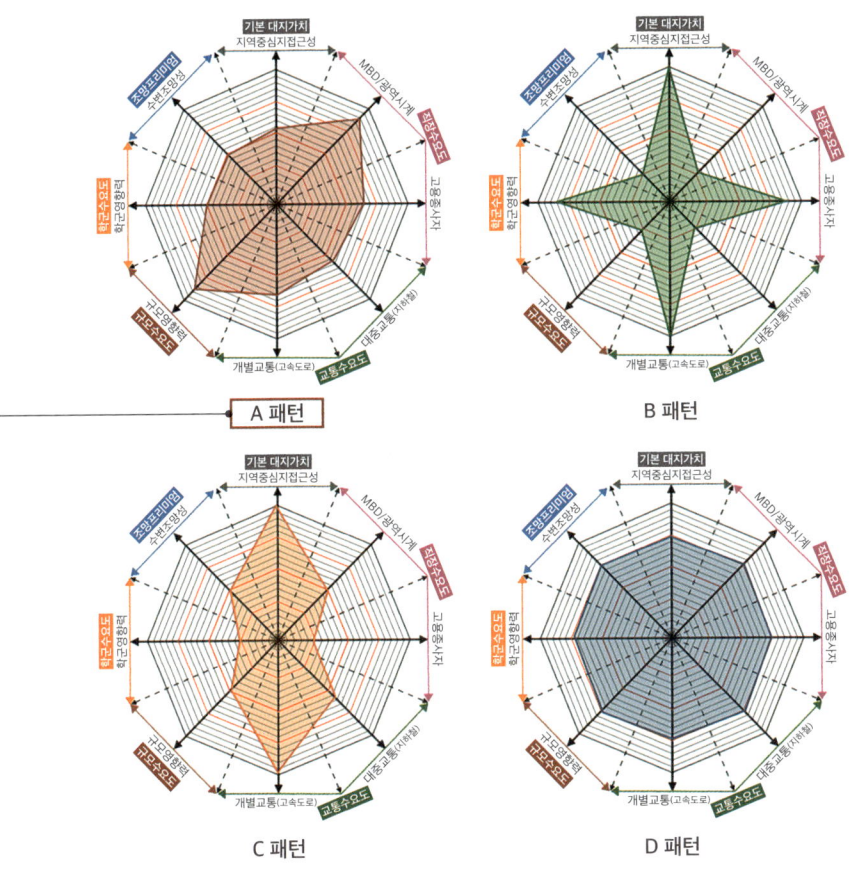

A 패턴

B 패턴

C 패턴

D 패턴

에게 MBTI에 따른 16개 성격 유형이 있듯이 건물에게도 그와 비슷한 정형화된 가치 패턴 유형이 분명히 존재한다.

사람의 MBTI 유형을 알면 그 사람의 성격뿐 아니라 어떠한 상황이 발생했을 때 어떤 식으로 반응할지 예측할 수 있다. 이와 마찬가지로 건물의 자산가치 구성에 따른 유형을 파악하고 유형별 가격 변화 패턴을 정형화하면 이후 새롭게 조사하는 건물들이 어떤 타입에 속하고, 앞으로 시장 상황 변화에 어떻게 반응할 것이며, 어떤 가격 변화 양상을 보일지 큰 틀에서 예측할 수 있을 것이다.

그림 27 자산가치 유형별 패턴에 따른 기간 내 가격 변화 차이 예시

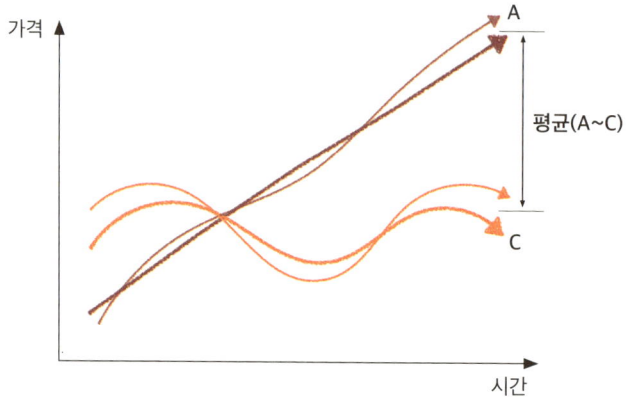

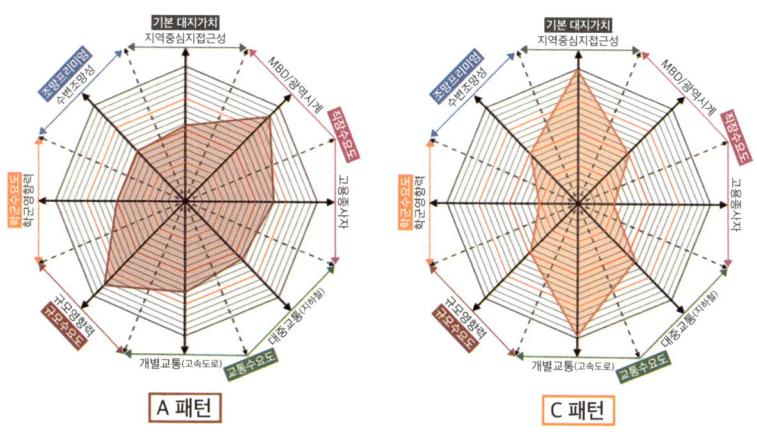

부동산을 분석하는 방법은 실로 다양하다. 경제학자들은 거시적인 경제의 흐름을 바탕으로 부동산을 읽고, 국가정책전문가들은 부동산 정책의 변화에 초점을 맞추기도 한다. 또 어떤 이들은 지역적 공급과 수요의 밸런스 차이를 가지고 수년 내 가격의 오르내림세를 예측하기도 한다. 모두 나름의 논리가 있고 들어볼 만한 가치가 있는 것들이다.

필자가 앞서 제시한 방법 역시, 이와 같은 다양한 부동산을 들여다보는 방법들 중 하나다. 다만, 필자가 제시하는 방법은 이전 방식들에서 찾아보기 어려운 부동산의 내재적 본질인 건축, 더 나아가 건축물들이 뿌리 내리고 있는 거대 집합체인 도시가 어떤 방식으로 움직이고 그 흐름이 어떻게 자본으로 이어지는지에 대한 이해를 바탕으로 하고 있다.

이 책을 통해 많은 분들이 건축과 도시에 대한 이해도를 넓혀 부동산이 더 이상 불확실성 투성이의 접근하기 어려운 분야가 아니라, 알기 쉽고 투명한 대상이라는 인식이 자리 잡기를 바란다. 또 적어도 자신이 힘들게 취득한 자본을 허투루 낭비하지 않고 정상적이고 긍정적인 투자방식을 통해 일부가 아닌 모두가 함께 행복할 수 있는 자본 증식의 길 위에 머물 수 있기를 바란다.

부동산 투자의 대전환

1판 1쇄 발행　2026년 3월 30일

지은이　이상현
발행인　오영진 김진갑
발행처　토네이도미디어그룹(주)

책임편집　박수진
기획편집　유인경 박은화 김예은
디자인팀　김현주
표지 및 본문 디자인　studio forb
교정교열　이경민
마케팅팀　박시현 박준서 박가영 한영은
경영지원　이혜선

출판등록　2006년 1월 11일 제313-2006-15호
주소　서울시 마포구 월드컵북로5가길 12 서교빌딩 2층
원고 투고 및 독자 문의　midnightbookstore@naver.com
전화　02-332-3310　**팩스**　02-332-7741
블로그　blog.naver.com/midnightbookstore
페이스북　www.facebook.com/tornadobook

ISBN 979-11-5851-343-6 (03320)